ALTDEUTSCHE TEXTBIBLIOTHEK

Begründet von Hermann Paul
Fortgeführt von Georg Baesecke und Hugo Kuhn
Herausgegeben von Burghart Wachinger

Nr. 99

Konrad von Heimesfurt

»Unser vrouwen hinvart«
und
»Diu urstende«

Mit Verwendung der Vorarbeiten
von Werner Fechter
herausgegeben von
Kurt Gärtner und Werner J. Hoffmann

MAX NIEMEYER VERLAG TÜBINGEN
1989

CIP-Titelaufnahme der Deutschen Bibliothek

Konrad ‹von Heimesfurt›:
„Unser vrouwen hinvart" und „Diu urstende"/Konrad von Heimes-
furt. Mit Verwendung d. Vorarbeiten von Werner Fechter hrsg. von
Kurt Gärtner u. Werner J. Hoffmann. – Tübingen : Niemeyer, 1989
  (Altdeutsche Textbibliothek ; Nr. 99)
NE: Gärtner, Kurt [Hrsg.]; GT

ISBN 3-484-20199-1 kart.   ISSN 0342-6661
ISBN 3-484-21199-7 Leinen

Satz: pagina GmbH, Tübingen
Druck: Allgäuer Zeitungsverlag, Kempten
Einband: Heinr. Koch, Tübingen

Inhaltsverzeichnis

Vorwort

Die vorliegende Ausgabe der Werke Konrads von Heimesfurt hatte Werner Fechter geplant und begonnen, aber aus Altersgründen im Jahre 1980 einem der beiden Herausgeber übertragen, der damals auf dem gleichen Gebiete tätig war. Die weitere Arbeit an der Ausgabe wurde von 1984 an für drei Jahre durch die Deutsche Forschungsgemeinschaft gefördert, die die Mitarbeit des zweiten Herausgebers ermöglichte.

Bei unserer Arbeit an der Ausgabe haben wir vielfältige Unterstützung und Beratung erfahren. Zu danken haben wir zunächst den Bibliotheken, deren Handschriften wir benutzen durften; sodann allen Wissenschaftlern, die unsere Arbeit unterstützten, an erster Stelle Werner Fechter für seine stets förderliche Anteilnahme an unserer Arbeit und unserem Trierer Freund und Kollegen Christoph Gerhardt für anregende Erörterungen komplizierter Probleme der Quellen- und Textkritik, ferner Guy Philippart von den Bollandisten für seine Unterstützung unserer Quellenuntersuchungen, Karin Schneider (München) für ihre Beratung bei der Datierung der benutzten Handschriften und Gisela Kornrumpf (München) für fruchtbare Gespräche über die Überlieferungsverhältnisse der 'Urstende' in den Handschriften der 'Weltchronik' Heinrichs von München. Mit Achim Masser und Max Siller (beide Innsbruck), die sich zur gleichen Zeit wie wir mit den deutschen Fassungen des 'Evangelium Nicodemi' beschäftigten, haben wir laufend Forschungsergebnisse und Materialien ausgetauscht, die für das Innsbrucker wie für das Trierer Editionsvorhaben mit Gewinn verwertet werden konnten.

Für die Erstellung der Ausgabe wurde in allen Arbeitsstufen die EDV eingesetzt und die vielfältigen Möglichkeiten des 'Tübinger Systems von Textverarbeitungsprogrammen' (TUSTEP) genutzt. Wilhelm Ott (Tübingen) und dem Trierer Rechenzentrum, hier insbesondere Michael Trauth, haben wir für ihre Unterstützung und sachkundige Programmberatung zu danken.

Zu danken haben wir ferner Uschi Becker und Andrea Rapp für Schreib- und Korrekturarbeiten, Brigitte Edrich und

Ralf Plate für die Mitwirkung bei der Gestaltung und Erpro-
bung des kritischen Textes und Apparates, Dorothea Heinz
für die kompetente Ausführung von Schreibarbeiten und
schließlich auch den Mitgliedern eines Seminars, die bei der
Erstellung einer lemmatisierten Konkordanz zu den Texten
der neuen Ausgabe mitgewirkt haben.

Das Erscheinen der Ausgabe, die Ende 1987 abgeschlossen
war, wurde verzögert, als sich aufgrund der Forschungsergeb-
nisse von Karin Schneider und Bernd Schirok herausstellte,
daß der berühmte St. Galler Codex 857 neben dem 'Parzival',
dem Nibelungenlied, Strickers 'Karl' und dem 'Willehalm' ur-
sprünglich auch die heute in Berlin (Mgf 1021) aufbewahrten
Blätter des Fragments L der 'Kindheit Jesu' Konrads von Fus-
sesbrunnen enthielt. Da wir während der Arbeit an der neuen
Ausgabe schon immer vermutet hatten, daß das Fragment L
der 'Kindheit Jesu' und das verschollene Fragment E der 'Hin-
vart' aus derselben Handschrift stammen könnten, wollten
wir unsere Vermutung durch weitere Nachforschungen noch
etwas besser begründen. Das ist uns nur teilweise gelungen,
weil das 'Hinvart'-Fragment E weiterhin als verschollen gelten
muß; doch ist nicht mehr auszuschließen, daß das Fragment
einst das Schlußblatt des Sangallensis bildete. Wenn die Be-
weggründe, die vor rund 200 Jahren zur Entfernung der geist-
lichen Dichtung(en) aus dem Codex führten, heute nicht
mehr ganz die gleiche Rolle spielen wie damals, dann dürfte
unsere Ausgabe vielleicht einiges Interesse finden und unsere
Arbeit sich gelohnt haben.

Trier/Eichstätt, im Dezember 1988

Kurt Gärtner, Werner J. Hoffmann

Einleitung

I. Konrad von Heimesfurt und seine Werke

1. Biographisches

Konrad von Heimesfurt (heute Hainsfarth bei Oettingen im Ries) nennt sich selbst als Verfasser der beiden hier herausgegebenen kürzeren geistlichen Epen 'Unser vrouwen hinvart' (= 'Hinvart') und 'Urstende'. Im Prolog der 'Hinvart' lautet die Selbstnennung V. 20f.:

> ich armer phaffe Chuonrât,
> geborn von Heimesfurt.

Im Kontext des Prologes (V. 1–56) bedeutet *armer phaffe* einen Kleriker sowohl 'von geringem Stande' wie auch 'von bescheidener Ausbildung', der aber lernbegierig ist und sein Wissen auch andern zugute kommen lassen möchte, im Gegensatz zu einem *rîchen*, einem Vornehmen und höfisch Gebildeten, der jedoch von seinem Wissen und Können nichts mitteilt und sein Talent vergräbt.

Die Selbstnennung in der 'Urstende' ist dem von den Abschnittslombarden gebildeten Akrostichon zu entnehmen, das einen Vierzeiler mit Kreuzreim ergibt. Obwohl nicht alle Lombarden in der Haupthandschrift der 'Urstende' bezeugt sind, läßt sich das Akrostichon mit ziemlicher Sicherheit rekonstruieren. Im folgenden Wortlaut, der von dem zuletzt von Samuel Singer (Bibl. Nr. 33, S. 304) gebotenen Rekonstruktionsversuch etwas abweicht, sind die durch die Haupthandschrift V bezeugten Lombarden durch Großbuchstaben wiedergegeben:

> ChuNrAt von HeImESvuRt
> HaT diZ bUCh GiMaChET;
> dES RaTeN UnDE tUrt
> gUtEN sAmEn SwaCHET.
> SEENI

Rätselhaft bleiben nur die fünf letzten Buchstaben. Singer (Bibl. Nr. 33, S. 306f.), der den letzten nicht kannte, wollte aus den vier übrigen ein *AMEN* rekonstruieren; da aber die vorausgehenden Lombarden der Hs. ausnahmslos richtig gesetzt sind, ist Singers Konjektur von *AMEN* anstelle des bezeugten *SEEN* bzw. *SEENI* abzulehnen. Der Vierzeiler bringt zu der Autorangabe eine Anspielung auf Mt. 13,24-30, das Gleichnis vom Unkraut (*rate* und *turt* für 13,25 lat. *zizania*) unter dem Weizen (der *guote sâme* für lat. *bonum semen* 13,24). Konrad verwendet die Anspielung als Bescheidenheitstopos und betont damit wie im Prolog der 'Hinvart' seine Unzulänglichkeit als Autor.

Im Prolog der 'Urstende' beklagt sich Konrad, daß er *als ein verbrantez chint* (V. 23) die besserwisserischen Kritiker seines Werkes fürchtet (19-43) und wegen ihrer Mißgunst lange nichts gedichtet habe (V. 35-43); im Vertrauen auf die Gunst Gottes und wohlgesinnter Menschen will er nun *aber* (V. 44), 'wiederum', ein lateinisches Werk in die Volkssprache übertragen (V. 44-47). Er bezieht sich also auf ein früheres Werk, bei dem es sich wohl um die 'Hinvart' handelt. Die 'Hinvart' war demnach vermutlich Konrads erste, die 'Urstende' seine zweite Dichtung.

In den beiden Dichterverzeichnissen des Rudolf von Ems, die einen Abriß der Geschichte der höfischen Epik bis auf Rudolfs eigene Zeit bieten, ist Konrad nur im Verzeichnis des nach 1230 entstandenen 'Alexander' (Prolog II, V. 3105-3268 ed. Junk) aufgeführt, aber nicht mehr in dem des 'Willehalm von Orlens'. Konrad wird zwischen Gottfried von Straßburg und Wirnt von Gravenberg erwähnt (V. 3189-91):

> von Heimesvurt her Kuonrât
> von Gote wol getihtet hât,
> den darf riuwen niht sîn werc.

Rudolf bezieht sich hier vermutlich auf die 'Urstende' (Pfeiffer, Bibl. Nr. 2, S. 158),[1] Konrads zweites Werk also, durch das er Rudolf bekannt gewesen sein dürfte.

---

[1] E. Schröder (Rudolf von Ems und sein litteraturkreis. In: ZfdA 67 [1930], S. 209-251, hier S. 232) meint allerdings: »*von gote wol getihtet hat* Al. 3189f. braucht sich natürlich nicht auf die 'Urstende' zu beschränken (so Leitzmann), sondern bedeutet einfach 'ist der verfasser lobenswürdiger geistlicher dichtungen'«.

Außer den Selbstnennungen und der einzigen literarischen Zitierung gibt es auch urkundliche Zeugnisse, die von der Forschung bisher aber nicht einhellig auf den Dichter Konrad von Heimesfurt bezogen wurden. Ein Gleichnamiger erscheint in vier Urkunden des Bischofs Hartwig von Eichstätt (1196–1223) aus den Jahren 1198 (2×), 1204 und 1212 (Regesten bei Heidingsfelder, Bibl. Nr. 34, S. 165ff. die Nrr. 511. 513. 534. 562; s. auch Steinberger, Bibl. Nr. 38, S. 99f. und E. Schröder [wie Anm. 1], S. 232f.). In der ersten Urkunde von 1198 erscheint in der aus den Angehörigen des Domkapitels (*de choro*) und den *melioribus ministerialium* gebildeten Zeugenreihe unter den *ministeriales* ein *Chûnrat de heimesfurt*; ebenso ist in der zweiten Urkunde von 1198, die allerdings nur in einer Abschrift des 18. Jhs. erhalten ist, unter den Ministerialen ein *Cunrat de Heunesfurt* angeführt. In einer 1204 mit Zustimmung des Klerus wie der Lehnsleute und Ministerialen des Bischofs vorgenommenen Belehnung des Klosters Heilsbronn erscheint wieder *Conradus de heimsfurt* unter den *ministeriales*. Diese werden dann in den Urkunden 1208 *layci autem ministeriales*, ab 1209 nur noch *laici* genannt. In der vierten hier in Frage kommenden Urkunde, der von 1212, werden wieder zuerst die *canonici*, die Angehörigen des Domkapitels also, angeführt und danach einige *laici*, unter denen *Cunradus et Tiemo fratres de haimesfurt* genannt sind. Aus den drei ersten Urkunden ist eindeutig ein Konrad von Heimesfurt als Ministeriale des Eichstätter Bischofs belegt; die Namenschreibung der ältesten Urkunde stimmt – von den Superskripten abgesehen – ganz genau mit der im Akrostichon der 'Urstende' überein.

Nun hat man aber aus der Bezeichnung *phaffe* in der Selbstnennung der 'Hinvart' verschiedene Schlüsse gezogen: erstens daß der Dichter mit dem urkundlich Genannten identisch war und nach 1212 in den geistlichen Stand eingetreten sei und zweitens daß er von vornherein Geistlicher war und der urkundlich Genannte lediglich ein verwandter Vorfahre. Beide Annahmen sind nicht ohne Einfluß gewesen auf die heute übliche Datierung der 'Hinvart' um 1225 und der 'Urstende' um 1230. Mhd. *phaffe* bezeichnet nun aber nicht nur

den Geistlichen, sondern jeden, der über gelehrte Kenntnisse
verfügt, die im Mittelalter allerdings vorzugsweise im Besitze
der Geistlichkeit waren. Joachim Bumke hat jüngst wieder
darauf hingewiesen, daß der Titel *phaffe* dem lat. *clericus* ent-
spricht und den lateinisch Gebildeten bezeichnet.[2] Es gibt da-
her keinen zwingenden Grund, die urkundlichen Belege nicht
auf den Dichter zu beziehen, dessen literarische Wirksamkeit
dann in die Zeit seines nachweisbaren Dienstes am Hof des
Eichstätter Bischofs und in die beiden ersten Jahrzehnte des
13. Jahrhunderts zu datieren wäre (so schon Pfeiffer, Bibl. Nr.
2, S. 158).

Konrad wendet sich an ein nicht lateinkundiges Publikum
(Hinv. 67–71; vgl. Urst. 44–47). Zu diesem könnten durchaus
auch Ministerialen des Eichstätter Bischofs gehört haben, mit
denen zusammen Konrad in den Urkunden erscheint, wenn
man die Identifizierung des Dichters mit dem urkundlich Ge-
nannten akzeptiert. Möglicherweise hat Konrad, der zu den
melioribus ministerialium Bischof Hartwigs gehörte, eine
nicht unbedeutende Rolle in der bischöflichen Verwaltung ge-
spielt; denn in der 'Urstende' zeigt er sich als kompetenten
Kenner der zeitgenössischen Gerichtspraxis und Rechtsspra-
che (vgl. Klibansky, Bibl. Nr. 65, S. 12f., 15).

2. Werke

Konrad will *geistlîchiu mære* (Urst. 49), *von mislichen oder von*
wâren (Hinv. 65), »aus apokryphen oder aus kanonischen
Quellen«, seinem volkssprachigen Publikum vermitteln. Die
Hauptquellen seiner beiden Werke sind bekannte neutesta-
mentliche Apokryphen, von denen die eine, das 'Evangelium
Nicodemi', im Mittelalter fast kanonische Bedeutung erlangte,
und die andere, der 'Transitus Mariae' des Pseudo-Melito, die

---

[2] Joachim Bumke, Mäzene im Mittelalter. Die Gönner und Auftraggeber der
höfischen Literatur in Deutschland 1150–1300. München 1979, S. 64. Vgl.
auch die Belege im BMZ II,1, 473f.; besonders aufschlußreich ist die Stelle
aus einer Teichner-Rede (ed. Niewöhner), Nr. 580, 21ff. ... *ain layg der sich*
verstatt ob er nit ain platten hat, Dannocht haist er ain pfaff dar von das er
die geschrift verstett und kan.

bekannteste abendländische Legende vom Tode Marias war und im Zuge der fortschreitenden Marienverehrung und der großen Bedeutung des Assumptionsfestes (15. August) seit dem 12. Jh. eine weite Verbreitung fand (vgl. Haibach-Reinisch, Bibl. Nr. 20, S. 45).

In der 'Hinvart' wird erzählt, wie Maria in Gegenwart der aus ihren Missionsgebieten auf wunderbare Weise nach Jerusalem zurückgeführten Apostel stirbt und von ihnen im Tal Josaphat begraben wird. Nach drei Tagen wird sie von ihrem Sohn auferweckt und fährt vor den Augen der Apostel zum Himmel. Thomas, der erst nach diesem Geschehen zu den Aposteln kommt, beweist in der Schlußszene mit dem Gürtel Marias, daß auch er Zeuge ihrer Himmelfahrt war.

Den Rahmen für die in der 'Urstende' erzählten Ereignisse bildet das aus den kanonischen Evangelien und der Apostelgeschichte bekannte Passions-, Oster- und Pfingstgeschehen. Darin eingebettet und breit ausgeführt sind die Teile, die auf das 'Evangelium Nicodemi' zurückgehen: der Prozeß Jesu vor Pilatus, die Befreiung des von den Juden eingekerkerten Joseph von Arimathia durch den Auferstandenen und Josephs Zeugnis darüber und schließlich der Bericht der vom Tode auferweckten Söhne Simeons (Lc. 2,25), die Jesu Höllenfahrt miterlebt haben und – ins Leben zurückgekehrt – davon Zeugnis ablegen. Die 'Urstende' ist durch und durch geprägt von Gerichtsszenen und Prozeßverfahren, in denen die Zeugenaussagen über die Person Jesu, über sein Wirken und seine Auferstehung im Mittelpunkt stehen. Der in V überlieferte Werktitel *deu vrstende* 'Die Auferstehung' deckt also nur einen Teil des erzählten Geschehens.

Neben 'Hinvart' und 'Urstende' wurde Konrad von Sprenger (Bibl. Nr. 28) noch ein drittes Werk, das 'Jüdel' (458 Verse),[3] ein in der Wiener Hs. 2696 unmittelbar auf die 'Urstende' folgendes Marienmirakel, zugeschrieben. Die Verfasserschaft Konrads hat Steinmeyer (Bibl. Nr. 29) jedoch mit zwingenden Gründen zurückgewiesen. Angesichts der im 'Jüdel' relativ

---

[3] Vgl. Hans-Friedrich Rosenfeld, 'Das Jüdel'. In: VL^2 4, 1983, Sp. 891–893.

häufigen Parallelen zu 'Urstende' und 'Hinvart' ist es jedoch wahrscheinlich, daß der Autor des 'Jüdel' von Konrad literarisch beeinflußt war.

3. Literaturgeschichtliche Einordnung

Die Überlieferungsgemeinschaften, in denen 'Hinvart' und 'Urstende' in den Handschriften anzutreffen sind, geben einen ersten Hinweis auf diejenigen Themen und Werke, mit denen Konrads Dichtungen früh in Zusammenhang gebracht wurden. Es sind neutestamentliche Apokryphen und Legendenstoffe, die in den Jahrzehnten um 1200 von verschiedenen Autoren für ein volkssprachiges Publikum mit den neuen Mitteln der höfischen Vers- und Erzähltechnik bearbeitet wurden. Diese Autoren, zu denen auch Konrad von Fußesbrunnen gehörte und der von ihm genannte *meister Heinrîch* ('Kindheit Jesu' 98, edd. Fromm/Grubmüller), bearbeiteten in Kenntnis voneinander einzelne, einander ergänzende Teile des Marien- und Jesuslebens, die von vornherein auf Zyklenbildung in der Überlieferung angelegt waren.

Die sprachlichen und verstechnischen Fähigkeiten dieser zur Zeit der Klassiker wirkenden Autoren geistlicher Epen spiegeln den jeweils erreichten Stand der Entwicklung zur klassischen Norm der höfischen Dichtersprache; denn an ihr scheinen die geistlichen Werke unterschiedlichen Anteil zu haben. Je nach Einfluß der Klassiker hat man daher seit Gombert (Bibl. Nr. 23) die Zuordnung und Datierung der in den Hss. miteinander überlieferten und thematisch z.T. einander ergänzenden Dichtungen Konrads von Heimesfurt und Konrads von Fußesbrunnen vorgenommen (vgl. Fromm/ Grubmüller, Bibl. Nr. 13, S. 45f.), die beide in der höfischen Tradition stehen. Dem Fußesbrunner, der nur den Einfluß von Hartmanns Frühwerk aufweist ('Erec' und evtl. 'Gregorius'), folgt der Heimesfurter mit einem größeren Anteil an der klassischen Norm; denn dieser weist auch sichere Reminiszenzen aus dem 'Gregorius' und aus dem 'Iwein' auf. Er erinnert außerdem an gewisse stilistische Manieren Gottfrieds (Wortspiele) und hat schließlich zahlreiche Verse, Wörter und

Wendungen aus der 'Kindheit Jesu' seines Namensvetters übernommen (vgl. Gombert, Bibl. Nr. 23, S. 27ff.; Kunze, Bibl. Nr. 37, S. 75ff.).

Von einem Einfluß Wolframs sind allerdings bei beiden Konraden keine sicheren Spuren zu finden. Dagegen ist bei dem höfischen Legendenepiker Reinbot, der nach 1231 seinen 'Heiligen Georg' verfaßte, gerade Wolframs Einfluß manifest.

Eine Nachprüfung der beigebrachten Parallelen ergibt folgendes: Sicher nachweisbar ist nur der Einfluß Hartmanns, und zwar auch des 'Iwein', der spätestens seit 1205 bekannt war. Gottfrieds Einfluß ist in den rhetorischen Wortwiederholungen Konrads (von *vreude, leit, jâmer, chrône, smac* s.u.) nicht zwingend zu belegen; denn für diese Manier bietet ebenfalls Hartmann die schon vom Fußesbrunner nachgeahmten Muster, die viel eher vergleichbar sind (vgl. besonders *kumber* Iwein 7797–802, ferner *schalc* 6238–42; *slac* Erec 9249–58, *erbarmen* 9785–98; vgl. *lieht* 'Kindheit Jesu' 800–815). Konrad hat nun seinerseits mit diesen auffallenden Wortwiederholungen auf Spätere gewirkt, so z.B. mit dem *leit*-Wortspiel (Hinv. 177ff.) sowohl auf Reinbot (V. 811ff.) wie auf Lutwins 'Adam und Eva' (V. 3383ff. ed. Halford). – Ob Konrad den unweit von ihm beheimateten Wolfram kannte, ist ganz ungewiß. Hartmann und Konrad von Fußesbrunnen haben also seine poetische Technik nachweisbar geprägt. Die zeitliche Grenze für Konrads Wirken ist außer durch Reinbot durch Rudolf von Ems bestimmt (nach 1230, s.o.), der ihn nach Veldeke, Hartmann, Wolfram und Gottfried als ersten unter den weiteren *meistern* nennt, bei denen er *lêre suochen* will (Alexander 3187f., ed. Junk). Für die bisher übliche späte Datierung der Werke Konrads (1225–30; bei Helmut de Boor, LG II, S. 378, »zwischen 1225 und 1250«) spricht viel weniger als für eine frühere, die auch dem engen Zusammenhang mit Konrad von Fußesbrunnen gerecht würde. Der Beginn seiner literarischen Wirksamkeit in den von Hartmann und dem Fußesbrunner vorgezeichneten Bahnen könnte durchaus noch in die Zeit seiner urkundlichen Bezeugung fallen, also noch ins erste Jahrzehnt des 13. Jahrhunderts.

Konrad hat nicht nur teil an der neuen höfischen Vers- und Erzähltechnik, sondern auch an der differenzierten Weltsicht der höfischen Klassiker und behandelt ausdrücklich die Frage, wie ein Angehöriger der Oberschicht *gotes êre und dâ mite der werlde prîs* zu seinem Anliegen machen kann (Hinv. 981ff., vgl. V. 56). Auch höfisches Verhalten weiß er zu gestalten; in den Beratungsszenen der 'Urstende' erscheinen die Hauptpersonen als Muster höfischer Bildung in einem weltlich-vornehmen Milieu, das viel weniger aufgesetzt wirkt als bei seinem Vorbild für diese Partie, den Bewirtungsszenen im Hause des guten Schächers in der 'Kindheit Jesu'. Anerkennung bei einem höfischen Publikum haben schließlich beide Konrade gefunden, wie ihre Erwähnungen in den Dichterkatalogen Rudolfs von Ems zeigt, die des Heimesfurters zuerst (s.o.) und die des Fußesbrunners später (Willehalm von Orlens 2215–18, ed. Junk). Neben dem Fußesbrunner – der bisher »als einziger geistlicher Dichter größeren Formats neben den höfischen Klassikern« stand und »die Lücke geistlicher Poeten um die Jahrhundertwende« füllte (Fromm/Grubmüller, Bibl. Nr. 13, S. 45) – haben die Werke des durchaus gleichrangigen Konrad von Heimesfurt ihren literarischen Ort.

II. Die bisherigen Ausgaben und textkritischen Bemühungen

Während sich um den Text der 'Kindheit Jesu' Konrads von Fußesbrunnen immer wieder Herausgeber bemüht hatten und inzwischen durch Hans Fromm und Klaus Grubmüller (Bibl. Nr. 13) eine moderne kritische Ausgabe vorgelegt wurde, waren die beiden geistlichen Epen des bald nach seinem Namensvetter literarisch tätigen Konrad von Heimesfurt seit je nur ganz ungenügend bekannt und der Autor deshalb wohl auch verkannt. Es gab bisher nur völlig veraltete Ausgaben seiner Werke, von denen vor allem die der 'Hinvart' kaum eine Vorstellung von der ursprünglichen Fassung des Textes geben konnte.

Die 'Hinvart' war bis jetzt nur in der auf den Handschriften A, B und C gegründeten Ausgabe von Franz Pfeiffer aus dem Jahre 1851 (Bibl. Nr. 2) zugänglich. Pfeiffer stützte seinen Text hauptsächlich auf die alem. Hs. A, die mit der ebenfalls alem. Hs. B eng verwandt ist. Die in AB überlieferte Textfassung, die noch Lotte Kunze, eine Schülerin Edward Schröders, in ihrer Dissertation vom Jahre 1920 (Bibl. Nr. 37, S. 153) für die ursprüngliche hielt, ist aber eine Bearbeitung des ursprünglichen Textes (s. III.4 u. 5). – Die Veröffentlichung des Fragments F im Jahre 1928 bedeutete nach Leitzmann (Bibl. Nr. 40, S. 273) »fast eine revolution unserer ansicht über das gedicht«, denn mit F wurde schließlich bewiesen, daß die Hss. AB und damit Pfeiffers Ausgabe einen sekundären Text boten und die Hss. C und F den ursprünglichen Text viel besser bewahrt hatten. Dennoch kam es nicht zu einer neuen Ausgabe, sondern lediglich zu textkritischen Vorschlägen, die meist im Zusammenhang mit der Veröffentlichung neuer Handschriftenfunde gemacht wurden. Albert Leitzmann, der nach Bartsch (Bibl. Nr. 24) die Textkritik der 'Hinvart' am meisten gefördert hat, sah allerdings die Rückgewinnung von Konrads Original »als ein eitles bemühen und als eine unlösbare aufgabe« an (Bibl. Nr. 40, S. 274).

Seit 1851 sind außer dem Fragment F noch fünf weitere Fragmente bekannt geworden und die Handschrift I, der Codex 91 der Stiftsbibliothek Seitenstetten, der die 'Hinvart' als Interpolation in Philipps 'Marienleben' enthält. Die textkritische Qualität von I übertrifft noch die von F und ermöglicht durchaus die Rückgewinnung einer autornahen Fassung. Außerdem kann für die Bestimmung der Autornähe von Varianten nun auch mit größerem Gewinn die lateinische Quelle Konrads herangezogen werden, die von Monika Haibach-Reinisch (Bibl. Nr. 20) näher bestimmt wurde. Die Kenntnis der Quelle und der insgesamt 10 Textzeugen bildeten eine ausreichende und verläßliche Basis für die Arbeit an der vorliegenden Ausgabe der 'Hinvart'. Diese weist nicht nur 79 Verse mehr auf, sondern weicht auch fast in jedem Vers vom Wortlaut der alten Ausgabe Pfeiffers ab.

Von der 'U r s t e n d e' gab es bisher überhaupt keinen voll-
ständigen kritischen Text, sondern nur einen von Karl August
Hahn im Jahre 1840 besorgten diplomatisch getreuen und
nicht einmal mit einer Interpunktion versehenen Abdruck
(Bibl. Nr. 1) der Überlieferung in der Haupthandschrift V,
Wien 2696, der für die Kenntnis der frühmhd. Literatur wich-
tigen Sammelhandschrift. In Hahns Abdruck sind sogar of-
fenkundige Verschreibungen und graphisch Untypisches wie-
dergegeben, aber nicht selten weichen trotzdem Abdruck und
Handschrift voneinander ab. Einiges berichtigte wohl Hahn
selbst schon im Anhang seiner Ausgabe (Bibl. Nr. 1, S. 146f.);
geblieben sind aber dennoch viele kleinere Versehen und Un-
genauigkeiten, wie die Nachprüfung durch Werner Fechter
ergab (Bibl. Nr. 46, S. 78-81). Zur Verbesserung des überlie-
ferten Textes hatte Hahn schon einige Konjekturen vorge-
schlagen, denen dann weitere von anderen Forschern folgten
(Bibl. Nrr. 24, 25, 30, 33, 40). Eine kritische Ausgabe unter-
blieb allerdings; lediglich Auszüge aufgrund von Hahns Ab-
druck wurden in einer normalisierten und mit Interpunktion
versehenen Form für Sammelwerke veranstaltet (V. 1-68 bei
Piper, Bibl. Nr. 3, S. 269-271; V. 824-997 bei de Boor, Bibl. Nr.
4, S. 104-106).

Die textkritische Qualität der Haupths. V der 'Urstende' ist
wohl allgemein anerkannt (s. IV.5) und Hahns Abdruck er-
möglichte deshalb trotz seiner Mängel eine zutreffendere
Beurteilung des Autors als die Ausgabe der 'Hinvart' durch
Pfeiffer, dennoch wurde durch die Entdeckung neuer Text-
zeugen auch die Basis für eine kritische Ausgabe der 'Ursten-
de' verläßlicher. Paul Gichtel wies 1937 nach (Bibl. Nr. 41, S.
185-188), daß in die Weltchronik Heinrichs von München,
eine Kompilation aus verschiedenen literarischen Werken,
auch die 'Urstende' mit einem knappen Drittel ihres Versbe-
standes eingegangen war, und zwar im neutestamentlichen
Teil der Chronik, für den Philipps 'Marienleben' den Grund-
stock bildete. Die 'Urstende'-Überlieferung in der von Gichtel
untersuchten Handschrift Ms (Cgm 7330) hat dann erst Wer-
ner Fechter (Bibl. Nr. 46, S. 81ff.) textkritisch ausgewertet und
zur Kontrolle auch die 'Neue Ee' herangezogen, eine von

Hans Vollmer herausgegebene neutestamentliche Historien-
bibel (Bibl. Nr. 9), die eine Prosaauflösung einer bestimmten
Textfassung der Weltchronik ist (Gärtner, Bibl. Nr. 68). In-
zwischen sind insgesamt fünf Handschriften der Weltchronik
Heinrichs von München mit 'Urstende'-Exzerpten bekannt. –
Die 'Urstende' hat noch auf vier weitere thematisch verwand-
te Werke gewirkt, deren Autoren verschieden umfangreiche
Anleihen daraus machten (Hoffmann, Bibl. Nr. 52, Kap. 4.2).
Diese Anleihen sind nicht nur für die Wirkungsgeschichte,
sondern an einzelnen Stellen auch für die Textkritik wertvoll.
    Durch die Dissertation Werner J. Hoffmanns wurde erst-
mals auch die lat. Quelle der 'Urstende' genauer bestimmt (s.
IV.1). Wie bei der 'Hinvart' sind damit auch bei der 'Urstende'
durch die Quellenbestimmung und insgesamt sechs mittler-
weile bekannte Textzeugen ausreichende Grundlagen vorhan-
den für die hier vorgelegte erste kritische Ausgabe, die den
Handschriftenabdruck Hahns ersetzen wird.

    Die neue Ausgabe wurde von Werner Fechter zu Beginn
der 70er Jahre geplant und systematisch vorbereitet. Die
Überlieferung wurde überprüft (Autopsien der Hinvart-Hss.
D und F und der Urstende-Hss. V und Ms), neue Textzeugen
veröffentlicht und ausgewertet (Bibl. Nr. 45 und 46), Synopsen
aller Textzeugen der 'Hinvart' (außer I) erstellt und ein erster
Versuch einer kritischen Ausgabe mit Lesartenapparat für die
Verse 199–1209 gemacht; für die Textzeugen V und Ms der
'Urstende' wurde eine Synopse der Parallelüberlieferung er-
stellt und 1971/72 bereits ein mit Anmerkungen versehener
kritischer Text entworfen, aber noch ohne Apparat. Werner
Fechters Vorarbeiten und seine zahlreichen Materialien mit
vielen wertvollen Anmerkungen bildeten die Grundlage für
die weitere Arbeit an der vorliegenden Neuausgabe, an der in
Trier seit 1980 gearbeitet wurde, nachdem Fechter seinen Edi-
tionsplan aus Altersgründen aufgegeben hatte.
    Für die Vorbereitung der Ausgabe wurden die Möglichkei-
ten der EDV genutzt, insbesondere die am Rechenzentrum
der Universität Tübingen unter Leitung Wilhelm Otts entwik-
kelten Textverarbeitungsprogramme (TUSTEP). Über die Be-

nutzung dieser Programme und die Vorteile und Erleichterun-
gen, die dadurch in allen Phasen unserer Arbeit ermöglicht
wurden, wird an anderer Stelle ausführlich berichtet.[4]

III. 'Unser vrouwen hinvart'

1. Quellen

Im Prolog der 'Hinvart' (V. 79–133) geht Konrad auf seine
Quelle näher ein. Bei ihr handelt es sich, wie Franz Kramm
(Bibl. Nr. 27, S. 66–80) als erster genauer nachwies, um den
apokryphen 'T r a n s i t u s   M a r i a e', der um 400 verfaßt und
dem Bischof Melito von Sardes († vor 190) zugeschrieben
wurde. Die von Konrad benutzte Textfassung bestimmte ge-
nauer dann Monika Haibach-Reinisch (Bibl. Nr. 20, S.
260–276). Sie hat gezeigt, daß der von ihr entdeckte und her-
ausgegebene 'Transitus B²' (ebd., S. 53–87) Konrads Haupt-
quelle bildete und daß außerdem für die in B² fehlenden
apokryphen Einzelheiten und Partien Nebenquellen in Be-
tracht kommen. Diese Ergebnisse wurden von Werner J. Hoff-
mann (Bibl. Nr. 52, Kap. 2.1) überprüft und in mehreren
Punkten modifiziert und ergänzt.

Die von Konrad benutzte Redaktion des 'Transitus B²' steht
erstens der Handschriftengruppe P¹DP⁴ bei Haibach-Reinisch
am nächsten und war zweitens ähnlich derjenigen, die Jaco-
bus de Voragine (†1298) kannte; denn einige Besonderheiten
der in der 'Legenda aurea' benutzten Redaktion finden sich
wohl in der 'Hinvart' (s. Anm. zu V. 168, 495–500, 541–544,
608–611, 688), aber in keiner der von Haibach-Reinisch her-
angezogenen 'Transitus B²'-Handschriften.

Als Nebenquelle für die in der Forschung lange umstrittene
T h o m a s - E p i s o d e (V. 1053–1182), die im 'Transitus B²' fehlt

---

[4] Kurt Gärtner/Werner J. Hoffmann, Die Edition der Werke Konrads von
   Heimesfurt. In: Maschinelle Verarbeitung altdeutscher Texte. Beiträge zum
   vierten Symposion. Trier 28. Februar - 2. März 1988. Hrsg. von Kurt Gärt-
   ner/Paul Sappler/Michael Trauth. Tübingen 1989. [im Druck]

und in den beiden Hinvart-Hss. C und E fortgelassen wurde,
kommt nur der vom 'Transitus B' ganz abweichende 'Transitus A' in Betracht, der im 7. Jh. aus verschiedenen Überlieferungen kompiliert und dem Joseph von Arimathia zugeschrieben wurde. Konrad kannte die Thomas-Episode aus
dem 'Transitus A', hat sie aber gänzlich umgestaltet, um sie in
den völlig anderen Kontext des 'Transitus B²' integrieren zu
können.

Daß Konrad die Himmelfahrtslegende des Pseudo-Cosmas Vestitor benutzte, wie Monika Haibach-Reinisch nachzuweisen versuchte, ist sehr unwahrscheinlich. Zu den weiteren Nebenquellen, und zwar für die von Konrad erwähnte
zweite Höllenfahrt bei der Aufnahme Marias in den Himmel
(V. 1032–45) und die theologische Begründung der Himmelfahrt Marias durch Petrus (V. 870–972) s. Hoffmann (Bibl. Nr.
52, Kap. 2.2).

Als wichtigste Nebenquelle Konrads kommt schließlich die
Bibel in Frage, deren Kenntnis hauptsächlich durch die Liturgie vermittelt war (vgl. Hoffmann, Bibl. Nr. 52, Kap. 2.3).
Viel stärker als der Pseudo-Melito hat Konrad den Bibeltext
herangezogen und seine apokryphe Erzählung durch die Anreicherung mit biblischen Elementen und Partien gewissermaßen 'kanonisiert' (vgl. Anmerkungen zur Habakuk-Episode V. 323–358 und zur Thomas-Episode V. 1053–1182). Auch
mit den in der Liturgie des Festes Mariae Himmelfahrt verwendeten Schriftstellen (Antiphonen aus dem Brautpsalm 44,
dem Cant. und Sir. 24) scheint Konrad bestens vertraut gewesen zu sein (vgl. Anmerkungen zu 252–266; 495–500;
570–580; 1048).

Die Zusätze gegenüber dem 'Transitus B²' durch Rückgriff
auf Biblisches sind überhaupt das auffallende Merkmal von
Konrads Umgang mit seiner Hauptquelle. Diese behandelt er
im übrigen sehr souverän. Der genaue Quellenvergleich (bei
Hoffmann, Bibl. Nr. 52, Kap. 2.2–2.4) ergibt, daß die 'Hinvart'
aufgrund der vielen Zusätze und Auslassungen, Kürzungen
und Erweiterungen, Umstellungen und sonstigen inhaltlichen
Änderungen nur als eine sehr freie Bearbeitung ihrer Hauptquelle bezeichnet werden kann. Aber auch da, wo Konrad

sich an sie hält, überträgt er sie geschickt und versteht es, das
Erzählte anschaulich auszugestalten.

2. Handschriften

Die 'Hinvart' ist weitgehend vollständig in vier Handschriften
überliefert (A, B, C, I) und fragmentarisch in sechs Bruchstük-
ken (D, E, F, G, H, K), von denen eines (F) fast die Hälfte des
Textes bezeugt. Die Siglen der drei von Pfeiffer benutzten
Handschriften (A, B, C) sind beibehalten worden, die neu hin-
zugekommenen sieben Zeugen sind im Anschluß an das von
Pfeiffer verwendete Siglensystem in der Reihenfolge ihres Be-
kanntwerdens mit D bis K bezeichnet worden.

A Donaueschingen, Fürstlich Fürstenbergische Hofbiblio-
    thek, Cod. 74, S. 118b–129a.

Pg., 74 Bll., 265 × 165mm; 2 Spalten ('Kindheit Jesu' und 'Hin-
vart') mit 50–52 Zeilen und 3 Spalten (übrige Texte) mit 55–65
('Willehalm') bzw. 65–69 Zeilen ('Sigenot' und 'Eckenlied'),
Verse abgesetzt, Versanfangsbuchstaben als Majuskeln in ei-
ner Leiste ausgerückt; zweizeilige Lombarden vorgesehen,
aber nicht ausgeführt.

Geschrieben von éiner Hand im 2. Viertel des 14. Jhs. (nach
Karin Schneider) in Konstanz (Bertsch, S. 225–228).

Mundart: ostalemannisch.

Inhalt:
1. S.   1a–88b   Rudolf von Ems, Willehalm von Orlens
                 (Hs. D).
2. S. 89a–118b Konrad von Fußesbrunnen, Kindheit Jesu
                 (Hs. C).
3. S. 118b–129a Konrad von Heimesfurt, Hinvart.
4. S. 130a–132c Der ältere Sigenot (Hs. L).
5. S. 132c–148b Eckenlied (Hs. L).

Beschreibungen: Karl A. Barack, Die Handschriften der Für-
stenbergischen Hofbibliothek zu Donaueschingen. Tübingen
1865, S. 51-55; Victor Junk, Rudolfs von Ems Willehalm von
Orlens, hg. aus dem Wasserburger Codex der Fürstlich Für-
stenbergischen Hofbibliothek in Donaueschingen. Berlin
1905 (DTM 2), S. XVIII-XXXVIII; Kunze, Bibl. Nr. 37, S. 2-6;
Martin Wierschin, Eckenlied. Fassung L. Tübingen 1974 (ATB
78), S. XIX-XXIX; Fromm/Grubmüller, Bibl. Nr. 13, S. 11f.,
33-36. Zur sprachlichen Lokalisierung: Elisabeth Bertsch, Stu-
dien zur Sprache oberdeutscher Dichterhandschriften des 13.
Jhs. Diss. phil. masch. Tübingen 1957, S. 114-125, 225-228.
Zur Provenienz: Hoffmann, Bibl. Nr. 52, Kap. 5.1.1. Faksi-
mile mehrerer Spalten aus dem Text der 'Hinvart' bei Heinzel,
Bibl. Nr. 5, S. 18, 22, 26, 32-52.

B Berlin, Staatsbibliothek Preußischer Kulturbesitz, Ms.
germ. fol. 20, Bl. 89ra-94vb.

Pap., 128 Bll., 1 Bl. fehlt nach Bl. 94, 294 × 211 mm; 2 Spalten,
38-47 Zeilen, Verse abgesetzt; zweizeilige Lombarden.

Mitte 15. Jh., von einer Hand, vielleicht in Straßburg ge-
schrieben. Aus dem Besitz Daniel Sudermanns.

Mundart: elsässisch.

Inhalt:
1. Bl. 1ra-87vb Rudolf von Ems, Barlaam und Josaphat
(Hs. Kc).
2. Bl. 89ra-94vb Konrad von Heimesfurt, Hinvart.
Der Schluß V. 1121ff. fehlt wegen Blattver-
lustes in der Hs.
3. Bl. 95ra-98va 'Von dem jungesten Tage', Fassung I.
Ausgabe von L. A. Willoughby. Oxford
1918, S. 49-81 (Hs. B). Vgl. Andreas Wang,
VL^2 4, 929-931.
4. Bl. 98va Konrad von Würzburg, Zwei Spruchstro-
phen (Hs. w).
Nach der Ausgabe von Edward Schröder,

Konrad von Würzburg, Kleinere Dichtun-
gen III, 3. unveränd. Aufl. Berlin 1967, Nr.
32, V. 256–279 (von der zweiten Strophe nur
271 bis 279 statt bis 285)

5. Bl. 98va–100vb Sündenklage.
         Abdr. von Elias Steinmeyer, ZfdA 18 (1875),
         S. 137–144.

6. Bl. 101ra–114ra Freidanks 'Bescheidenheit' (Hs. a).

Beschreibungen: Kunze, Bibl. Nr. 37, S. 6–8; Hermann De-
gering, Kurzes Verzeichnis der germanischen Handschriften
der Preußischen Staatsbibliothek. Bd. 1. Leipzig 1925, S. 3f.;
Siegmund Prillwitz, Überlieferungsstudie zum 'Barlaam und
Josaphat'. Kopenhagen 1975, S. 57–60. Zur Provenienz: Hans
Hornung, Daniel Sudermann als Handschriftensammler.
Diss. phil. masch. Tübingen 1956, S. 249–253. Faksimile aus
einzelnen Spalten bei Heinzel, Bibl. Nr. 5, S. 16, 24, 40 u. 42.

C Graz, Universitätsbibliothek, Cod. 781, Bl. 1^r–70^v

Perg., 175 Bll., 250 × 170 mm. Nach Bl. 8 fehlt eine ganze La-
ge, von der vermutlich aber noch das letzte Blatt, jetzt Bl. 9,
erhalten ist.

Die Hs. enthält ein in der 1. Hälfte des 13. Jh.s geschriebenes
Psalterium (Ps. 16,3–26,8 fehlt wegen Lagenverlustes) und Bl.
105^v daran anschließend eine Reihe von Offizien (mit deut-
schen Überschriften und gelegentlichen deutschen Gebetsan-
weisungen). Sie stammt aus dem Frauenkonvent des Augu-
stiner-Chorherrenstifts Seckau. Auf den oberen Rändern wur-
den um die Mitte des 14. Jh.s von einer ungeübten weiblichen
Hand mehrere deutsche Texte eingetragen, durchschnittlich
auf 3 Zeilen 6 Verse pro Seite, die durch Reimpunkte getrennt
sind; anfangs neigt die Schreiberin dazu, nach dem ersten
Vers eines Reimpaars einen Punkt, nach dem zweiten ein Se-
mikolon zu setzen (bis V. 114). Abschnittsanfänge sind an-
fangs durch Lombarden (V. 57, 79), später durch Majuskeln
markiert.

Mundart: südbairisch.

Inhalt des nachgetragenen deutschen Teils:

1. Bl. 1^r-70^v Konrad von Heimesfurt, Hinvart.
          Prolog V. 1–56, Epilog 1201–1209 und die
          Thomas-Episode V. 1053–1182 sind ausgelas-
          sen; V. 159–238 fehlen wegen Lagenverlustes.

2. Bl. 71^r Vierzeiler.
          Lieb an ain ende.
          leg dich zu der bende (= *wende*).
          ab Ple dich der pei.
          als lieb ich dier sei.

3. Bl. 71^v-110^v Margarethenlegende.
          Prosatext mit gereimtem Prolog (30 Verse).
          Hrsg. von Joseph Diemer, Kleinere Beiträge
          zur älteren deutschen Sprache und Literatur
          VII, WSB 7 (1851), S. 315–322. Vgl. Werner
          Williams-Krapp, VL² 5, 1246 (unter XVIII).

4. Bl. 110^v-172^v 'Grazer Marienleben'.
          Hrsg. von Anton E. Schönbach, ZfdA 17
          (1874), S. 532–560. Vgl. Achim Masser, Zum
          sogenannten Grazer Marienleben. In: Stu-
          dien zur deutschen Literatur des Mittelalters.
          Festschrift G. Lohse. In Verb. mit Ulrich Fell-
          mann hrsg. von Rudolf Schützeichel. Bonn
          1979, S. 541–552 und Werner Fechter, VL² 3,
          229f.

Beschreibungen: Kunze, Bibl. Nr. 37, S. 9–12; Anton Kern,
Die Handschriften der Universitätsbibliothek Graz. Bd. 2.
Wien 1956, S. 40f. Faksimile der oberen Ränder einzelner Sei-
ten bei Heinzel, Bibl. Nr. 5, S. 20, 28, 30 u. 36.

D I. Salzburg, Universitätsbibliothek, Cod. M II 58.
       II. München, Bayerische Staatsbibliothek, Cgm 5249/71.

Perg., 2 Bll. I vollständig erhalten, 251 × 182 mm; von II (ca.
250 × 101–108 mm) ist der Außenrand und ein Teil des Textes

weggeschnitten. 1 Spalte; 28-29 Zeilen; Verse nicht abgesetzt, aber getrennt durch rubrizierte Striche und rubrizierte Majuskeln am Reimpaaranfang bzw. durch Punkte und Minuskeln oder Majuskeln am Versanfang innerhalb des Reimpaars. Einzeilige rote Lombarden. Weitere Fragmente aus demselben Codex mit Legenden aus dem 'Märterbuch' (Hs. σ₂): 1 Bl. in Salzburg, UB, Cod. M II 82; vermutlich auch das jetzt verschollene mittlere Doppelbl. einer Lage, früher ebenfalls in Salzburg, Text erhalten durch eine Abschrift Joseph Haupts in Wien, ÖNB, Cod. 15373, Bl. 57ᵛ-60ᵛ.

1. Hälfte 15. Jh.

Mundart: bairisch.

I enthält V. 102-210(Anfang), II unmittelbar anschließend V. 210(Ende)-327. Das erhaltene Bl. des 'Märterbuches' enthält Teile aus der Legende Johannes des Täufers (V. 18118-18218 ed. Gierach), und das verlorene Doppelbl. enthielt Teile aus den Legenden der Hl. Agnes (Schlußteil V. 874-912) und Maria Aegyptiaca (Anfangsteil V. 5023-5171).

Abdruck und Beschreibung von I durch Th. von Grienberger, Bibl. Nr. 31; von II durch Carl von Kraus, Bibl. Nr. 35. Beschreibung bei Kunze, Bibl. Nr. 37, S. 12f.

E   Frankfurt, ehemals im Besitz von Joseph Baer & Co., jetzt verschollen.

Perg., linke Hälfte der senkrecht durchgeschnittenen Vorderseite eines Bl., dessen Rückseite nicht beschrieben war; noch 230 × 85 mm, ursprünglich etwa doppelt so breit; 2 Spalten, davon die eine mit dem Schluß der 'Hinvart' erhalten; 46 linierte Zeilen; Verse nicht abgesetzt, aber durch Reimpunkte getrennt; Lombarden an den Abschnittsanfängen in rot (1025, 1195) und grün (1183). Auf dem oberen Rand steht der Vermerk *access. 4748.* Nach brieflichen Mitteilungen Bernd Schiroks (Nov. 1987) handelt es sich bei diesem Vermerk um eine in der Königlichen Bibliothek Berlin übliche Akzessionsnummer; unter dieser wurden 1887 verschiedene Fragmente aus dem Nachlaß F. H. von der Hagens – darunter auch das Fragment L der 'Kindheit Jesu', Mgf 1021 – separat signiert und aufgestellt.

13. Jh.

Mundart: bairisch.

Enthält V. 1025–1209; die V. 1053–1182 mit der Thomas-Episode sind ausgelassen.

Abdruck und Beschreibung durch Kossmann, Bibl. Nr. 36; Beschreibung bei Kunze, Bibl. Nr. 37, S. 13f.

Das Fragment stammt aus einer größeren Sammelhs., die in Anlage, Einrichtung und Sprache genau dem Berliner Fragment L der 'Kindheit Jesu' (Fromm/Grubmüller, Bibl. Nr. 13, S. 37) entspricht. Wie Bernd Schirok jetzt gezeigt hat,[5] bildeten L und einige weitere verlorene Blätter den Schlußteil des Cod. 857 der Stiftsbibliothek St. Gallen, der Wolframs 'Parzival' und 'Willehalm', das Nibelungenlied und Strickers 'Karl' überliefert. Wenn das 'Hinvart'-Fragment E und das 'Kindheit Jesu'-Fragment L, die beide aus von der Hagens Nachlaß

---

[5] Ausgangspunkt für die Entdeckung der Zusammengehörigkeit waren Karin Schneiders Untersuchungen (Bibl. Nr. 73, S. 136ff.), die zur Beobachtung führten, daß die mit »694« einsetzende Seitenzählung von L an die mit »693« endende des Cod. 857 anschließt und daß sich in dessen ältesten Beschreibungen eine auf L zutreffende Inhaltsangabe findet; s. Bernd Schirok, Der Raub der 'Kindheit Jesu'. Codex St. Gallen 857 und Konrad von Fußesbrunnen. In: ZfdA 98 (1987), S. 230–234. Der 'Räuber' war J.J. Bodmer, der den Schlußteil 1780 (L und weitere Blätter?) entfernte, als ihm der Codex nach Zürich ausgeliehen war; aus Bodmers Nachlaß gelangte der 'Kindheit Jesu'-Teil im Jahre 1816 an F.H. v.d. Hagen und nach dessen Tod 1856 an die Berliner Bibliothek; s. Bernd Schirok, Bodmer, v.d. Hagen und eine falsche Fährte. Nachforschungen zum Raub der 'Kindheit Jesu'. In: ZfdA 117 (1988), S. 224–232, hier bes. S. 229 und Anm. 36. Wie das 'Hinvart'-Fragment E von Berlin, falls es sich dort jemals befand, in den Besitz von Joseph Baer & Co. in Frankfurt gelangt ist, läßt sich nicht mehr klären. Für Nachforschungen über den möglichen Verbleib von E in Frankfurt haben wir Gerhardt Powitz zu danken; sie blieben leider ohne Ergebnis. [Korrekturnote: Vgl. jetzt auch Peter Ochsenbein, Entfremdete Blätter aus der St. Galler Nibelungenhandschrift. In: Librarium 31 (1988), S. 33–41.]

stammen (s.o.), ursprünglich zusammengehörten, was wir mit Schirok für sehr wahrscheinlich halten, dann enthielt dieser berühmte Codex die Mariendichtung Konrads von Heimesfurt als letztes Werk.

F Luzern, Provinzarchiv der Kapuziner, Nachlaß P. Adalbert Wagner.

Perg., 2 Bll. des innersten Doppelbl. einer Lage; am oberen Rande beschnitten, Bl. 1 mit Textverlust (3 Zeilen), Bl. 2 ohne Textverlust; jetzige Größe 255 × 165 mm; 2 Spalten zu ursprünglich 42 Zeilen; Verse nicht abgesetzt, aber durch Reimpunkte und rubrizierte Majuskeln getrennt. Zweizeilige Abschnittslombarden am Zeilenanfang.

Letztes Viertel 13. Jh. Die Bll. sind abgelöst worden von dem Druck: *Aliquot Epistolae sane quam elegantes Erasmi Rotterdami, & ad hunc aliorum eruditissimorum hominum. Basileae, Frobenius 1518*; aus der Bibliothek des Kapuzinerklosters Wesemlin, Luzern, Sign. S. 8 3.

Mundart: niederdeutsch nach oberdeutscher Vorlage; später durchgehend korrigiert von einem alem. Schreiber, der die nd. Laute und Formen durch seine alem. ersetzt.

Enthält auf Bl. 1 V. 283–541 (mit Textverlust) und Bl. 2 V. 541–804.

Beschreibung und Abdruck (fehlerhaft) durch Stöckli, Bibl. Nr. 39. Zum Verfahren des alem. Korrektors Hoffmann, Bibl. Nr. 51, mit Faksimile des Fragments.

G Berlin, Deutsche Staatsbibliothek, Fragment 37.

Perg., kleinere untere Hälfte eines Doppelbl., des zweitinnersten einer Lage, ursprünglich ca. 120 × 90 mm; 1 Spalte zu ursprünglich 26 Zeilen, von denen jetzt noch je 12 erhalten sind. Verse abgesetzt, Anfangsbuchstaben der Reimpaare ausgerückt. Zweizeilige rote Abschnittslombarden (873, 1053).

Nach Mitte 13. Jh. (Denecke, S. 58). Vermutlich von einem Buchrücken abgelöst.

Mundart: ostfränkisch.

Enthält V. 867-878, 893-904, 1023-1036, 1051-1062.

Beschreibung und Abdruck durch Denecke, Bibl. Nr. 42.

H Innsbruck, Stiftsarchiv Wilten, Lade 35 Ff.

Perg., Doppelbl., das drittinnerste einer Lage; 172 × 133 mm; 1 Spalte, 26 Zeilen; Verse abgesetzt, Versanfänge mit rubrizierten Majuskeln. Zweizeilige rote Abschnittslombarden; bei Unterabschnitten, besonders bei Redeeinsätzen stehen braune und rote Paragraphenzeichen vor dem Versanfang.

1. Hälfte 14. Jh. Dient noch immer als Umschlag zum hsl. Verzeichnis der Almosenaufteilung von 1486 in der südlich von Hall gelegenen Pfarre Tulfes, die dem Prämonstratenserstift Wilten inkorporiert war.

Mundart: bairisch nach mitteldeutscher Vorlage.

Enthält V. 469-521 und V. 749-798.

Beschreibung und Abdruck durch Fechter, Bibl. Nr. 45.

I Seitenstetten, Stiftsbibliothek, Cod. 91, Bl. 169^r-186^v.

Perg., 197 Bll., 120 × 85 mm; 1 Spalte, 21 Zeilen, Verse nicht abgesetzt, aber durch Reimpunkte und rubrizierte Majuskeln getrennt.

2. Drittel 14. Jh. In einem gereimten Zusatz zum Prolog nennt sich ein *Friderich der schreiber* (1^v).

Mundart: mittelbairisch.

Die Handschrift enthält Philipps 'Marienleben' mit einigen kürzeren Interpolationen und einer längeren, der 'Hinvart' V. 201-1194, die nach V. 9195 des 'Marienlebens' (ed. Rückert) eingeschoben ist und dessen viel kürzeres Kapitel über Marias Tod und Begräbnis ersetzt. An einigen Stellen sind 'Hinvart'-Partien durch inhaltlich entsprechende 'Marienleben'-Verse ersetzt; der Text der 'Hinvart' hat trotzdem nur wenige Lükken, die längste V. 981–1024 (vgl. III.5).

Entdeckt und beschrieben durch Gärtner, Bibl. Nr. 47, S. 221–226.

K Berlin, Staatsbibliothek Preußischer Kulturbesitz, Ms. germ. fol. 757,28.

Perg., Längsstreifen von der Mitte eines Bl. aus einer zweispaltigen Foliohs., jetzige Größe 205 × 32–38 mm, ursprünglich wohl ca. 300 × 200 mm; 2 Spalten, 44 Zeilen, Verse abgesetzt, Versanfänge mit rubrizierten Majuskeln. Zweizeilige rote Abschnittslombarden (219, 323).

1. Hälfte 14. Jh.

Mundart: ostfränkisch.

Das Fragment ist wohl Rest einer Sammelhs., in der die 'Hinvart' knapp 7 Bll. beanspruchte. Nur Versreste erhalten, ra-Spalte V. 165–192 (Versenden), rb-Spalte V. 208–236 (von 208f. nicht identifizierbare Reste des Versanfangs, von 210–236 Versanfänge von ein bis drei Buchstaben), va-Spalte V. 283 (–*t* von *gewant*) und V. 295f. (Spaltenende mit Versenden); vb-Spalte V. 312–340 (Versanfänge mit ca. 8 Buchstaben).

Identifiziert 1981 durch Gärtner.

3. Konkordanz der Textzeugen

A	B	C	D	E	F	G	H	I	K
1-	1-44*								
	57-	57-							
			102-						
		-158							
									165-192
								201-	
	239-								208-236
-266*	-266*	-266*	-266*						(-266*)
283-	283-	283-	283-		283-				(283-)
			-327						312-340
							469-521		
							749-798		
					-804				
-839*	-839*	-839*							
845-	845-	845-							
							867-878		
-890*									
							893-904		
924-									
-970*	-970*								
								-980*	
981-	981-								
				1025-		1023-36		1025-	
-1110*									
		-1052*		-1052*		1051-62			
	-1118								
1121-									
		1183-1200		1183-				-1194	
-1209				-1209					

Nach den mit einem Asterisk gekennzeichneten Versen haben die Hss. durch Redaktion verursachte größere Auslassungen.

4. Handschriftenverhältnisse und Stemma

Durch das Bekanntwerden von F und schließlich durch das von I wurden Textzeugen verfügbar, welche allererst eine ausreichende Basis boten für die kritische Herstellung eines autornahen Textes. Von diesen beiden wichtigsten Textzeugen hat I eine Sonderstellung; denn nur in I sind außer einigen Verspaaren auch zwei umfangreichere Partien bewahrt, die sicher ursprünglich sind.

Die Ursprünglichkeit des ersten nur in I gegen ABCDK (die K-Überlieferung ist erschließbar durch Umfangberechnungen) bezeugten Stückes von 16 Versen, V. 267–282, wird dadurch erwiesen, daß es eine Entsprechung im 'Transitus B²' (Bibl. Nr. 20, S. 67,15–68,5) hat. I steht also in Opposition zu ABCDK bzw. ihrer gemeinsamen Vorstufe.

Das zweite Stück mit sechs allein in I gegen ABC bezeugten Versen, V. 839–844, beschreibt die Verstocktheit der Juden mit z.T. den gleichen Worten und Wendungen, wie Konrad sie auch wieder in der 'Urstende' (V. 1085f., 2149–54) gebraucht. Die vermutlich durch den Reimgleichklang (V. 837 und V. 844) verursachte Lücke in ABC könnte wohl auch unabhängig voneinander in mehreren Handschriften entstanden sein.

ABC haben allerdings noch weitere sekundäre Merkmale gemeinsam (z.B. fehlen V. 971f., 1029f., 1119f.; die Überlieferung ist V. 891ff. gestört in AB und C, wodurch 911–915 nur in I erhalten sind), so daß ABC bzw. ihre gemeinsame Vorstufe *ABC eine textgenealogisch deutlich fixierbare Größe bilden, zu der von den Fragmenten außer DK auch noch E und G gehören (s.u.).

Die Hss. ABC bzw. ihre Vorstufe *ABC stehen V. 466–475 mit ihrem stark abweichenden Text dem in IF und teils in H bewahrten ursprünglichen und teilweise wieder mit dem 'Transitus B²' (S. 84,5f. = Ps. 135,4, vgl. mit IF V. 474f.) übereinstimmenden Text gegenüber. Von dieser Stelle her gesehen scheint F nichts mit *ABC zu tun zu haben. – Die Lesarten von H zu 473/474 (vgl. auch zu 496/497 und 789) zeigen, daß der vielfach stark bearbeitete Text dieses Fragments sicher nicht von *ABC herkommt. H ist als Bearbeitung mit seinen zahlreichen Abweichungen überhaupt schwer im Stemma unterzubringen. Wegen der mit I gegen FCAB fehlenden Verse 499–502 könnte H stemmatisch dem Zweig von I zugerechnet werden.

Die auf die Vorstufe *ABC zurückgehenden Textzeugen lassen sich in zwei deutlich bestimmbare Gruppen teilen, die erste mit AB und die zweite mit C und den Fragmenten DEGK; die erschließbaren Vorstufen kann man mit *AB und *C bezeichnen. Die ihr bekannten Hss. ABCDE hatte auch

Lotte Kunze (Bibl. Nr. 37, S. 16-51) in ihren textkritischen Untersuchungen schon entsprechend gruppiert, nur hat sie aus ihren Beobachtungen den falschen Schluß gezogen: sie hielt *AB (bei ihr *A) für die autornähere Fassung und *C für die Überarbeitung durch einen Redaktor. In Wirklichkeit verhält es sich aber gerade umgekehrt, wie jetzt der Vergleich mit der nicht verwandten Hs. I und mit F ergibt.

An Stellen, wo *C-Hss. mit I oder IF zusammenstimmen, wird der Text von *AB als sekundär erwiesen, so bei den AB gemeinsamen Auslassungen (132f., 157f., 301f., 681f., 727f., 735f.), Kürzungen (255-258, s. zu 966 und 971-980), Umstellungen (125/126, s. zu 231-236, 517-520, 613/614, 761/762, 795/796, 831/832, 978-980 nach 966), auffallenden Varianten (215f., 283f., 332f., 383f., 460f., 645f., 655f., 857f.), andern sekundären Merkmalen (wie z.B. zu 410ff.) und Erweiterungen (s. zu 809/810, zu 887-890). Die vielen sekundären Varianten von AB zeigen, daß die beiden Hss. eine Bearbeitung *AB repräsentieren.

Die *C-Hss., also C und die vier kleineren Fragmente DEGK, lassen sich weiter in zwei Gruppen teilen, in eine um C mit EDK auf der einen Seite (vgl. zu 317) und in eine zweite mit dem alten Fragment G auf der andern. C und E gehören eng zusammen, weil beiden die Thomas-Episode fehlt (1053-1182), ebenso scheinen D und K näher zusammenzugehören (s. zu 188 und 219).

Während sich das genealogische Verhältnis der *ABC-Hss., vor allem das der vollständigen Textzeugen A, B und C zueinander leicht bestimmten läßt, ist die genauere stemmatische Einordnung des umfangreichen und textkritisch wichtigen Fragments F schwierig; denn ob in F ebenfalls wie in *ABC die oben angeführten, nur in I erhaltenen Textstücke (267-282, 839-844) fehlten, läßt sich nicht ausmachen, da F nur V. 283-804 überliefert. In F fehlt aber mit *ABC das nur in I bezeugte und sicher ursprüngliche Verspaar 799/800 (vgl. Urstende 345f., 1745f.). Dieses kann kaum wie die sonstigen nur in F fehlenden Verse unabhängig von *ABC ausgelassen worden sein; denn die sonstigen Versauslassungen in F sind erklärbar (484 aus Versehen ausgelassen; 567f. und 691f. feh-

len wegen der Zusatzverse in F 582a–d; 633f. und 668–670
fehlen wegen der seltenen Wörter). Damit gehörte F zum sel-
ben Hauptzweig des Stemmas wie *ABC, ohne jedoch die
zahlreichen sekundären Abweichungen von *ABC zu teilen.
F stimmt vielmehr in der Bewahrung des Ursprünglichen
weitgehend mit I überein und müßte daher auf eine Vorstufe
zurückgehen, die einen autornäheren Text bot als *ABC.

Nun hat aber F in der Habakuk-Episode aus dem Daniel-
buch die auffallende und sicher sekundäre Variante des Vers-
paares 327/328 gemeinsam mit AB gegen ICD, die den ur-
sprünglichen Text bezeugen (vgl. Dan. 14,33). Die nicht all-
gemein gebräuchlichen Wörter in den beiden Versen sind
wohl der Grund für die Varianten in ABF, die vermutlich
nicht unabhängig voneinander in AB und in F entstanden
sind. F wäre damit abzuleiten entweder von einer vor der Be-
arbeitung *AB liegenden Vorstufe oder von einer – wie schon
angenommen – vor *ABC liegenden Vorstufe, wobei F dann
allerdings mit *AB kontaminiert worden wäre. Wie dem auch
sei, F gehört stemmatisch mit den Hss. CAB in eine Gruppe
und dürfte wie CAB nicht mit I verwandt sein.

Der mit keiner andern Hs. außer vielleicht dem Fragment
H verwandte Textzeuge I vertritt somit den Zweig X , die übri-
gen Textzeugen vertreten den Zweig Y des Stemmas (zur aus-
führlichen Begründung s. Hoffmann, Bibl. Nr. 52, Kap. 5.1.2).
In diesem (S. XXXV) sind auch die oben begründeten weite-
ren Abhängigkeitsverhältnisse veranschaulicht.

Aus der Untersuchung der Handschriftenverhältnisse, die
das Stemma veranschaulicht, und der Berücksichtigung der
textkritischen Qualität der einzelnen Textzeugen, die in III.5
noch genauer charakterisiert werden, ergibt sich für die Her-
stellung des kritischen Textes der 'Hinvart' folgendes: Die Hs.
I mit ihrer autornahen Überlieferung bildet die Basis für den
kritischen Text; sie ist daher immer an erster Stelle zu berück-
sichtigen. An zweiter Stelle in der textkritischen Rangfolge
steht F. Wenn I und F oder I und *ABC übereinstimmen,
dann ist ihnen in der Regel zu folgen. Steht I gegen alle an-
dern Hss., insbesondere in den Partien, wo F fehlt, dann ist in

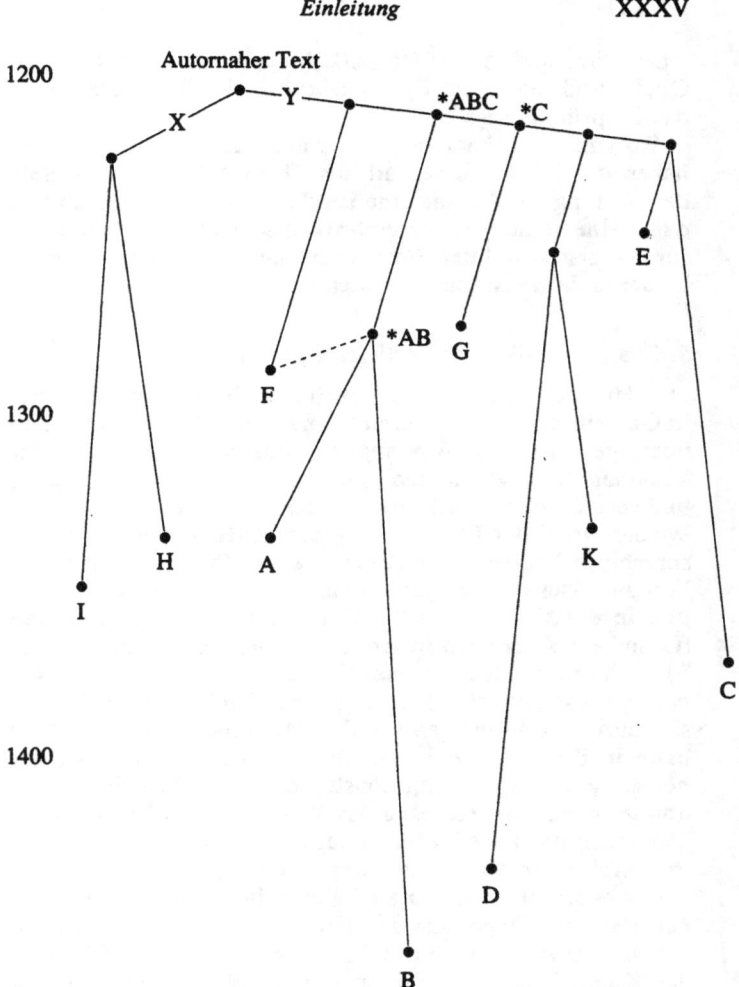

1200

Autornaher Text

1300

1400

Handschriftenstemma zur 'Hinvart'

jedem Einzelfall zu prüfen (z.B. durch Vergleich mit der lat. Quelle und/oder dem Sprachgebrauch der 'Urstende'), ob I das Ursprüngliche bietet.

Wo I nicht vorhanden ist oder aussetzt (1–200, 981–1024), haben die *C-Hss. innerhalb der Gruppe *ABC bei weitem den Vorrang vor AB, die eine Bearbeitung repräsentieren und daher einen eingeschränkten textkritischen Wert haben. Doch für den ersten Teil des Prologs sind sie wichtig, weil dieser in keiner andern Hs. sonst erhalten ist.

5. Charakteristik der Überlieferung

Die 'Hinvart' ist wegen ihres geringen Umfangs wohl immer in Gemeinschaft mit anderen thematisch verwandten Werken überliefert worden. Am engsten scheint sie früh mit der 'Kindheit Jesu' verbunden gewesen zu sein (Vorlage von A und vermutlich auch E), wie das auch bei der 'Urstende' in der Wiener Hs. V der Fall war. Vor dem Aufkommen der volkssprachigen Legendare zu Beginn des 14. Jh.s erscheint sie im Verbund kleinerer Legendensammlungen (Vorstufe von C) und in der Gestalt von kleinformatigen Taschenlegendaren (G und H). Aber auch in großformatigen Sammelhss. (E und F), in denen der Text nur vier (E) oder viereinhalb Blätter (F) beanspruchte, hat die 'Hinvart' Platz gefunden. Im 15. Jh. geht sie dann in Sammlungen wie das 'Märterbuch' ein (D). Doch hatte in ihrer letzten Überlieferungsphase die 'Hinvart' als höfisch gestaltete Assumptionslegende gegenüber den neuen umfassenden Darstellungen des Marienlebenstoffes – wie im 'Passional' nach der 'Legenda aurea' und in den Marienepen im Gefolge der 'Vita Beatae Mariae Virginis rhythmica' – nur noch beschränkte Wirkungsmöglichkeiten. Die zehn erhaltenen Hss. und Fragmente der 'Hinvart' verteilen sich ähnlich auf verschiedene Handschriftentypen wie die zwölf Zeugen der 'Kindheit Jesu'. Charakteristisch ist für die Überlieferung der Werke beider Konrade, daß sie ganz oder teilweise in Philipps 'Marienleben' interpoliert wurden.

Die kleinformatige Seitenstettener Hs. I enthält den
Text der 'Hinvart' nur als Interpolation in Philipps 'Marien-
leben', in dem sie Philipps viel kürzere Darstellung von Ma-
rias Tod (V. 9196-9585 ed. Rückert) ersetzt. Die Harmonisie-
rung der beiden Darstellungen hatte zur Folge, daß der An-
fang der 'Hinvart' (V. 1-200) und der Epilog (V. 1195-1209) in
I fehlen. Ebenfalls aus Gründen der Kontextabstimmung wer-
den einige weitere Stellen ausgelassen (443f., 521-524,
531-534, 565-568 mit B, 575-578, 687-690 vgl. zu 628) oder
durch die entsprechenden ausführlicheren Partien des 'Ma-
rienlebens' ersetzt (457-464, 543f., 845-858). Auch unschein-
barere Abweichungen in I sind auf das Bestreben nach An-
passung an den Kontext des 'Marienlebens' zurückzuführen
(z.B. zu 219, 541). Mit Absicht sind vermutlich der Exkurs
über die rechte Ehe (981-1024) ausgelassen und einige Verse
in der Habakuk-Episode (343f. und 371f. mit C, 349f.). Ledig-
lich das Fehlen von V. 499-502 (mit H) ist unmotiviert und
möglicherweise als Überlieferungsdefekt anzusehen. An eini-
gen Stellen wird der Text erweitert, indem Partien aus der
entsprechenden Darstellung des 'Marienlebens' in die 'Hin-
vart' eingeschoben werden (nach 548, 556, 1182). Im ganzen
ist der Versbestand in I aber treu bewahrt und die Eingriffe
des Kompilators halten sich in Grenzen.

Das Verfahren des Schreibers im Text des 'Marienlebens'
bestätigt die im 'Hinvart'-Teil beobachteten Vorzüge von I.
Auch hier wird der Versbestand nicht angetastet, aber es gibt
zahlreiche Interpolationen (u.a. mit bescheidenen Mitteln ge-
reimte Übersetzungen von Abschnitten aus der 'Vita Beatae
Mariae Virginis rhythmica'), und die gröbsten unreinen Rei-
me sind getilgt bzw. zu bessern gesucht. Es geht dem Be-
arbeiter/Kompilator sowohl um die Vollständigkeit des Stof-
fes wie auch um einen gewissen formalen Standard, den nicht
das 'Marienleben', sondern die 'Hinvart' aufwies, in deren
Text er deshalb auch nichts zu bessern hatte. Die Hs. ist von
einer weiteren Hand - neben der des Hauptschreibers - voll-
ständig durchkorrigiert und zeichnet sich damit auch durch
Sorgfalt im Detail aus. Für die Textkritik der 'Hinvart' war
ihre Entdeckung ein Glücksfall.

Über die Abschnittsmarkierung gibt I nur eingeschränkte Auskunft; denn in der 'Hinvart' stehen – im Unterschied zum 'Marienleben'-Teil – weder Kapitelüberschriften (außer am Anfang, s. zu 201) noch gliedernde Lombarden. Doch scheint sich der Kompilator bei Einschüben und Auslassungen an den Abschnittslombarden seiner Vorlagen orientiert zu haben, so daß sich immerhin an einigen Stellen Lombarden erschließen lassen (403, 465, 545, 627, 845, 859, 981, 1183, 1195; vgl. Hoffmann, Bibl. Nr. 52, Kap. 5.1.1).

Die Hs. I ist rund anderthalb Jahrhunderte nach der Entstehung der 'Hinvart' angelegt worden; ihre Schreibsprache ist daher in graphisch-phonetischer und in morphologischer Hinsicht regional geprägt (bairisch) und nicht mehr auf der Höhe der variantenarmen klassischen Norm. Diese wird am besten bewahrt durch das Fragment G aus der Mitte des 13. Jh.s und annähernd auch durch das Fragment E, das ebenfalls aus dem 13. Jh. stammt.

Das umfangreiche Luzerner Fragment F bietet eine weit autornähere Textfassung als *ABC; doch auch sie ist nicht ganz frei von Bearbeitungsspuren. F ist einer der interessantesten Zeugen für die Wege und Formen der 'Hinvart'-Überlieferung und des literarischen Austauschs innerhalb des deutschen Sprachgebiets. Zunächst hat ein nd. Schreiber eine obd. Vorlage ins Nd. umgesetzt; allerdings hat er dabei viele obd. Merkmale belassen, und daher stehen nebeneinander nd. und obd. Formen wie z.B. *dage – tage, dodes – todes, herten – herzen, lief – liep, lif – lip, sal – sol, wal – wol* usw. Auch Wortersatz nimmt er vor, so z.B. setzt er nd. *och* für obd. *ob* 'wenn' (529, 544, 614) und obd. *oder* (295, 393, 433), aber auch für obd. *ouch.* Der Text dieser ersten Umsetzung – nur diese ist textkritisch relevant – ist nun überlagert durch eine zweite Umsetzung: die Hs. gelangte nämlich ins Alemannische, und hier wurde sie durchgehend korrigiert von einem alem. Schreiber (vgl. Hoffmann, Bibl. Nr. 51, und Apparat zu 668–670).

Die textkritisch relevante erste Schicht von F ist nun, wie gesagt, nicht ganz frei von Bearbeitungsspuren. Verspaare mit seltenen und dem Schreiber vermutlich nicht vertrauten Wörtern werden ausgelassen (399f., 633f., 668–670 mit Nachtrag eines Verses durch den alem. Korrektor; versehentlich ausgelassen 484), rührender Reim beseitigt (453f., 701f.) und auch sonst Reime bzw. Reimwörter geändert (z.B. 583f., 587f., 593f., 643 usw.). Die vier Zusatzverse in F nach 582 sind wohl sekundär, denn sie kompensieren Auslassungen an andern Stellen (567f. und 691f.); die vier Verse sind außerdem durch eine Lombarde als besonderer Passus vom Kontext abgegrenzt worden.

Die Veränderungen des Textes der den Hss. CAB gemeinsamen Vorstufe sind nur punktuell und auf Textverderbnisse während der Überlieferung zurückzuführen. Eine Bearbeitung liegt in *ABC nicht vor. Auch im weiteren Verlauf der Überlieferung wird der ABC-Text in den Hss. um C gut bewahrt, besonders von den alten Fragmenten G und E, aber auch von D. Trotz seiner jüngeren Sprachformen kann das Fragment D gerade da *C vertreten, wo die Hs. C durch Lagenverlust eine große Lücke hat (159–238).

Die Grazer Hs. C bewahrt den unbearbeiteten Text von *C nur im Graphisch-Phonetischen und teilweise im Morphologischen weniger treu als die alten Fragmente; denn die ungeübte Schreiberin beherrschte nur mühsam ein provinzielles Schreibsystem mit ausgeprägt bairischen Zügen (z.B. *p*- für *b*-, *b* für *w*, *s* für *sch*, *ai* für *ei*, *ei* für /$\hat{\i}$/ usw.) und ihre Niederschrift weist kleinere und größere Selbstkorrekturen auf (vgl. z.B. zu 564, 907) und unvollständig ausgeführte Wörter und Buchstaben (814, 833). Sie bemüht sich durchaus um einen sinnvollen und verständlichen Text und riskiert auch einmal zwei Zusatzverse (vgl. zu 466–470) oder eine Änderung (vgl. zu 564 und 565, 566), die ihren Vorstellungen (288, 691) oder ihrem Wortschatz (734) entspricht; doch es gibt Stellen, die sie offenbar nicht durchschaut (633/634); denn mit dem syntaktisch-stilistischen System der klassischen Norm ist sie nicht voll vertraut. Gegen überlange Verse ist sie unempfindlich, Korrekturen aus metrischen Gründen nimmt sie nicht vor.

Eine ausgesprochene Bearbeitung repräsentiert die Überlieferung im W i l t e n e r   F r a g m e n t   H, das einen durchgehend veränderten und vielfach erweiterten Text bietet. H selbst ist nur eine – möglicherweise in Tirol gemachte – Abschrift der im Md. entstandenen Bearbeitung. Der Bearbeiter strebte »nach Allgemeinverständlichkeit, Eindeutigkeit und theologischer Korrektheit ... Ob er auch aus metrischen Gründen eingriff, ist unklar«; da er eine gewisse Unempfindlichkeit für den Reim zeigt »und rhetorische Feinheiten des Originals beseitigte ..., kann man bezweifeln, daß Ästhetisches ihm wichtig war« (Fechter, Bibl. Nr. 45, S. 200f.).

Weniger tiefgreifend ist die B e a r b e i t u n g *AB, die Pfeiffer als Grundlage für seine Ausgabe diente. Der Versbestand wird kaum erweitert (seltene Zusätze z.B. 358ab, 809/810, möglicherweise auch die Erweiterung der Reimhäufung auf *-ôz* am Schluß, der in B durch Blattverlust fehlt) und der Wortlaut nicht so durchgehend verändert, sondern der Text wird nur punktuell – ähnlich wie in F, jedoch ungleich häufiger – bearbeitet. Daher haben die Hss. AB einen großen Teil des Versbestandes in ihrer ursprünglichen Form bewahrt und können für die nur in ihnen überlieferten Partien als halbwegs verläßliche Zeugen gelten. Charakteristisch für die durch AB bezeugte punktuelle Bearbeitung sind die folgenden Züge: Auslassung zahlreicher Verse, Verspaare und Verspartien und Umstellungen von Versen und Versgruppen (vgl. oben III.4); auch Satzteile innerhalb eines Verspaares werden umgestellt (vgl. z.B. 535f., 1041f.); häufiger Wortersatz (z.B. 312, 548, 745, 804); Umformulierungen ganzer Verse, z.T. mit Änderung des Reimes; Tendenz zur Herstellung eines metrisch glatten Textes mit regelmäßiger Alternation von Hebung und Senkung. Der kritische Apparat bietet fast zu jeder Textspalte Beispiele für das Verfahren des Bearbeiters, gegen den sich möglicherweise Konrads Klage im Prolog der 'Urstende' richtet (vgl. Leitzmann, Bibl. Nr. 40, S. 224).

Die B e r l i n e r Hs. B überliefert die Bearbeitung *AB weniger treu als die D o n a u e s c h i n g e r Hs. A. Gegenüber A fehlen einige Verse (45–56; 65 mit freigelassener Zeile; in A fehlt 66; 231–236 fehlen, stehen in A nach 298; 581f., 663–670,

673f., 719–722, 899f.; 911–924 auf vier Verse verkürzt, aber 891–924 fehlt in A, 911–915 in C). Der Schreiber von A hat die 'Hinvart' vermutlich zusammen mit der 'Kindheit Jesu' Konrads von Fußesbrunnen aus derselben Vorlage kopiert. Die von Fromm/Grubmüller (Bibl. Nr. 13, S. 33–36) für den 'Kindheit Jesu'-Teil gegebene Charakteristik des Schreiberverhaltens trifft auch für die 'Hinvart' zu. Gegenüber B fehlen in A z.B. Einzelverse (66, 74), doch der Schreiber toleriert die dadurch entstandenen Waisen und Störungen des Zusammenhangs. In der Mitte und gegen Ende der Dichtung fehlen kleinere und größere Partien (575–582, 749f., 891–924 s.o. zu B; 1111–1120, 1151f., 1171–1176).

Die Überlieferung der 'Hinvart' ist nicht sehr einheitlich, sie erstreckt sich über eine lange Zeit und über den größten Teil des deutschen Sprachgebiets, das Niederdeutsche eingeschlossen. Nicht nur ihre äußeren Merkmale, wozu außer den zeitlich und örtlich bedingten Sprachformen auch die Handschriftentypen gehören, sind verschieden, sondern auch die inneren Merkmale, zu denen die textkritisch und textgeschichtlich relevanten Veränderungen des Textes zählen. Viel weniger gut und vollständig als bei der 'Urstende' ist die autornahe Fassung des Textes, die das Ziel textkritischer Bemühungen ist, noch bewahrt; den Sprachformen nach kommt das Fragment G und der Textgestalt nach die Hs. I dem Ursprünglichen am nächsten.

6. Wirkungsgeschichte

Die 'Hinvart' hat auf spätere Autoren und Werke einen gewissen Einfluß gehabt. In zwei Fällen läßt sich das sicher nachweisen, und zwar bei Reinbot von Durne, der eine ganze Reihe von 'Hinvart'-Stellen in seinem 'Heiligen Georg' übernimmt (zuerst nachgewiesen durch Lotte Kunze, Bibl. Nr. 37, S. 89f.), und in Lutwins 'Eva und Adam' (zuerst nachgewiesen von Steinmeyer, Bibl. Nr. 57, S. 226f.; vgl. die Ausgabe von Mary-Bess Halford, Bibl. Nr. 15, S. 302, 304, 309–311).

Reinbot (nach 1231) übernimmt Verse aus der 'Hinvart' besonders gerne dort, wo von Maria die Rede ist, und im Zusammenhang mit der Verwendung von lateinischen Schriftzitaten. Obwohl er recht frei mit den Anleihen aus der 'Hinvart' umgeht, sind seine Zitate nicht ohne textkritischen Wert; daher wird im Apparat auch auf ihn mehrfach verwiesen. Der von Reinbot benutzte Text gehörte nicht zur Bearbeitung *AB (vgl. Hoffmann, Bibl. Nr. 52, Kap. 5.2.1.).

Lutwin (14. Jh.) übernimmt und verarbeitet neben vielen Stellen aus dem 'Wigalois', seinem Hauptvorbild, auch aus der 'Hinvart' zwei längere Abschnitte (3383ff., 3410ff., vgl. Hinv. 177ff. Beschreibung von Evas/Marias Leid; 786ff. vgl. Hinv. 252ff. und 496ff. Schilderung der neben Christus im Himmel thronenden Maria) und zahlreiche kürzere Stellen (genauere Nachweise bei Hoffmann, Bibl. Nr. 52, Kap. 5.2.2.).

IV. 'Diu urstende'

1. Quellen

Die Hauptquelle für die 'Urstende' war das apokryphe 'Evangelium Nicodemi' (= E.N.), dessen Inhalt Konrad im Prolog zusammenfaßt (53–68) und als dessen Verfasser er einen Juden namens *Eneas* (54) nennt. Die lat. Fassungen des E.N. nach der Ausgabe von Tischendorf (Bibl. Nr. 18, S. 333–432) sind zuerst von Wülcker (Bibl. Nr. 53, S. 34–44) mit Konrads Bearbeitung verglichen worden. Da die Entstehungs- und Textgeschichte der lat. Fassungen des E.N. noch unzureichend aufgehellt ist, mußte sie, um eine genauere Vorstellung von Konrads Hauptquelle zu gewinnen, in hinreichendem Umfang untersucht werden (s. Hoffmann, Bibl. Nr. 52, Kap. 3.2).

Die lat. E.N.-Fassungen des Mittelalters sind aus zwei verschiedenen Teilen zusammengesetzt, die nur in Tischendorfs Ausgabe, aber nicht in der handschriftlichen Überlieferung voneinander getrennt sind. Den ersten Teil bilden die sogen. 'Acta' oder 'Gesta Pilati' (Kap. I–XVI bei Tischendorf), den zweiten der 'Descensus Christi ad inferos' (Kap. XVII–

XXVII). Die 'Gesta' gehen auf die griechische Originalfassung des E.N. zurück (Rezension A bei Tischendorf, Bibl. Nr. 18, S. 210-286), der 'Descensus' dagegen ist ein erst später hinzugekommener Appendix.

Das aus den 'Gesta Pilati' und dem 'Descensus' gebildete lat. E.N. war im Mittelalter in z w e i deutlich voneinander unterschiedenen Fassungen verbreitet: der F a s s u n g A (bei Tischendorf vertreten durch D^{abc}ed^{pr}), die in einigen hundert Hss. - meist unter dem fest gewordenen Titel 'Gesta Salvatoris' - überliefert ist, und der F a s s u n g B (bei Tischendorf ABC), von der man bis jetzt nur ein Dutzend Hss. kennt.

Die Erwähnung des *Eneas* im Prolog der 'Urstende' ist ein erstes Indiz dafür, daß Konrad die Fassung B benutzte, die im 'Gesta'-Teil allerdings nur aus den Angaben zu den Hss. ABC in Tischendorfs Apparat zu erschließen ist. Der Vergleich der 'Urstende' mit den beiden Fassungen im 'Gesta Pilati'-Teil läßt dann, z.B. in Partien, wo B länger als A ist, zweifelsfrei erkennen, daß Konrad der Fassung B folgt. Vgl. z.B. 1234-53 mit dem folgenden Ausschnitt aus Kap. XV,3 des E.N. in der Fassung B (nach Venedig, Bibl. Naz. Marc., Cod. 2901, Lat. II,65, 14. Jh.; mit Lesarten von AC) und der Fassung A (nach D^b = Kim, Bibl. Nr. 21). Die Korrespondenzen zur 'Urstende' sind in der Synopse durch Kursivierung hervorgehoben.

Fassung B	Fassung A
Et elegerunt ex omni israel	*Et elegerunt*
.vii. uiros amicos ioseph	*VII uiros, amicos Ioseph,*
quos et ipse ioseph nouerat	
esse amicos suos.	
Et dixerunt iudei ad uiros illos	*et dixerunt ad eos*
Videte (fehlt AC)	'Cum peruenieritis
si suscipiens epistolas legerit.	ad Ioseph,
(*pro certo* eingefügt AC)	
ueniet uobiscum ad nos.	
Si autem non legerit. sciatis	
quia malignatur aduersum nos.	
et salutantes eum in pace	salutate eum in pace
reuertimini ad nos.	dantes epistolam.'

Konrad kannte also mit Sicherheit den 'Gesta Pilati'-Teil des
E.N. in der selten überlieferten Fassung B.

Im 'Descensus'-Teil (Kap. XVII-XXVII oder mit eigener
Zählung Desc. I-XI = Urst. 1516-2148) dagegen benutzte er
wohl ausschließlich die Fassung A. Die beiden Fassungen wei-
chen hier sowohl im Inhalt als auch im Aufbau so stark von-
einander ab, daß Tischendorf jede Fassung gesondert edieren
mußte (Desc. A wieder nach D^{abc}ed^{pr}, S. 389-416; Desc. B
nach ABC, S. 417-432). Sie lassen sich daher leicht mit der
'Urstende' vergleichen (Näheres s. Hoffmann, Bibl. Nr. 52,
Kap. 3.2).

Wahrscheinlich kannte Konrad das 'Evangelium Nicodemi'
aus einer Hs., in der die 'Gesta Pilati B' mit dem 'Descensus A'
verbunden waren. Diese Verbindung ist bezeugt in einer Hs.
aus Salzburg, Erzabtei St. Peter, Cod. a V 27, Bl. 111^r-139^v.
Der Kodex wurde im 3. Drittel des 12. Jhs. in dem für den
Südosten charakteristischen schrägovalen Stil geschrieben
und ist daher ein sicheres Zeugnis dafür, daß in der Umge-
bung und Zeit Konrads die Kombination von 'Gesta B' und
'Descensus A' vorhanden war.[6] In einer deutschen Prosaüber-
setzung, die in einer Hs. des späten 15. Jhs. überliefert ist,
erscheinen die beiden Fassungen sogar kleinteilig miteinan-
der kompiliert.[7]

---

[6] Die Hs. ist uns erst nach Abschluß des Manuskripts bekannt geworden und
konnte daher nicht mehr in vollem Umfang ausgewertet werden; Beschrei-
bung im Katalog von Gerold Hayer, Die deutschen Handschriften des Mit-
telalters der Erzabtei St. Peter zu Salzburg. Unter Mitarbeit von Dagmar
Kratochwill, Annemarie Mühlböck u. Peter Wind bearb. v. G. H., Wien
1982, S. 71f. Der in dieser Hs. überlieferte Text repräsentiert auch die Quelle
für die deutsche Prosaübersetzung, die in einer Hs. aus der Mitte des 15. Jhs.
(Cgm 7240) überliefert ist und in der Sammlung von Masser/Siller (Bibl. Nr.
17, Übersetzung G, S. 367-395) abgedruckt ist.

[7] Den Haag, Kgl. Bibl., Cod. 73 E 25, Bl. 75^r-91^r. Teilabdruck durch Georg
Wilhelm Lorsbach, Quaedam de vetusta Evangelii Nicodemi interpretatione
germanica. Schulprogr. Herborn 1802, S. 3-15; erwähnt bei Masser/Siller
(Bibl. Nr. 17, S. 24f.), doch ohne Kenntnis der Hs. Analyse der Kompilation
und Abdruck des Textes: Werner J. Hoffmann, Die ostmitteldeutsche Über-
setzung des 'Evangelium Nicodemi' in der Den Haager Handschrift 73 E 25.
In: Vestigia Bibliae 10 [im Druck].

Als weitere Quelle für die 'Urstende' benutzte Konrad immer wieder die Bibel. Anders als in der 'Hinvart', in der die liturgisch gedeuteten und vermittelten Bibelstellen eine noch größere Rolle spielen, verbindet er in der 'Urstende' in geschicktem Wechsel apokryphe und kanonische Teile zu einer zusammenhängenden und sorgfältig gegliederten Erzählung. Eine solche Verbindung ist wohl schon im E.N. vorgegeben, doch in der 'Urstende' bilden die neutestamentlichen Teile das eigentliche Gerüst, in das die apokryphen Teile eingefügt sind, wie die folgende Übersicht über Aufbau und Quellen der 'Urstende' zeigt, in der die verschiedene Quellenbasis durch Ein- bzw. Ausrückung kenntlich gemacht ist. Quellenangaben in runden Klammern bedeuten, daß Konrad nur sehr frei der Quelle folgt. Erweiterungen zu den Quellen sind durch Pluszeichen, größere Partien ohne Entsprechungen in den direkten Quellen durch Minuszeichen angedeutet.

Übersicht über Aufbau und Quellen der 'Urstende'

	Urstende	Quellen
Prolog	1–52	–
Quelle: Autor und Inhalt	53–68	Gesta B Prolog
1. Passionsgeschehen vor dem Prozeß	69–258	Evangelien
2. *Prozeß vor Pilatus*:	259–728	Gesta B I–VII
– erste Anklagen der Juden (Jesus als König), Fahnenwunder, Geißelung	259–331	Gesta B I,1.5–6 Io. 19,12.1–6
– Zeuge über Jesu königlichen Einzug in Jerusalem	332–388	Gesta B I,3–4(+)
– große Anklage der Juden (uneheliche Geburt Jesu u.a.)	389–424	Gesta B I,1; II,3
– Zeugnis des Nikodemus und Berufung auf 12 weitere Zeugen	425–476	Io. 3,1–5; Gesta B II,4 (V,1)
– Reaktion der Juden und neue Anklage (Sabbathfrevel u.a.)	477–528	(Gesta B V,2) Gesta B III,1
– vier Zeugen über ihre Heilung durch Jesus	529–610	Gesta B VI–VII
– wiederholte Anklage	611–649	Gesta B VI,1; I,1(+)
– 12 Zeugen des Nikodemus über eheliche Geburt Jesu u.a.	650–701	Gesta B II,4

- Reaktion der Juden (Proselytenvorwurf u.a.)	702–728	Gesta B II,4(+)
Abschluß: Polemik gegen die Juden	729–742	–
3. Kreuzigung und Grablegung	743–822	Evangelien + Gesta B XI,2

4. *Auferstehung Jesu und Befreiung Josephs von Arimathia*:

- Bestellung der Grabwächter	823–867	Mt. 27,62–66(+)
- Einkerkerung Josephs	868–888	Gesta B XII,1
- Auferstehung Jesu nach Bericht der Grabwächter, ihre Bestechung	889–997	Gesta B XIII,1–3 (– Evangelien)
- Befreiung Josephs	998–1052	Gesta B XII,2
- Botenbericht über Jesus und Joseph	1053–1074	(Gesta B XV,1)
Abschluß: Polemik gegen die Juden	1075–1110	–
5. Himmelfahrt und Pfingsten	1111–1224	Mc. 16,15–18(+) Act. 1–5

6. *Befragungsszenen*:

- Joseph über seine Befreiung, benennt Zeugen der Himmelfahrt	1225–1492	Gesta B XV,2–6
- Addas, Finees, Egeas bezeugen Himmelfahrt Jesu u. benennen Zeugen der Auferstehung	1493–1564	Gesta B XVI,3; Desc. A I,1; Desc. B I,3
- Simeonsöhne Karinus und Leoncius bezeugen Auferstehung durch:	1565–1692	Desc. A I,1–3
Descensus-Bericht	1693–2116	Desc. A II–XI,1
- Dialog Satans mit seinen Schergen	1693–1807	Desc. A IV
- Dialog der in der Vorhölle gefangenen Patriarchen und Propheten	1808–1867	Desc. A II,3(+) (V,1–3)
- Seths Bericht von seiner Paradiesesreise	1868–2020	Desc. A III,1(+)
- Zerbrechen der Höllentore, Fesselung Satans, Befreiung der Gefangenen	2021–2055	(Desc. B VII–IX ?) Desc. A VIII
- Engelgeleit zum Paradies, der gute Schächer	2056–2094	Desc. A IX–X
- Glaubwürdigkeit des Zeugnisses	2095–2116	(Desc. A XI,1. II,1) Lc. 2,25–35
- Abschied der Simeonsöhne, Reaktion der Juden	2117–2148	Desc. A XI,4 (Desc. B I,9)
Abschluß: Polemik gegen die Juden	2149–2162	–

Die Teile 1, 3 und 5 nach dem Neuen Testament bilden den geschichtlichen Rahmen für die breit ausgeführten und stark dialogisierten Teile 2, 4 und 6 nach dem E.N., die durchgehend mit großer Freiheit behandelt werden, indem vieles ausgelassen oder gekürzt, umgestellt und erweitert, anders verbunden und ganz abweichend motiviert wird (zur Quellenbearbeitung s. Hoffmann, Bibl. Nr. 52, Kap. 3.3 und 3.4; zum Prozeßteil Klibansky, Bibl. Nr. 65, S. 9–16).

Sicher nachweisbar ist – wie schon für die 'Hinvart' – Konrads Vertrautheit mit der Liturgie; denn das Zeugnis der Simeonsöhne über den Descensus wird eingeleitet mit dem Anfang der berühmten Antiphon *Cum rex gloriae Christus*, die in der Osternacht bei der Feier der *Elevatio crucis* gesungen wurde und besonders gut in den Eichstätter Osterfeiern des Mittelalters bezeugt ist (s. Anm. zu 1698–1702). Vermutlich bilden die Lesungen des Offiziums mit ihren Antiphonen und Responsorien eine wichtige Quelle für Konrad. So ist der Teil 5 (Urst. 1111–1224) hauptsächlich zusammengesetzt aus Sätzen, die den Perikopen für Pfingsten (Io. 14,23–31) und Himmelfahrt (Mc. 16,14–20) sowie den Lektionen für diese Festzeiten aus den beiden ersten Kapiteln der Apostelgeschichte entnommen sind. – Keine bestimmte Nebenquelle läßt sich für den gegenüber dem E.N. stark erweiterten Bericht Seths über seinen Gang zum Paradies (Urst. 1868–2020, s. Anm. zu 1902–1968) feststellen. – Ebenfalls auf keine bestimmte Quelle lassen sich Konrads Judenpolemiken zurückführen, die sich ähnlich schon in der 'Hinvart' finden (vgl. Hinv. 839–44 mit Urst. 1085f., 2149–54), in der 'Urstende' jedoch noch erweitert sind und die stark dialogisierten Teile 2, 4 und 6 abschließen. Die Vorwürfe Konrads gegen die Juden gehörten zum Allgemeingut seiner Zeit.

Zusammenfassend wäre über die Quellenbehandlung Konrads in der 'Urstende' zu bemerken, daß er die aus der Bibel übernommenen Partien, einschließlich der Prophetenworte und Psalmverse, wie schon in der 'Hinvart' möglichst sorgfältig wiedergibt und meist auch durch Quellenangaben noch auf ihre Herkunft hinweist, daß er aber seine unmittelbare apokryphe Quelle sehr frei behandelt. In der 'Urstende' hält er sich noch viel weniger an sie als in der 'Hinvart', und er übertrifft darin viele Autoren seiner Zeit, die weltliche Stoffe bearbeiteten. Die größere Freiheit der Quellenbehandlung in seinem zweiten Werk könnte man als künstlerischen Fortschritt betrachten, doch wird man sie wohl eher damit erklären müssen, daß er in der 'Hinvart' mit dem 'Transitus' des Pseudo-Melito einen schon literarisch geformten Text (vgl. Lausberg, Bibl. Nr. 55) als Quelle benutzte, in der 'Urstende' dagegen ein uneinheitliches, aus heterogenen Teilen bestehendes Werk, dessen literarische Formung er selber zu besorgen hatte.

2. Handschriften

Die 'Urstende' ist nur in einer Hs. vollständig überliefert (V); etwa ein Drittel des Textes hat sich in fünf Hss. der Weltchronikkompilation Heinrichs von München erhalten (W, G, Ms, Ws, Gz). Die Siglen sind in Anlehnung an die Namen der Bibliotheksorte gewählt (V für Vindobonensis), die beiden von Heinz Sentlinger geschriebenen Codices sind durch ein zusätzliches -s (Ms, Ws) gekennzeichnet.

V Wien, Österreichische Nationalbibliothek, Cod. 2696, Bl. 20vb-35ra.

Pg., 156 Bll., 242 × 165 mm; 2 Spalten, 35–39 Zeilen, Beginn des Reimpaares in der linken Spalte ausgerückt; zweizeilige rote Lombarden, zu Beginn der einzelnen Werke rote Überschriften (*Daz bůch heizzet* ...) und mehrzeilige rote, leicht verzierte Initialen.

Um 1300 (Neuser, S. 31), aber nicht später (Karin Schneider, S. 229), von einer Hand geschrieben.

Mundart: bairisch.

Inhalt:
1. Bl. 1ra-20vb Konrad von Fußesbrunnen, Kindheit Jesu (Hs. B).
2. Bl. 20vb-35ra Konrad von Heimesfurt, Urstende.
3. Bl. 35ra-38ra Das Jüdel.
4. Bl. 38ra-59va St. Katharinen Marter.
5. Bl. 59va-82vb Obd. Servatius (Schluß fehlt).

6. Bl. 83va–89vb Sog. Heinrich von Melk, Erinnerung an
          den Tod.
7. Bl. 90ra–111rb Das Anegenge.
8. Bl. 111rb–125vb Alber, Tnugdalus.
9. Bl. 125vb–151vb Die Warnung.
10.Bl. 152ra–156vb Sog. Heinrich von Melk, Priesterleben
          (Anfang fehlt).

Das 'Priesterleben' (Nr. 10) stand ursprünglich hinter dem
'Servatius' (Nr. 5). Durch Lagen- und Blattverluste gingen der
Schluß des 'Servatius' und der Anfang des 'Priesterleben' ver-
loren (zum Umfang des Verlorenen: Neuser, S. 36–38).

Beschreibungen: Hermann Menhardt, Verzeichnis der alt-
deutschen literarischen Handschriften der Österreichischen
Nationalbibliothek. Bd. 1. Berlin 1960, S. 129–132; Neuschä-
fer, Bibl. Nr. 12, S. 14–36 (genaue Beschreibung der Sprache
der Hs.); Fromm/Grubmüller, Bibl. Nr. 13, S. 10f. u. 28–30;
Peter-Erich Neuser, Zum sogenannten 'Heinrich von Melk'.
Überlieferung, Forschungsgeschichte und Verfasserfrage der
Dichtungen 'Vom Priesterleben' und 'Von des todes gehugde'.
Köln/Wien 1973, S. 9–43 (zu Datierung und ursprünglichem
Umfang des Codex). Zum 'Programm' der Hs.: Fechter, Bibl.
Nr. 67. Faksimile mehrerer Spalten aus dem Text der 'Ursten-
de': Heinzel, Bibl. Nr. 5, S. 58–84. Zur Schrift und Schreib-
sprache vgl. jetzt Karin Schneider, Bibl. Nr. 73, S. 228–230
(mit Lit.).

W Wolfenbüttel, Herzog-August-Bibl., Cod. Guelf. 1.5.2.
      Aug. fol.

Pg., 273 Bll., 410 × 305 mm; 3 Spalten, ab 252^v 2 Spalten, 45–50
Zeilen, Verse abgesetzt; zweizeilige Lombarden, rote Kapitel-
überschriften; 170 Illustrationen.

Von zwei Händen im späten 14. Jh. geschrieben.

Mundart: bairisch.

Inhalt:
Weltchronik Heinrichs von München; darin Bl. 148^{rc}-154ra
und Bl. 159^{rb-va} Exzerpte aus der 'Urstende', die kompiliert
sind mit Gundackers von Judenburg 'Christi Hort', Heinrichs
von Hesler 'Evangelium Nicodemi', Bruder Philipps Marien-
leben und versifizierten Stücken aus dem Passionstraktat
'Christi Leiden in einer Vision geschaut' (zu diesem Text vgl.
F. P. Pickering, VL^2 1, 1218-1221).

Beschreibungen: Gärtner, Bibl. Nr. 47, S. 273-276 (Hinweis
auf 'Urstende'); Bushey, Bibl. Nr. 69, S. 273f. (mit weiterer
Literatur zur Hs.); Jörn-Uwe Günther, Katalog der illustrier-
ten Handschriften und Fragmente der mhd. Weltchroniken.
M.A.-Arbeit (masch.) Hamburg 1986, S. 218-222 (mit Abb.
von Bl. 18^r und Teilabb. von Bl. 7^v); Hoffmann, Bibl Nr. 52,
Kap. 4.1.2. (Inhaltsanalyse der Kompilation Bl. 148ra-164ra).

G Gotha, Forschungsbibliothek, Cod. Chart. A 3.

Pap., 352 Bll., 374 × 274 mm; 3 Spalten, 44-52 Zeilen, Verse
abgesetzt; zweizeilige rote Lombarden, rote Überschriften;
zwischen Bl. 46^v und 165^r neun Miniaturen.

Von zwei Händen geschrieben, die neue Ee (190^{vc}-346^r) von
Johann Albrant de Suntra,[8] der die Abschrift am 19. Sept.
1398 beendete (346rb).

Mundart: bairisch-österreichisch.

Inhalt:
Weltchronik Heinrichs von München, darin Bl. 226^{rc}-232^{rc}
Exzerpte aus der 'Urstende', eingefügt in den Text von
Gundackers von Judenburg 'Christi Hort'.

---

[8] Von ihm geschrieben sind auch die Codd. 3045 (datiert 1402) und 3050 der
Österr. Nationalbibliothek Wien. Über ihn s. die wichtige Beobachtung Ed-
ward Schröders, ZfdA 73 (1936) S. 228, »daß ein Schreiber, der ... ein Hesse
war, ... das reinste Wiener Deutsch schrieb«. Zum Schreiber s. auch Gabriele
Baptist-Hlawatsch, Das katechetische Werk Ulrichs von Pottenstein. Tübin-
gen 1980 (TTG 4), S. 13f.

Beschreibungen: Gärtner, Bibl. Nr. 47, S. 252–256; Bushey, Bibl. Nr. 69, S. 278f. (mit weiterer Literatur zur Hs.); Jörn-Uwe Günther (wie zu W), S. 55–59 (mit Abb. von Bl. 46ᵛ und Teilabb. von Bl. 165ʳ); Hoffmann, Bibl. Nr. 52, Kap. 4.1.2. (Inhaltsanalyse der Kompilation Bl. 226ʳᵇ–243ʳᶜ).

Ms München, Bayerische Staatsbibliothek, Cgm 7330 (Cim 314) ('Runkelsteiner Handschrift').

Pg., 306 Bll., 455 × 330 mm; 3 Spalten, 50–65 Zeilen, Verse abgesetzt, Anfänge der Reimpaare mit rubrizierten Majuskeln ausgerückt; zweizeilige Lombarden, rote Überschriften; zwei Bilder: 1ᵛ (Beginn der alten Ee) und 215ᵛ (Beginn der neuen Ee).

Geschrieben von Heinz Sentlinger (306ʳᵃ: *auch hat ditz půch geschriben und vol pracht Haintz Sentlinger von Múnichen und ein tail gedichtet*) auf Schloß Runkelstein bei Bozen im Dienste Niclas Vintlers, dessen Schloßkaplan und Bibliothekar Sentlinger war; er beendete die Abschrift am 13. Juni 1394 (306ʳᵃ).

Mundart: bairisch.

Inhalt:
Weltchronik Heinrichs von München, darin Bl. 248ᵛᵃ–253ᵛᵇ und 263ʳᶜ–264ᵛᵃ Exzerpte aus der 'Urstende' in einer Kompilation wie in Ws.

Genaue Analyse des Inhalts der gesamten Handschrift durch Gichtel, Bibl. Nr. 41; Nachweis der 'Urstende'-Exzerpte: Ebd., S. 185–188, und Textkritik: Fechter, Bibl. Nr. 46, S. 81–92. Weitere Beschreibungen: Gärtner, Bibl. Nr. 47, S. 259–261; Bushey, Bibl. Nr. 69, S. 280f.; Günther (wie zu W), S. 107–111 (mit Abb. der Bll. 1ᵛ und 250ᵛ). Zum Schreiber Sentlinger: Helmut Weck, Die 'Rechtssumme' Bruder Bertholds. Die handschriftliche Überlieferung. Tübingen 1982 (TTG 6), S. 93–99.

Ws Wolfenbüttel, Herzog-August-Bibliothek, Cod. Guelf. 1.16. Aug. fol.

Pap., II + 266 Bll., 390 × 280 mm; 2 Spalten, 42–48 Zeilen, Verse abgesetzt, Anfänge der Reimpaare mit rubrizierten Majuskeln ausgerückt; zweizeilige Lombarden, rote Überschriften.

Geschrieben wie Ms von Heinz Sentlinger am Lug (Paß am Brenner) *pei leuepolden dem vintler der dieweil zollner do waz* (266^v), vollendet am 6. Febr. 1399.

Mundart: bairisch.

Inhalt:
Weltchronik Heinrichs von München, darin Bl. 174vb–184ra und Bl. 202va–204vb Exzerpte aus der 'Urstende' in einer mit Ms identischen Kompilation. Auf den letzten beiden, nicht foliierten Bll. von späterer Hand (vermutlich von einem Angehörigen der Augsburger Familie Mülich): Kurze Augsburger Annalen von 1321–1444.

Beschreibungen: Gärtner, Bibl. Nr. 47, S. 269–272 (Hinweis auf 'Urstende'); Bushey, Bibl. Nr. 69, S. 283 (mit weiterer Literatur zur Hs.). Zu den späteren Einträgen: Gisela Kornrumpf, König Artus und das Gralsgeschlecht in der Weltchronik Heinrichs von München. In: Wolfram-Studien 8 (1984), S. 178–198, hier S. 198, und Werner Alberts, Mülich, Hektor. In: VL^2 6, 738–742.

Die Wolfenbütteler Sentlinger-Hs., die sich in Inhalt und Umfang stark von der anderen von demselben Schreiber angefertigten Hs. unterscheidet, steht der Reimvorlage der 'Neuen Ee' (s.u.) sehr nahe und hat auf weite Strecken eine mit dieser Reimvorlage identische Zusammensetzung (Gärtner, Bibl. Nr. 68, bes. S. 16f.).

Gz Graz, Universitätsbibliothek, Cod. 470.

Pg., 145 + I Bll., 290 × 220 mm; 2 Spalten, 40–62, meist 54

Zeilen, Verse abgesetzt; zwei- und dreizeilige Lombarden, rote Überschriften.

Der Weltchronikteil wurde geschrieben von *Johannes von Ezzlingen priester*, beendet am 16. Mai 1415 zu Tramin an der Etsch (122va); Bl. 122^v-145^v von drei anderen Händen des 15. Jh.s.

Mundart: bairisch.

Inhalt:

1. Bl. 1-122^r Die Neue Ee der Weltchronik Heinrichs von München (= Abschrift des entsprechenden Teils der Hs. Ms).
2. Bl. 122^v-125^r Auszug aus der 'Gmünder Chronik'.
3. Bl. 125^r-134ra Irmhart Öser, 'Die Epistel des Rabbi Samuel an Rabbi Isaak'.
4. Bl. 134ra-134vb Auszug aus der 'Sächsischen Weltchronik' (Karl der Große), Rezension A.
5. Bl. 135^r-145^v Konrad von Megenberg, 'Deutsche Sphaera'.

Beschreibungen: Gärtner, Bibl. Nr. 47, S. 257; Bushey, Bibl. Nr. 69, S. 281f. (mit weiterer Literatur zur Hs.); Klaus Graf, Exemplarische Geschichten. Thomas Lirers 'Schwäbische Chronik' und die 'Gmünder Kaiserchronik'. München 1987 (Forschungen zur Geschichte der älteren deutschen Literatur 7), S. 184f.

Ne 'Die Neue Ee'; eine im 15./16. Jh. in zahlreichen Handschriften und Drucken verbreitete neutestamentliche Historienbibel. Die Prosaversion der Ne ist nach der Ausgabe von Vollmer (Bibl. Nr. 9) benutzt. S.o. zu Ws.

Zur Überlieferung s. Hans Vollmer, Materialien zur Bibelgeschichte und religiösen Volkskunde des Mittelalters I,1: Ober- und mitteldeutsche Historienbibeln. Berlin 1912, S. 29-35 u. 162-175, Ergänzungen zu Vollmer bei Hardo Hilg, Das 'Marienleben' des Heinrich von St. Gallen. Text und Untersuchung. Mit einem Verzeichnis deutschsprachiger Prosa-

marienleben bis etwa 1520. München 1981 (MTU 75), S. 421f.
(Nr. 55); Gärtner, 'Die neue Ee'. In: VL² 6, 907–909, und Bibl.
Nr. 68 (Vergleich WsMs mit Ne); Fechter, Bibl. Nr. 46, S. 82–91
(Textkritik von Ne unter der Sigle P).

Die übrigen Werke, auf die die 'Urstende' gewirkt hat, haben
nur einen begrenzten Wert für die Textkritik. Sie zählen daher
nicht zu den primären Textzeugen und werden in Kap. IV.6
(Wirkungsgeschichte) vorgestellt.

3. Konkordanz der Weltchronik-Textzeugen

Die Konkordanz erfaßt sämtliche 'Urstende'-Exzerpte in der
Reihenfolge, in der sie in den Heinrich von München-Hss.
erscheinen. Ein Punkt hinter der 'Urstende'-Verszahl (erste
Spalte) bedeutet, daß ein Exzerpt aus einem anderen Text un-
mittelbar folgt, ein Semikolon bedeutet, daß sich ein weiteres
'Urstende'-Exzerpt unmittelbar anschließt. Die ohne Leerzeile
übereinander gedruckten Verszahlen zeigen, wie der Umfang
eines Exzerpts in den einzelnen Hss. variiert. In der rechten
Spalte sind die Entsprechungen in Vollmers Ausgabe der
'Neuen Ee' (Bibl. Nr. 9) angeführt, die zur Korrektur und Er-
gänzung der Quellenuntersuchung Vollmers (Bibl. Nr. 9, S.
XLVII–L) dienen.

'Urstende'	W	Ms	Ws	G	'Neue Ee'
(54)	148va	248va	174vb	--	94,2
73–79.	--	248va	175ra	--	94,14–17
93–118.	148rc–va			--	
99–110;					
93–95;					
111–118.		248vc	175va		95,15–96,6
123–134.		249ra	175vb		96,9–11
123–128.	148va			--	

'Urstende'	W	Ms	Ws	G	'Neue Ee'
135–148;					
173–175.	148vc–149ra			--	
135–139.		249ra	175vb		96,14–17
142–148;					
171–175.		249rb	176ra		96,21–97,2
176–182.	150rb			--	
176–180.		250va	178rb		101,16f.
186f.	150rb–rc	250va	178va	--	101,21f.
190–195	150rc	250vb	178va	--	102,1f.
203f.	150rc	250vb	178vb	--	102,4f.
209–216.	150va			--	
209–214.		250vb	178vb		102,7–9
216.		250vc	179ra		102,16
218–221.	150vb	250vc	179ra	--	102,22–24
222–230.	150vc–ra	251ra	179rb	--	103,9–12
237–258.	151rc			--	
237–255.		251rc	179vb		
258.		251rc	179vb		104,9–17
429–448.	151va	251va–vb	180rb	--	105,1–7
259–270.	151vb	251vb	180rb–va	--	105,13–16
271–278.	151vb–vc	251vc	180va	--	105,26–106,2
393–400.	152ra	252ra	181ra	--	106,19–21
285–298.	152rb–rc	252rb–rc	181rb–va	--	107,9–13
301–304.					
305–312.	152rc	252rc	181va–vb	--	107,19–23
399–427;	152va–vb	252va	181vb–182ra	--	107,32–108,6
450–528;	152vb–vc	252va–vc	182ra–va	--	108,6–31
331–388;	152vc–153rb	252vc–253ra	182va–vb	--	108,31–109,18
529–742.	153rb–154ra	253ra–253vb	182vb–184ra	--	109,19–111,15

'Urstende'	W	Ms	Ws	G	'Neue Ee'
1677–86.	--			232ra–rb	
1679–86.		263rc–va	202va		144,26–28
1697–1702.	--	263va	202vb		145,3–6
1697–98.				232rb	
1738–1836.	159rb–va	263vc–264rb	203va–vb	226rc–vb[!]	146,18–147,12
2127–48.	--	264va	204va–vb	232rc	148,26–149,2

4. Handschriftenverhältnisse und Stemma

Mit der Überlieferung von 'Urstende'-Exzerpten in den Hss.
der Weltchronik des Heinrich von München (= HvM) sind
auch für das zweite Werk Konrads von Heimesfurt wichtige
neue Textzeugen bekannt geworden. Obwohl diese nur etwa
ein Drittel des Textes überliefern, ermöglichen sie doch erst-
mals eine Kontrolle des einzigen weiteren Textzeugen, der
Wiener Hs. V mit dem vollständigen Text.

Die HvM-Hss. W, G, Ms, Gz und Ws sind vollwertige Text-
zeugen und gehören daher zur Primärüberlieferung. Die Ex-
zerpte sind wohl in begrenztem Maße für die Aufnahme in
die Weltchronikkompilation bearbeitet worden, ihre Abwei-
chungen vom ursprünglichen Text sind jedoch ungleich gerin-
ger als z.B. die des 'Hinvart'-Fragments H. Zum Komplex der
HvM-Hss. ist auch Ne, die 'Neue Ee', zu rechnen. Mit ihrem
durchgehend bearbeiteten und prosaisierten Text gehört sie
eigentlich zur Sekundärüberlieferung, sie wird aber wegen ih-
res engen Zusammenhangs mit den HvM-Hss. mit den pri-
mären Zeugen behandelt.

Die HvM-Hss. WGMsGzWs bilden eine genealogisch deut-
lich bestimmbare Gruppe, und die ihnen gemeinsamen Lesar-
ten werden daher angeführt mit der Gruppensigle W +, die in
der Regel für WMsGzWs steht, weil G nur 108 'Urstende'-
Verse überliefert. - Für die weitere Betrachtung der Gruppe
kann Gz beiseite gelassen werden, weil diese Hs. eine direkte
Abschrift von Ms ist (vgl. Bushey, Bibl. Nr. 69, S. 282). - Die
gemeinsame Vorstufe der HvM-Hss. erscheint in der Hs. W

am wenigsten weiterverändert und wird daher auch mit *W
bezeichnet. W ist nach V die textkritisch wertvollste Hs.

Die durch *W vertretene Kompilation steht an vielen Stel-
len in klarer Opposition zu V mit dem ursprünglichen Text. In
den *W-Hss. waren die umfangreicheren Exzerptblöcke aus
der 'Urstende' auf die gleiche Weise angeordnet und redaktio-
nell verfugt (vgl. zu 148 und 171-173, 528, 1809-36; vgl. auch
die Übersicht IV.3). *W hat gegen V viele sekundäre Ge-
meinsamkeiten wie z.B. einige wenige Zusatzverse (s. zu 388
und 657/658), ferner Auslassungen, Verkürzungen und Erset-
zungen von Versen innerhalb eines geschlossenen Exzerpt-
blockes (125f., 138-142, 345f., 405-407, 415f., 499f., 539f.,
703f., 1759-62, 1783f., 1797f., 1825f.) und weitere kleinere,
aber eindeutig sekundäre Änderungen des ursprünglichen
Wortlauts durch Wortersatz, Mißverständnisse der Vorlage,
Umstellungen, Beseitigung metrischer Feinheiten usw. (vgl.
z.B. zu 106 und 123, 109, 112, 115/116, 117 usw.; besonders
instruktive Beispiele zu 353, 454, 567-569, 631f., 716, 1792).

Aufschlußreich für das Verhältnis von V und *W und damit
auch für die Textgeschichte der 'Urstende' sind einige an den-
selben Stellen in V und W+ bezeugte Textverderbnisse, die
auf eine V und *W gemeinsame Vorstufe oder einen fehler-
haften Archetyp deuten (vgl. Fechter, Bibl. Nr. 46, S. 85, Anm.
19). Diese Verderbnisse werden in V und W+ meist auf ver-
schiedene Weise behandelt, nämlich in V bewahrt und in W+
gebessert: 334f. *ir begunden sich scheiden / sumelîche von
der phlihte* wurde vermutlich schon in *VW zu *si begunden*
usw., weil der von *sumelîche* abhängige Gen. Pl. *ir* (vgl.
1321f.) der Fernstellung wegen verkannt und in *si* geändert
wurde; V übernimmt den durch die zwei Subjektspronomina
fehlerhaft gewordenen Satz 334f., *W aber korrigiert und fügt
zum zweiten Subjekt ein neues Prädikat *cherten* ein; ebenso
scheint an zwei ähnlich lautenden und inhaltlich verwandten
Stellen in 419 und 644 die gemeinsame Vorstufe *VW statt
ursprünglichem *sît* eine Form des Akk. Pl. des Personalpro-
nomens (*siv* ?) gehabt zu haben, das sich mit dem Akk. des
schon vorhandenen Bezugswortes nicht verträgt, V bewahrt
nun mit *siv* (aus *sît*) den Fehler, *W versucht ihn zu bessern;

vgl. noch zu 358f., 417, 596, 635, 661 und die von Fechter, Bibl. Nr. 46, S. 85f., angeführten Stellen.

Die Gruppe der HvM-Hss. ist keineswegs homogen, sondern läßt sich in weitere Untergruppen gliedern. In den kurzen in G überlieferten Partien teilt G mit MsWs gegen W oder W und V einige weitergehende Veränderungen (1794, 1797-1799, 1807), die GMsWs zu einer Untergruppe zusammenschließen, auch wenn der Gegensatz VW – GMsWs nicht so ausgeprägt ist, weil G meist mit W die gruppenspezifischen Lesarten von *W teilt. Diese Gliederung in W und GMsWs fügt sich gut in die Klassifizierung der HvM-Hss. durch Gisela Kornrumpf (Bibl. Nr. 72, S. 91f.); W gehört zu ihrem Zweig α, GMsWs dagegen zu β. Für den Zweig β ist auch die verstärkte Benutzung des 'Passional' charakteristisch (vgl. Gärtner, Bibl. Nr. 71, S. 52-69).

Die beiden von Heinz Sentlinger geschriebenen Weltchronikhss. bilden eine Untergruppe, die sich durch eine erneute redaktionelle Überarbeitung und abweichende Verfügung der Exzerpte deutlich abhebt von VW(G) oder *W (vgl. z.B. zu 93-120 und 237-258 mit neuer Unterteilung und Anordnung der Exzerpte; Ersetzen von Versen 608, 633, 1686, von Versteilen und Wörtern 136, 212, 367, 384, 426, 458, 1697 usw.). Die jüngere Sentlinger-Hs. Ws von 1399 ist in ihrem neutestamentlichen Teil anders zusammengesetzt als die ältere Ms von 1394 und keine Abschrift von dieser; in den Partien mit 'Urstende'-Versen stimmt Ws mehrmals mit V und W(Ne) bzw. G gegen die Sonderlesarten von Ms (z.B. 107, 489, 705, 1684).

Eng verwandt mit MsWs ist Ne, die 'Neue Ee', denn ihre Zusammensetzung ist weitgehend die gleiche wie in Ws. Trotzdem ist Ws nicht identisch mit der Reimvorlage der 'Neuen Ee' (vgl. Gärtner, Bibl. Nr. 68, S. 16f.), weil Ne auch mit Ms und den andern Hss. gegen Ws stimmen kann: z.B. 193 *in*] fehlt V, *seinen meister* Ne 102,2 mit WMs gegen *Iesus* Ws; 286 *der tragære schult* V] *der knecht schuld* Ne 107,9 mit Ms gegen *ir selbers* (*selbez* Ws) *schuld* WWs; 359 *ir* (V, *in* W, *iu*? Ms, *sie* Ne) *und ander* (*andriv* V, *andre* Ne) *juden chint* VWMs Ne 109,6f. gegen *das volk und der iuden chind* Ws. Ne kann aber

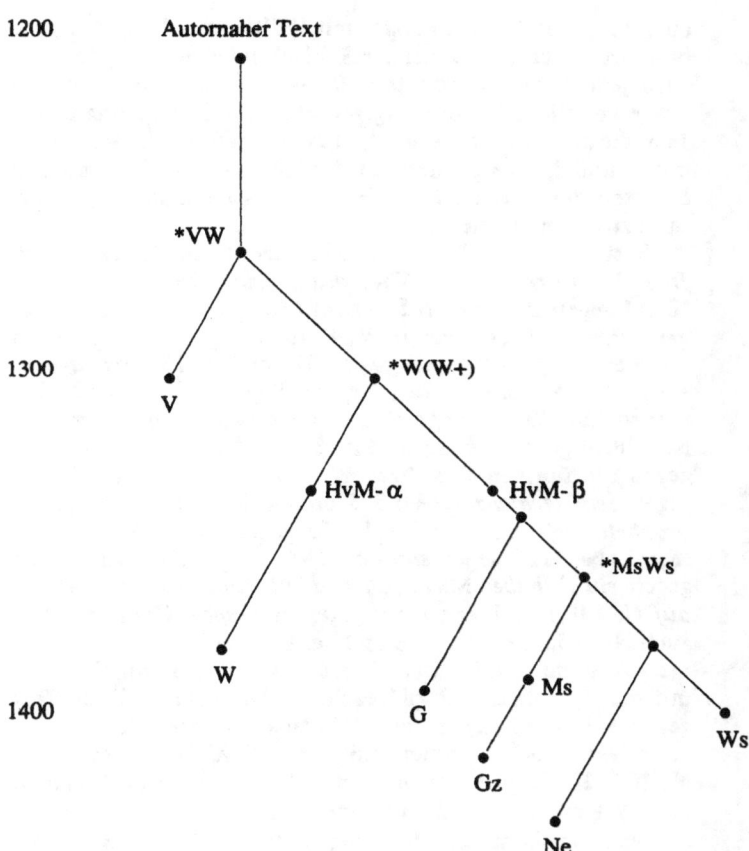

1200   Autornaher Text

*VW

1300

V

*W(W+)

HvM-α   HvM-β

*MsWs

W

G   Ms

1400

Gz

Ws

Ne

Handschriftenstemma zur 'Urstende'

auch mit V und W oder sogar mit V allein das Ursprüngliche
bewahrt haben und daher textkritisch relevant sein; dadurch
wird jedoch die Verwandtschaft von Ne mit MsWs nicht in
Frage gestellt. Die einschlägigen Stellen mit ursprünglichem
Text, die zum größten Teil schon Fechter (Bibl. Nr. 46, S. 90f.)
mit V und Ms verglichen hat, sind hier – versehen mit den
Lesarten der übrigen HvM-Hss. – zur Ergänzung des Appa-
rates zusammengestellt.

Ne stimmt mit VW gegen die übrigen: 264 *daz er frȳ* (*vil
frue* W) *berœit wære* VW, *das er sich frue bereitt* Ne
105,14 gegen *daz er vil frū warttend* (*auf* Ws) *war* MsWs; 447
geselleschaft V, *geselschaft* W Ne 105,7 (vgl. die Varianten in
Vollmers Apparat) gegen *geschȧfft* MsWs; 523 *samztage* V,
samptztag W, *der sambstag* Ne 108,29 gegen *der sabot* MsWs,
ebenso 624 *die samztage* V, *den samptztag* W, *den sambstag*
Ne 110,14 gegen *den sabat* MsWs. – Ne stimmt mit V allein
gegen die übrigen Hss. bzw. W + : 246 *guetleich* Ne 104,13
gegen *senftigchleich* W + ; 375 *propheceien* Ne 109,12 gegen
propheten W + ; 559 *zv* Ne 109,25 gegen *fur* W + ; 701 *sein*
(Konj.) Ne 111,3 gegen *sint* (Ind.) W + ; 1700 *orthab* Ne 145,5
gegen *ein orthaber* MsWs; 2140 *damit slussen sie den tempel
auf* Ne 148,31 vgl. *enspart* V gegen *zu gespart* GMsWs. – Vgl.
auch Ne 105,5 *das wasser* einschließlich der Varianten in Voll-
mers Apparat mit der Überlieferung von 441. Beim Vergleich
mit der 'Neuen Ee' ist zu beachten, daß Vollmer ihren Text
gegen alle Ne-Zeugen nach V stillschweigend korrigieren
kann (vgl. seine Prinzipien Bibl. Nr. 9, S. XVII); so setzt er in
Ne 107,32f. *Du pist v o n h u r e n – das wiss wir wol – geporen*
nach V Urst. 400 *von huere* ohne Angaben in den Text gegen
alle von ihm benutzten Ne-Zeugen, die mit W + *von uns* ha-
ben.

Die Abhängigkeitsverhältnisse aller Textzeugen der 'Ur-
stende' lassen sich durch das Stemma auf S. LIX veranschauli-
chen.

Die Untersuchung der Handschriftenverhältnisse führt zu
folgenden textkritischen Regeln: V bleibt Hauptgrundlage für
den kritischen Text auch in den Partien, die in W + überlie-

fert sind. Unter den HvM-Hss. ist W die wichtigste, von etwa
gleichem Wert ist auch G für die wenigen in ihr überlieferten
Verse. Die Gruppe um die Sentlinger-Hss. MsWs und diese
selbst sind von untergeordneter Bedeutung; die 'Neue Ee' Ne
ist nicht ganz ohne textkritischen Wert (s.o.), Gz aber hat als
Abschrift von Ms keinen. Bei gleichwertigen Varianten in V
und W+ ist V zu folgen. Wenn V mit einer Hs. der Gruppe
W+ zusammenstimmt und kein Fehler der Vorstufe *VW an-
zunehmen ist, gibt V auch gegen vorgeschlagene Konjekturen
den Ausschlag. Verderbnisse in V, die nicht aus *VW herzu-
rühren scheinen, sind nach W+ und - bei Divergenzen in
W+ - in erster Linie nach W zu bessern.

5. Charakteristik der Überlieferung

Obwohl die 'Urstende' vollständig nur in V und zu einem
Drittel in mehreren HvM-Hss., die aber im Grunde für nur
einen Zeugen (W+) stehen, überliefert ist, ist ihre schmale
Überlieferungsbasis doch ungleich solider als die viel breitere
der 'Hinvart'; denn der ursprüngliche Text ist in V ausgezeich-
net erhalten. Im 'Programm' von V (s. Fechter, Bibl. Nr. 67)
erscheint die 'Urstende' zwischen zwei mit ihr literarisch und
inhaltlich eng verwandten Werken, der 'Kindheit Jesu' und
dem 'Jüdel'. In dieser oder einer ähnlichen Überlieferungsge-
meinschaft dürfte sie im 13. Jh. verbreitet gewesen sein. Nur
in der Kompilation mit Heinrichs von Hesler 'Evangelium
Nicodemi' und der von Konrad beeinflußten Dichtung
Gundackers ist sie nach 1300 noch als Exzerpt in ihrer ur-
sprünglichen Form überliefert worden.
Die hervorragende textkritische Qualität der Wiener Hs.
V ist u.a. von Neuschäfer (Bibl. Nr. 12, S. 16-19) und
Fromm/Grubmüller (Bibl. Nr. 13, S. 28-30) für die von ihnen
edierten Werke aufgezeigt worden; sie gilt ebenfalls für die
'Urstende'. Der Schreiber von V gleicht seine Vorlage lediglich
der bairisch-österreichischen Schreibsprache seiner Zeit etwas
an, übernimmt aber Syntax, Stil und in der Regel auch die
obsoleten Teile des Wortschatzes unverändert. Beim Kopieren
unterlaufen dem »routinierten Schreiber« (Karin Schneider,

Bibl. Nr. 73, S. 229) allerdings zahlreiche Flüchtigkeitsfehler. Sein Verfahren läßt sich mit »Treue im Großen und Flüchtigkeit im Kleinen« gut charakterisieren; er gehört »zur Gattung jener geschätzten Kopisten, deren Unselbständigkeit und Gedankenlosigkeit ihre philologische Qualität ausmacht« (Fromm/Grubmüller, Bibl. Nr. 13, S. 29).

Die bairisch-österreichische Schreibsprache von V erscheint nach Karin Schneider (Bibl. Nr. 73, S. 214ff.) in ähnlicher Ausprägung in einigen weiteren Codices vom Ende des 13. Jhs. (z.B. Wien, ÖNB Cod. 15225 mit Gundacker von Judenburg; Cgm 16 mit Rudolfs von Ems 'Barlaam'). Zu ihren häufigeren Merkmalen in V gehören neben Apokope und Synkope die folgenden: mhd. *î* ist weitgehend diphthongiert zu *ei* oder – in den Reimen – zu *î*, mhd. *û* großenteils zu *ov* oder *û/ẞ*; mhd. *öu/eu* erscheint als *iv* (z.B. *vrivde* für *vreude*; vgl. VI.B.2); für altes *ei* wird in der Regel *æi* gesetzt, für *uo* neben *ẞ/û* oft *v/u*; mhd. *k* erscheint in allen Positionen als *ch* (vgl. II.B.5 u. 8), mhd. *qu* in den Reimwörtern als *qu* und sonst als *ch* (vgl. VI.B.11); anlautendes *b* ist jedoch außer in Lehnwörtern und dem möglicherweise unverstandenen *pagen* 306 nie verhärtet, auch werden *s* und *z* noch konsequent geschieden; ältere *c*-Schreibung für *z* (vgl. VI.B.3) ist gelegentlich bewahrt (detaillierte Analyse der Schreibsprache bei Neuschäfer, Bibl. Nr. 12, S. 19–28; vgl. auch unten VI.B zur Normalisierung). Die Reimwörter erscheinen vielfach konservativer behandelt und die Formen der Vorlage kaum oder wenig konsequent umgesetzt (s.u.).

Die Flüchtigkeitsfehler von V lassen sich meist leicht erkennen; manche sind jedoch nicht ohne weiteres durchschaubar und können daher die Rückgewinnung des ursprünglichen Textes erschweren. Eine Übersicht über das Fehlerrepertoire zeigt, wo die Schwächen von V liegen: Auslassung von Buchstaben bzw. Flexionsendungen am Wortende (z.B. von *-en, -n, -em* 227, 276, 412, 413, 417, 991; von *-s* 1428, *-t* 53, *-er* 1608; auffallend von *-ch* in *sich* 769, 1586 und sehr häufig in *iuch* 288, 473, 960, 1129 u.ö., was allerdings auch auf Unsicherheiten im Gebrauch von *iu* und *iuch* deuten kann), Weglassung des Präfixes *un-* (506, 635, 1565, 1670);

Vertauschung von *m* und *n*, vor allem in der Pronominalfle-
xion (z.B. 61, 200, 365, 459, 499, 777, 802, 1193, 1474, 1790,
1893, 2092) und ähnlich aussehenden Buchstaben oder
Buchstabenverbindungen (z.B. *im* für *un-* 36; *r* und *t* 16, 52,
518, 1400; *r* und *c* 55, 770?; *h* und *b* 732, 2144; besonders des
h-förmigen *z* der Vorlage mit *l*: 345, 503, 1813, und mög-
licherweise auch mit andern ähnlichen Zeichen, vor allem mit
r: 66, 286, 788, 926, 1263, 1318). Unorganische Zusetzung von
Buchstaben ist selten (von *-t* 1852) und als analoge Schrei-
bung erklärbar (816 *wurdent hunder* statt *wurden hundert*,
2040 *doch zoch* statt *do zoch*). Nicht selten ist die Verlesung
und Vertauschung von Wörtern, die sich wie ein Minimalpaar
nur in einem Buchstaben (s.o.) unterscheiden: 16 *mit* statt
mir, 36 *im willich* statt *unwillic*, 52 *wæiten* statt *wæren*; vgl. 55,
76, 96; 102 *mer* statt *nie*, 126 *schier* statt *sicher*, 341 *livte* statt
lüge; *vnt* statt *nu* 408 und *unz* 1318, auch *nv* statt *und* 1801;
409 *gute* statt *gote*; vgl. 439; 469 *liviten* statt *levîten*; 524 *noch
zeit* statt *hôchzît* (vgl. 622!); 734 *sehen* statt *schehen*, 805 *vnder*
statt *wider*, 1655 *ovgen* statt *tougen* usw. Die besondere Kenn-
marke von V ist der durch W+ jetzt gut kontrollierbare Aus-
fall von kleinen, meist zwei- bis dreibuchstabigen Wörtern: *ez*
124, 944; *die* 77, 1186; *ir* 78, 652, 1170; *man* 88, 856; *uns* 115;
daz 135, 209; *in* 193, 434, 1829; *ein* 204; *er* 233, 811, 898,
1628; *im* 230, 822; *dem* 242, 1116; *si in* 256; *hân* 659; *si* 661,
1541; *dâ* 707; *sîn* 738; *was* 762; *iu* 1512; *ich* 2016; vier- bis
fünfbuchstabige Wörter fehlen 333, 398, 722, 821, 1520. Wort-
ausfall durch falsche Zusammenziehung ist selten: 898 *wer*
aus *wære er*, vgl. noch 712. Falsche Wortabtrennung kommt
vor z.B. 2151 *erben æit* aus *erbenît*, ferner 36, 524, 1994.

Ungleich weniger häufig als Wortausfall ist Wortzusatz be-
legt. Meist werden Subjektspronomina eingefügt oder kleine-
re Änderungen vorgenommen mit ähnlicher Tendenz, näm-
lich um einen Vers ohne Rücksicht auf den Kontext syntak-
tisch zu komplettieren (z.B. 38, 342, 703, 990, 1072, 1345, 1822,
1896; ähnliche Änderungen aus syntaktischen Gründen 374,
1980). Da Spuren solcher Zusätze und Änderungen auch in
W+ zu belegen sind, liegt die Annahme nahe, daß V hier
wieder nur die Fehler seiner Vorlage kopiert hat; aus ihr
stammt wahrscheinlich auch die Versumstellung 819/820.

Die merkwürdige Zurückhaltung bei der orthographischen Umsetzung der Reimwörter in V läßt sich vielleicht ebenfalls so erklären, daß der Schreiber von V auch hier nur seine Vorlage wiedergibt und aus ihr auch die in der Reimzone leicht erkennbaren Verschreibungen und Entstellungen übernimmt, die z.T. wieder über seine unmittelbare Vorlage hinaus auf *VW zurückgehen können, sofern eine Spur davon auch in W+ zu finden ist (vgl. 26, 96, 617f., 647, 734, 1029f., 1034, 1167, 1258, 1305f., 1307, 1358, 2160f.). Aus der Vorlage könnte z.B. die unterschiedliche Schreibung von *quam(en)* im Reim und *chom(en)* im Versinnern übernommen sein (vgl. VI.B.11). Diese nicht ungewöhnliche Differenzierung findet sich auch im Fragment E der 'Hinvart' (vgl. 1025, 1038; 1043). Die Vorlage von V könnte wie das Fragment L der 'Kindheit Jesu' und E der 'Hinvart' in einer variantenarmen obd. Schreibsprache geschrieben gewesen sein, deren gelegentlich bairischen Merkmale von V nur im Versinnern systematischer durchgeführt wurden.

Über die V und W+ gemeinsame Vorstufe *VW, die sich aufgrund der oben erwähnten in V und W+ an den gleichen Stellen belegten Unstimmigkeiten vermuten läßt, kann wenig gesagt werden. Von der Vorlage von V hat sie sich wohl wenig unterschieden und wie diese einen autornahen Text treu konserviert. In *W wurde der Text dieser Vorstufe dann vermutlich zu Beginn des 14. Jhs. zunächst für ein kleineres Kompilationswerk, das die Ereignisse der Passion einschließlich der Pilatus-Veronika-Legende umfaßte, kompiliert mit den jüngeren Bearbeitungen des 'Evangelium Nicodemi' durch Gundacker und Hesler. Bezeugt ist diese Passionskompilation, die Heinrich von München dann wahrscheinlich benutzte, durch zwei Fragmente (Wien, ÖNB, Cod. Ser. nova 4818, veröffentlicht von Schröder, Bibl. Nr. 59, und Budapest, Ungar. NB, Cod. germ. 54, veröffentlicht von Kleinmayr, Bibl. Nr. 64). Diese Fragmente überliefern allerdings keinen 'Urstende'-Text (vgl. Gichtel, Bibl. Nr. 41, S. 164–168; Hoffmann, Bibl. Nr. 52, Kap. 4.1.2.).

In den Weltchronikhss. W+ erscheinen die 'Ur-
stende'-Exzerpte in unterschiedlichem Umfang und kompi-
liert mit weiteren thematisch verwandten Werken (außer mit
Gundackers und Heslers Dichtungen vor allem noch mit Phi-
lipps 'Marienleben' [Gärtner, Bibl. Nr. 47]) in jeweils d r e i
verschiedenen Zusammensetzungen in W, in G und in der
Gruppe mit den Sentlinger-Hss. MsWs. In der Basiskompila-
tion Heinrichs von München war die 'Urstende' wohl durch
zwei Textblöcke vertreten, und zwar mit einem umfangrei-
chen Block, der das erste Drittel der Dichtung umfaßte
(73–742), und mit einem kleineren Block (1738–1836), der mit
einigen weiteren Splittern (1677–86, 1697–1702, 2127–48) aus
dem Schlußteil stammte. Die rund 160 Verse am Anfang des
ersten Blocks, die über die Ereignisse bis zum Beginn des Pro-
zesses berichten (73–312 und 429–448, die nach 259 einge-
schoben sind), sind aufgelöst in kleinere und kleinste Splitter
(vgl. die Übersicht IV.3) und kompiliert mit den oben genann-
ten Werken, zu denen in W noch eine versifizierte Fassung
von 'Christi Leiden in einer Vision geschaut' hinzukommt.
Der eigentliche Prozeßteil 331–742 ist aber – von einer Um-
stellung abgesehen (331–388 nach 528) – geschlossen über-
nommen worden.
     Die Übernahme der Exzerpte, vor allem der für die Text-
kritik besonders wertvollen geschlossenen Partien, geschah in
der Regel wörtlich oder mit kleineren Änderungen, deren Ab-
sicht jedoch meist erkennbar ist. »Heinrich von München
will verdeutlichen, Mißverständnissen vorbeugen, Fehlendes
hinzufügen, altes Wortgut verdrängen, Verse glätten und der-
gleichen mehr« (Fechter, Bibl. Nr. 46, S. 91, mit Beispielen S.
91f.). So werden z.B. Pronomina durch ihre Bezugswörter er-
setzt (z.B. 210, 267, 273, 285, 534, 1822), Redeeinleitungen
eingefügt (z.B. 371, 1788), verstärkende Adverbien und Ad-
jektive (z.B. 108, 306, 1824; *vil* z.B. 228, 264, 421) oder Pos-
sessivpronomina (z.B. 269, 524) zugesetzt; öfters wird Wort-
ersatz vorgenommen (z.B. 106, 109, 246, 396, 571). Diese Än-
derungstendenzen sind in der Gruppe der Sentlinger-Hss. teil-
weise noch ausgeprägter als in der Hs. W, die den Text aus *W
weitgehend konserviert und so die willkommene Kontrolle
von V am besten ermöglicht.

Die Abschnittsgliederung ist in V zum großen Teil noch bewahrt, und aufgrund des Akrostichons sind fast alle Lombarden erschließbar. Die HvM-Hss. bezeugen mehrere Lombarden in den geschlossen übernommenen Partien, darunter sind drei nur in W erhalten (111, 237, 493), die in V und den übrigen Hss. fehlen; andere sind indirekt vermutbar, denn charakteristisch für die Kompilationsweise ist die Übernahme von Abschnitten oder Textteilen, die durch Lombarden eingegrenzt sind.

6. Wirkungsgeschichte

Die 'Urstende' hat auf mindestens vier spätere Werke gewirkt, die teilweise sogar ganze Verspartien direkt aus ihr entlehnt haben: Gundackers von Judenburg 'Christi Hort' (zuerst nachgewiesen durch Stübiger, Bibl. Nr. 61, S. 128–130), die Stephanslegende von Hawich dem Kellner (zuerst nachgewiesen durch Baumgarten, Bibl. Nr. 63, S. 30–33), die von Masser und Siller (Bibl. Nr. 17, S. 249–305) als Fassung E bezeichnete Übertragung des 'Evangelium Nicodemi' (erster Hinweis bei Wülcker, Bibl. Nr. 53, S. 51–54; genauere Nachweise bei Hoffmann, Bibl. Nr. 52, Kap. 4.2.1.) und die Versdichtung 'Befreiung der Altväter' (erstmals nachgewiesen durch Hoffmann, Bibl. Nr. 52, Kap. 4.2.4.). Trotz der erhaltenen Überlieferung ihres ursprünglichen Textes in nur einer Hs. war die direkt faßbare Wirkung der 'Urstende' auf Kompilatoren wie Heinrich von München und auf Autoren und Werke wie die vier genannten beachtlich und größer als die der 'Hinvart'. Daß die 'Urstende' außerdem auch auf Heinrichs von Hesler 'Evangelium Nicodemi' und die 'Erlösung' gewirkt habe, ist dagegen – zumindest aufgrund der von Helm angeführten Stellen (PBB 24, 1899, S. 136f.) – nicht zu erweisen. Zum 'Jüdel' s. I.2.

Gundacker (Bibl. Nr. 8) fügt in seine Ende 13. Jh. in der Steiermark entstandene Bearbeitung des 'Evangelium Nicodemi'-Stoffes ('Christi Hort', V. 1305–3884) immer wieder Anleihen aus der 'Urstende' ein, und zwar in viel größerem Umfang als von Stübiger nachgewiesen wurde (s. Hoffmann, Bibl.

Nr. 52, Kap. 4.2.3.). Gundacker übernimmt Stellen und Formulierungen Konrads im Wortlaut, und zwar gerade dort, wo Konrad ihre gemeinsame lat. Quelle erweitert hat. Mehrere Partien seines Werkes könnte man als freie Bearbeitung entsprechender Abschnitte aus der 'Urstende' bezeichnen (vgl. Gund. 2233ff. mit Urst. 849ff.; 2552ff. mit 967ff.; 2407ff. mit 998ff.; 3327ff. mit 1428ff.; 3695ff. mit 1893ff.).

Hawich der Kellner (Bibl. Nr. 10), ein Ministeriale am Hofe des Passauer Bischofs in der Mitte des 14. Jh.s, benutzte für den ersten Teil seiner 'Stephanslegende' (bis etwa V. 914) als Hauptquelle die Befragungsszenen der 'Urstende', aus denen er mehrere Stücke ziemlich unverändert übernimmt (vgl. z.B. Haw. 529ff. mit Urst. 1573ff.; 607ff. mit 1428ff.; 728ff. mit 1526ff.; 801ff. mit 1625ff. und 1650ff.). In diesem ersten Teil zieht er noch die Bibel heran, folgt aber im wesentlichen dem inhaltlichen Aufbau der 'Urstende' (nicht dem lat. E.N.), deren Text er selbständig erweitert und ausschmückt (s. Hoffmann, Bibl. Nr. 52, Kap. 4.2.2.).

Die Fassung E der Prosaübersetzung des lat. E.N. (Bibl. Nr. 17, S. 249-305), die im 14. Jh. wohl im Alemannischen entstand, weist deutliche Spuren von Anleihen aus der 'Urstende' auf. Von der Fassung E sind 9 Hss. bekannt, die bis auf eine ostschwäbische (E⁵) und eine niederdeutsche (Bibl. Nr. 14, S. 61.-97) alle aus dem Alemannischen stammen. An einigen Stellen ist die Prosa erweitert durch Partien, die ganz sicher einem Verstext entnommen sind, dessen Reime in der ältesten, 1383 von dem Luzerner Bürger Johannes Ottenrütti geschriebenen Hs. E⁴ (Engelberg, Stiftsbibl., Cod. 243, 81ʳᵃ-85ᵛᵃ) am besten erhalten sind. Diese Erweiterungen stimmen im Reim, Verswortlaut und Inhalt so eng zu den entsprechenden Partien der 'Urstende', daß sie als deren Bearbeitung deutlich erkennbar sind. Anderer Ansicht ist Achim Masser (Masser/Siller, Bibl. Nr. 17, S. 25-32), der in den Erweiterungen Reste einer um 1200 oder kurz vor 1200 entstandenen mhd. Versfassung des 'Evangelium Nicodemi' sieht, auf die sowohl Konrad von Heimesfurt als auch der Bearbeiter der Fassung E zurückgriff. Aus der 'Urstende' übernimmt der Bearbeiter zwei längere Partien (E 748-810 entspricht Urst. 1516-1698; E

884-945 Urst. 1868-2020) und noch einige Textsplitter, vor allem aus der Höllenfahrt. Da die Fassung E für Teile der 'Urstende', die nicht in den Weltchronikhss. überliefert sind, eine textkritisch durchaus wertvolle Zweitüberlieferung zur Hs. V bietet, werden ihre bearbeiteten 'Urstende'-Anleihen in einem zweiten textkritischen Apparat abgedruckt. Der Abdruck erfolgt nach E^4, der ältesten und besten Hs., die allerdings nur die Höllenfahrt enthält; die in E^4 fehlenden Partien werden nach E^6 (Solothurn, Zentralbibliothek, Cod. S 194, 1^r-58^r) abgedruckt, der Leiths. der Ausgabe von Masser und Siller (Bibl. Nr. 17).

Die 'Befreiung der Altväter', ein nach zwei ostmd. Hss. des 15. Jh.s (D = Dessau, Stadtbibl., Hs. Georg. 24.8°, 130^v-138^v; W = Wien, ÖNB, Cod. 3007, 118^v-125 geschr. 1472) von Zatočil edierter Verstext (Bibl. Nr. 11; s. VL^2 1, 667), basiert im wesentlichen auf der 'Urstende'. Die 'Befreiung' ist noch überliefert in einer alem. Hs. (M = München, Bayer. Staatsbibl., Cgm 6351, 142^r-151^r, geschr. 1456; Nachweis durch Hoffmann, Bibl. Nr. 52, Kap. 4.2.4.). Der Autor der 'Befreiung' folgt in Inhalt und Aufbau ganz dem Höllenfahrtteil der 'Urstende' (1698-2094) als seiner Hauptquelle; er entlehnt aus ihr allerdings nur Weniges unverändert; doch in Seths Bericht von seiner Paradiesfahrt (vgl. Befr. 137ff. mit Urst. 1887ff.) gibt es genauere wörtliche Übereinstimmungen. In dieser Partie scheint er als einzige weitere Quelle noch die Kreuzholzlegende herangezogen zu haben. Nachdem die 'Urstende' als Quelle für die 'Befreiung' nachgewiesen ist, läßt sich durch den Vergleich der drei Textzeugen mit ihr zeigen, daß nicht die von Zatočil abgedruckte Hs. D, sondern die Hs. W den ursprünglichsten Text bietet.

Die vier Texte sind nicht nur Zeugen für die Wirkungsgeschichte der 'Urstende' im 14. u. 15. Jh., sondern können auch ihrer Textkritik dienen. Die Fassung E der Prosaübertragung wird zur Korrektur der in V häufigen Flüchtigkeitsfehler herangezogen in V. 1520, 1541, 1628, 1650, 1655, 1853, 1877, 1893, 1964, 2012, 2016, 2026, ebenso auch Hawich in V. 769, 770, 1437, 1520, 1594, 1608. Textkritisch weniger ergiebig ist dagegen Gundacker, mit dessen Hilfe gebessert wurde in V. 970,

1028, 1520, 1830 (vgl. auch 1283). Die 'Befreiung der Altväter'
ergab nichts Nennenswertes zur Textkritik. Da diese vier Wer-
ke oft die einzige Zweitüberlieferung zu V bieten, wird im
Apparat auf die Parallelstellen der Reimpaardichtungen ver-
wiesen und, sofern sie textkritisch relevant sind, auch ihr
Wortlaut zitiert. Die 'Urstende'-Korrespondenzen in der Fas-
sung E der Prosaübertragung bietet der zweite Apparat (s.
VI.C.13).

V. Sprache und Verskunst

Sprache und Verskunst Konrads stehen in der Tradition der
höfischen Literatursprache und spiegeln den mit Hartmann
erreichten Stand der Entwicklung zur klassischen Norm (vgl.
oben I.3). Die Überlieferung hat diesen Stand allerdings mit
unterschiedlicher Zuverlässigkeit bewahrt; die Hinvart-Hss.
AB und damit die auf ihnen basierende Ausgabe Pfeiffers und
ebenso der Abdruck der Urstende-Hs. V durch Hahn geben
einen teilweise abweichenden und späteren Stand wieder.

   Neben dem Reim bietet das A k r o s t i c h o n der 'Urstende'
(s. I.1) ein wertvolles Zeugnis für Sprache (vgl. VI.B.1ff.) und
Metrik Konrads; denn es bewahrt sogar den buchstäblichen
Wortlaut des Dichters. Konrad verbirgt seinen Namen in ei-
nem Vierzeiler, der aus den das g a n z e Werk gliedernden Ab-
schnittslombarden gebildet wird; er weicht damit von der
Akrostichontechnik Alberts von Augsburg ('Ulrichsleben'),
Gottfrieds, Rudolfs von Ems und anderer ab, die ihre Akro-
sticha nur an bestimmten überschaubaren Partien (z.B. an
Werk- und Buchanfängen oder Werkschlüssen) plazieren. Wie
Konrad verfährt wenig später nur noch Ebernand von Erfurt
(vgl. Wehowsky, Bibl. Nr. 66, S. 48–63, hier S. 56f.). Die beiden
langen Akrosticha Konrads und Ebernands geben ein instruk-
tives Bild von den Unterschieden der geschriebenen md. und
obd. Literatursprache zu Beginn des 13. Jhs.

Für den Wortschatz Konrads liefert das Akrostichon die
zwei in der literarischen Sprache der Zeit nicht belegten Wör-
ter *rate* und *turt*, mit denen das Unkraut im Weizen bezeich-
net wird (als Äquivalent für *zizania* Mt. 13,25). Die beiden
Werke Konrads bieten an den Stellen, wo er Bibelzitate über-
setzt, weitere um diese Zeit kaum oder nicht belegte Wörter
wie z.B. noch Hinv. 668 *milwe* und *rot* (nach Mt. 6,19 *aerugo*
und *tinea*), 327 *nuos* (nach Dan. 14,32 *alveolus*), 345 *wirvelloc*
(nach Dan. 14,35 *vertex*); Urst. 353 *tischrûme* (vgl. Mt. 14,20).
Einige durch die Liturgie besonders vertraute Bibelverse wer-
den lateinisch geboten, anschließend übersetzt und z.T.
deutsch weitergeführt: Hinv. 260ff., 470ff., 1122f., 1192ff., vgl.
auch 630ff.; Urst. 783ff., 1698ff.; vgl. auch 2110ff. Ferner wer-
den eine Anzahl lateinischer Namen und Wörter, meist bibli-
schen Ursprungs, mit ihrer lateinischen Flexion in den deut-
schen Text integriert; z.B. Hinv. 696 *canticâ*, 1048 *epitalami-
câ*; Urst. 797 *centuriô*, 807 und 1341 *decuriô*, 792 *eclypsis*, 17
margine, 1694 *paria*, 707 *proselîtes*, 1547.1568.2108 *templô* –
aber auch 1573 *tempel* (vgl. Lesarten) und 2141 *tempels*, 1707
tormentâle (vgl. Emma Caflisch-Einicher, Die lateinischen
Elemente in der mittelhochdeutschen Epik des 13. Jahrhun-
derts. Reichenberg i.B. 1936. Nachdr. Hildesheim 1974 [Prager
Deutsche Studien 47], s. Register). Mehrere aus Bibel und
geistlichen Texten stammende Lehnwörter, die für die Zeit
Konrads unterschiedlich häufig belegt sind, werden verwen-
det, z.B. *arômât, balsame, narde, mirt, mirre, mixtûre, palme,
prophecîe, tromedâr* (zuerst Urst. 674, noch vor Wolframs
'Willehalm' 91,1), *venje*; auf die Kanzlei weisen neben den
genannten Latinismen *margo* und *paria* die Lehnwörter *pumz*
(Urst. 15) und *puncte* (Urst. 1689). Französische und mittel-
lateinische Lehnwörter, die meist schon im 12. Jh. aufgenom-
men wurden, sind spärlicher gebraucht: *baniere* (Urst. 275),
chlâr (Hinv. 651), *erzenîe* (Urst. 348), *chosten* (Urst. 1834),
pârât (Urst. 1514), *phlûme* (Urst. 1915), *povel* (Hinv. 711), *prîs*
(Hinv. 24, 984). An Erbwörtern bietet Konrad eine beachtli-
che Anzahl in seinen Werken zuerst belegter, meist seltener
Wörter und Wortbildungskonstruktionen, die seine genaue
und detaillierte Ausdrucksweise und Beschreibungssprache,

vor allem im Bereich des Rechtslebens, auszeichnen. Eine lexikographische Erfassung und eine vergleichende Untersuchung des Wortschatzes beider Dichtungen kann hier nicht geboten werden; die anhand der Werke beider Konrade zusammengestellte Wortliste von Bartsch (Bibl. Nr. 24, S. 323-325) ist kaum mehr repräsentativ, wie ein flüchtiger Vergleich mit Lexers Mittelhochdeutschem Handwörterbuch schon zeigt. Auf den für Konrad von Heimesfurt charakteristischen Gebrauch einiger Wörter hat Steinmeyer (Bibl. Nr. 29, S. 85f.) hingewiesen (*schaffen, jener, phliht, guote(r) man/liute, genuoge* Nom. Pl. 'manche', *ich enweiz* mit Fragepronomen, *männiglich*); von diesen Wörtern bilden – noch kaum in der 'Hinvart', sondern erst in der 'Urstende' – *genuoge* (Hinv. 63, 998; Urst. 26, 222, 332, 634, 1069, 1073, 1377, 1586, 1664) und *phliht* (Hinv. 730, 1000; Urst. 335; 348, 437, 1472, 1958, 2114) in ihrer sehr speziellen Verwendung eine besondere Kennmarke der Sprache Konrads.

Die Rhythmisierung der Verse und die Eruierung der metrischen Prinzipien eines Autors auch der klassischen Zeit scheint ein fast unlösbares Problem geworden zu sein, nachdem die metrischen Lehren Karl Lachmanns, für den die Silbenquantität der allein bestimmende Faktor war, ihre Gültigkeit und Verbindlichkeit verloren haben (vgl. die Zusammenfassung der Forschungsdiskussion durch Helmut Lomnitzer, Beobachtungen zu Wolframs Epenvers, in: Probleme mittelhochdeutscher Erzählformen. Marburger Colloquium 1969, hg. von P. F. Ganz u. W. Schröder. Berlin 1972, S. 107-132). Daher sind die Untersuchungen Kramms über Konrads Versbau (Bibl. Nr. 27, S. 30-52) nur von beschränktem Wert; denn nach den Regeln Lachmanns läßt er mehrsilbige Senkungsfelder zwischen den Hebungen des Verses nicht zu und muß daher immer wieder durch Wortverkürzungen, Zusammenziehungen und Tonversetzungen gegen die Überlieferung und die natürliche Wortbetonung die Verse in das vierhebige Schema pressen.

Der vierhebige Vers ist sicher die metrische Normalform Konrads, jedoch mit Abweichungen nach oben und un-

ten. Dreiheber – nach E. Schröder »für Konrad undenkbar«
(Bibl. Nr. 40, S. 282) – sind nach dem Zeugnis des Akro-
stichons nicht auszuschließen, und weiblich volle Vierheber
sind zahlreich (z.B. Hinv. 65f., 83f. usw. Beispiele bei Kramm,
Bibl. Nr. 27, S. 33, und Kunze, Bibl. Nr. 37, S. 62: vierhebig
klingend bzw. weiblich volle Reime in 'Hinv.' ca. 20, in 'Urst.'
ca. 34); auch stumpfe Fünfheber als Beschwerung eines Ab-
schnittsschlusses sind noch anzutreffen (Hinv. 56). Die Ver-
teilung der Hebungen geschieht wie bei Hartmann nach der
natürlichen Wortbetonung. Zweisilbige Senkungsfelder sind
nicht ungewöhnlich; sprachrhythmisch schwer im alter-
nierenden Metrum unterzubringende Wortformen wie Zwei-
und Dreisilbler mit aufeinander folgender Haupt- und Neben-
hebung (meistens sind es Wortbildungskonstruktionen) kön-
nen mit beiden Hebungen in den Vers integriert werden. Die
Möglichkeiten der B e s c h w e r u n g, d.h. das Aufeinandersto-
ßen zweier Hebungen bzw. einsilbig gefüllte Takte, nutzt Kon-
rad nun – besonders in der 'Urstende' – überhaupt sehr ge-
schickt, wie Lotte Kunze ausführlich gezeigt hat (Bibl. Nr. 37,
S. 52–60). Die 'Hinvart' hat wegen ihres mehr 'lyrischen' Cha-
rakters einen weit regelmäßigeren Versbau als die 'Urstende'.

Die syntaktische Gliederung tritt in der 'Urstende' häufiger
in Gegensatz zur metrischen Gliederung, wenn Vers- und
Reimpaargrenze durch starke E n j a m b e m e n t s überspielt
werden, z.B. Urst. 814f., *er wart gebunden in ein (stein:) / harte
tiure rēgewant*; vgl. damit Arm. Heinrich 1217f., Iwein 581f.,
wo der Satz aber noch innerhalb des Reimpaars bleibt (wei-
tere Beispiele aus der 'Urstende' bei Bartsch, Bibl. Nr. 24, S.
322f.). Ein Reimwort wie *ein* mit seiner relativ geringeren
Tonstärke als die folgenden Glieder der Nominalgruppe, sei-
ner bloß grammatischen und nicht auch lexikalischen Bedeu-
tung spielt die in der strophischen Dichtung übliche Domi-
nanz des Reimwortes auf ein bestimmtes Maß herab, das fei-
ne Ausdrucksabstufungen ermöglicht. Ähnlich verhält es sich
mit der R e i m b r e c h u n g, die in der 'Urstende' systemati-
scher durchgeführt ist, und vor allem mit der für die Technik
der höfischen Klassiker charakteristischen P r o n o m i n a l i-

sierung der Reime bzw. dem Reim auf Formwörter
(Schirokauer, Bibl. Nr. 62, S. 71 Anm. 2; vgl. Zwierzina, Bibl.
Nr. 58, 1900, S. 39). Damit hängt noch zusammen die Abnah-
me der klingenden Reime, d.h. der zugleich auch seman-
tisch gewichtigen Reime, in der klassischen Dichtung seit
Hartmann. Die 'Hinvart' hat 22,5%, die 'Urstende' 30% klin-
gende Reime nach der neuen Ausgabe; zum Vergleich die
Zahlen für die 'Kindheit Jesu': 30,5% (nach Kochendörffer,
ZfdA 35, 1891, S. 291), und Hartmann: 'Büchlein' 26% (nach
Kochendörffer, ebda.), 'Erec' 33%, 'Gregorius' 36%, 'Armer
Heinrich' 33%, 'Iwein' 27% (nach Zwierzina, Bibl. Nr. 58,
1900, S. 37). Die 'Hinvart' steht vermutlich aufgrund ihres
Inhalts näher beim 'Büchlein', während die 'epischeren' Wer-
ke der beiden Konrade eine Mittelstellung auf dem Wege zum
'Iwein' einnehmen.[9]

Die Reime Konrads sind fast durchgehend rein; kleine
Ungenauigkeiten Konrads haben Entsprechungen bei Hart-
mann und/oder Wolfram und überschreiten nicht die Reim-
grundsätze der klassischen Zeit. Auffallende unreine Reime,
wie sie Pfeiffers Text der 'Hinvart' (1111, 1119) noch enthielt,
sind durch die später entdeckten Textzeugen als unecht erwie-
sen worden. Die Zusammenstellungen der Reimungenauig-
keiten bei Bartsch (Bibl. Nr. 24, S. 321f.) und Kramm (Bibl.
Nr. 27, S. 64f.) wären vom neuen kritischen Text her zu revi-
dieren.

Auffallend sind die vielen rührenden Reime, die in der
'Urstende' (20 Belege) relativ weniger häufig sind als in der
'Hinvart' (16 Belege); vgl. die Zusammenstellungen bei
Bartsch (Bibl. Nr. 24, S. 314) und Kramm (Bibl. Nr. 27, S.
56ff.). Auch die 'Kindheit Jesu' weist 35 rührende Reime auf
(Fromm/Grubmüller, Bibl. Nr. 13, S. 44); beide Konrade ha-
ben immer noch relativ mehr rührende Bindungen als Hart-
mann in seinem 'Erec' (62 Belege), der aber in seinen späteren

---

[9] Eine weitere Erscheinung, die 'Hinvart' und 'Urstende' unterscheidet, ist die
sogen. 'bildliche' Verstärkung der Negation wie z.B. *niht umb ein hâr*;
die Verstärkung mit *hâr* begegnet in der 'Hinvart' einmal (1101), in der
'Urstende' aber mehrmals neben weiteren mit *ber, blat, ei, grûz, stein* (550,
924, 936, 1028, 1417, 1492, 1602, 1611, 1943).

Werken – wie Konrad in der 'Urstende' – sparsamer davon
Gebrauch macht (im 'Iwein' 9 Belege; vgl. Zwierzina, Bibl.
Nr. 58, 1901, S. 313).

Doppelreime wie Hinv. 463 *vreude hoeret : vreude stoeret*
hat nach den Zusammenstellungen Kramms (Bibl. Nr. 27, S.
59-61; vgl. Gombert, Bibl. Nr. 23, S. 30) die 'Hinvart' 8 mal,
die 'Urstende' 21 mal; ebenso sind erweiterte Reime wie Hinv.
1113 *durchbróchen : durchstóchen*, in denen das Präfix noch
mitreimt, zahlreich (Hinv. 18mal, Urst. 58mal).

Charakteristisch für beide Werke ist die Reimhäufung am
Schluß, für die vermutlich die 'Kindheit Jesu' das Vorbild bot.
Mit dieser neuartigen Schlußtechnik wirken die beiden Kon-
rade dann auf Rudolf von Ems, der die Mehrreim-Schlüsse
nach ihrem Vorbild in seinen Werken vom 'Guoten Gêrhart'
(V. 6913-20 ed. Asher) an übernimmt (vgl. Wehowsky, Bibl.
Nr. 66, S. 37ff.).

VI. Zur kritischen Ausgabe

A. Überlieferung und kritischer Text

Für die Herstellung des kritischen Textes sind vor allem die-
jenigen Hss. heranzuziehen, deren Überlieferung sich auf-
grund der textkritischen Erörterungen (s. III.4 und IV.4) als
autornächste erwiesen hat. Leiths./Haupths. für die 'Hinvart'
ist die Hs. I, für die 'Urstende' die Hs. V. Die reichere Über-
lieferung der 'Hinvart' bietet immer wieder Varianten, aus de-
nen in der Regel nach den oben dargestellten stemmatischen
Prinzipien die Lesart für den kritischen Text gewählt wird.
Die Verhältnisse für die 'Urstende' liegen wesentlich einfa-
cher; die Hs. V ist für zwei Drittel des Textes nicht nur die
einzige, sondern auch durchweg verläßliche Grundlage; die
übrige Überlieferung in den Heinrich von München-Hss.
(W+), den Hss. der Prosafassung E des 'Evangelium Nicode-
mi' und die Splitter in der 'Befreiung der Altväter', bestätigen
nur die Qualität von V, ermöglichen zugleich aber auch eine
Korrektur der zahlreichen Flüchtigkeitsfehler in V. – Da der

Text nach der Hs. V am vollständigsten und treusten das Werk des Autors überliefert, ist der in ihr bezeugte Sprachgebrauch auch in vielen Fällen für die Ermittlung des Ursprünglichen in der 'Hinvart' maßgebend, und zwar ohne daß dies in den Anmerkungen oder im Apparat besonders begründet wird.

Trotz der hervorragenden Überlieferung in V kann der kritische Text beider Werke nicht in weitgehender Anlehnung an die Hs. V gestaltet werden, wie das im Falle der 'Kindheit Jesu' möglich ist (s. Fromm/Grubmüller, Bibl. Nr. 13, S. 47ff.); denn die 'Hinvart'-Überlieferung in I oder in anderen Hss., wenn I fehlt, läßt sich nicht einfach nach der wohl qualitativ guten, aber doch erst um 1300 entstandenen Hs. V der 'Urstende' umformen. Einen Ausweg bietet hier nur ein größerer Grad der Vereinheitlichung, der – auch bei einem geistlichen Werk – weitgehend der klassischen, im Hinvart-Fragment G gut bezeugten Norm entspricht. Diese dürfte für Konrad von Heimesfurt umso eher maßgebend gewesen sein, als er nach Konrad von Fußesbrunnen wirkte und auch Hartmanns 'Iwein' nachweislich schon kannte. Insbesondere die Vereinheitlichung im Graphisch-Phonetischen muß daher aufgrund der unterschiedlichen und uneinheitlichen Überlieferung der beiden Werke mehr in Anlehnung an die Ausgaben der Werke Hartmanns als an die der 'Kindheit Jesu' geregelt werden; denn es ist mißlich, zwei Werke eines Autors in disparater Schreibung zu bieten, die teilweise auch an der variantenreicheren Überlieferung des 14. Jhs. orientiert ist. Da man jetzt aber auch für Werke aus dem Anfang des 13. Jhs. zum bloßen Handschriftenabdruck neigt, könnte eine normalisierte Ausgabe der 'Urstende' für überflüssig gehalten werden, und ihr Ziel muß daher vielleicht doch ausdrücklich begründet werden.

Durch die angestrebte weitergehende Normalisierung wird der kritische Text nicht bloß in eine ursprünglichere äußere Fassung transformiert, sondern außerdem auch für heutige Benutzer l e s b a r gemacht, d. h. vorlesbar und sprechbar, indem die aus den Reimuntersuchungen und sonstwie gewonnenen phonologischen Erkenntnisse graphisch umgesetzt werden, teils in Übereinstimmung mit den Hss. wie dem Hin-

vart-Fragment G, teils aber auch über diese hinaus. Die pho-
netischen Merkmale, die durch Längezeichen, Umlautkenn-
zeichnung, Auslautverhärtung usw. in den normalisierten
Ausgaben wiedergegeben werden, hatte ein Vorleser des 13.
Jhs. nicht nötig; denn die genaue lautliche Realisierung der
vieldeutigen Vokalgrapheme wie z.B. des ⟨ch⟩ gehörte zu sei-
nem Sprachwissen, sie gehört aber nicht mehr zum mhd.
Sprachwissen j e d e s Benutzers einer modernen Ausgabe. Für
einen geübten Vorleser/Schreiber des 13. Jhs. war die ökono-
mische Ungenauigkeit in der Wiedergabe von Längen, Kürzen
usw. und die Vieldeutigkeit der Lautzeichen kein Problem.
Für die heutigen Benutzer aber, die nicht-germanistischen
Fachgenossen etwa und die Studenten, ist sie eins; und man
sollte daher in Ausgaben von Autoren der klassischen Zeit
nicht so tun, als wisse jeder Benutzer den Text 'richtig' zu
reproduzieren, d.h. nicht auf neuhochdeutsche Weise, sondern
dem in den mittelhochdeutschen Grammatiken gebuchten
Wissen entsprechend.

Der nach phonologischen Prinzipien normalisierte Text
weicht also auch von der Schreibsprache des Autors ab, von
der das Akrostichon und die Bewahrung ursprünglicherer
Schreibformen der Vorstufen in den Reimen, besonders in V,
eine Vorstellung geben. Zwischen der Sprechsprache bzw.
Vortragssprache des Autors, wie überregional auch immer sie
gewesen sein mag, und seiner Schreibsprache gab es keine ge-
naue Entsprechung. Die Reime sind daher nicht nur für die
Rekonstruktion der Sprech- bzw. Vortragssprache, sondern
ihre Schreibung ist auch für die Rekonstruktion einer autor-
nahen Stufe der Schreibsprache erheblich. Die Normalisie-
rung folgt teilweise dieser älteren schreibsprachlichen Tradi-
tion (z.B. in der Schreibung *und* statt der phonetisch korrek-
teren *unt*), teils aber gibt sie – ältere wie jüngere Schreibtra-
ditionen aufgreifend (z.B. Längezeichen und Umlautbezeich-
nung) – abweichend von ihr zusätzliche Lesehilfen. Zum Pro-
blem der sprachlichen Normalisierung vgl. Hans Fromm,
Stemma und Schreibnorm. In: Mediaevalia litteraria. Fs. Hel-
mut de Boor. Hg. v. Ursula Hennig u. H. Kolb, München
1971, S. 194–219, bes. S. 202ff.

B. Zum Text

Der Text ist normalisiert nach Regeln, die sich aus der Untersuchung des Reimgebrauchs und aus dem Akrostichon ergeben. Die Normalisierung entspricht weitgehend der von Karl Lachmann nach dem Muster »der besten handschriften festgestellen orthographie« (Wolfram-Ausgabe, S. VII), die auch das Hinvart-Fragment G noch gut bewahrt. Eine ausführliche Zusammenstellung von spezielleren Normalisierungsregeln, die zum großen Teil für die 'Urstende' ebenso gelten wie für die in V überlieferte 'Kindheit Jesu', bietet die Ausgabe von Fromm/Grubmüller (Bibl. Nr. 13, S. 52–56). Die Überlieferung der 'Hinvart' in der Hs. I, die zeitlich dem Autor noch etwas ferner steht, weicht durch ihr provinziell geprägtes Schreibsystem vom kritischen Text öfter ab als V, ebenso auch die Überlieferung derjenigen Partien, die in I fortgelassen sind und für die die anderen Hss. die Grundlage des kritischen Textes bilden (vgl. III.4).

Selbst eine minutiöse Auflistung aller Regeln, nach denen die graphische, lautliche, morphologische und metrische Normalisierung durchgeführt wurde, erlaubte keineswegs immer, den Wortlaut der Überlieferung in den Haupthss. zu erschließen. Deshalb soll nur das Bemerkenswertere im folgenden zusammengestellt werden; dazu gehören insbesondere die Erscheinungen, die aus verschiedenen Gründen von einer phonologisch orientierten mhd. Normalorthographie abweichen.

Im Bereich des rein Graphischen gilt für einige besondere Fälle das Folgende:

1. Der Diphthong /öu/ wird in der Regel durch *eu* wiedergegeben (vgl. Fromm/Grubmüller, Bibl. Nr. 13, S. 53); V hat meist *iv*, z.B. *vrivde* Urst. 690, 1638, 1639 u.ö.; 85f. *vrivten : strivten* usw.; I hat *ev* neben *ov*, z.B. Hinv. 739f. *bestrevt : gevrevt*, aber 963 *vrovten*, 962 *vrovde* und 974 *vrovd*. Der Pl. zu *loup* aber wird Hinv. 398 *löuber* (*lovber* I) geschrieben.

2. Die Schreibung für mhd. /f/ im Anlaut ist nicht konsequent geregelt, sondern in Anlehnung an V und z.T. an I *v* und *f* gesetzt, in einigen Fällen sogar in verschiedenen Formen desselben Wortes, z.B. *vrâgen* Urst. 98, 472, aber *frâgte*

Hinv. 217; Urst. 371, 664. Bis auf eine Ausnahme steht immer *für* und *von* wie in V und I, die durchgehend die Schreibung mit *f* bzw. *v* haben, obwohl Konrad die Variante mit *vür* nach dem Zeugnis des Akrostichons auch kannte; diese steht aber nur im Lombardenwort Urst. 129.

    3. Für die Affrikata /ts/ steht in V, vor allem in der ersten Hälfte, mehrfach *c*, z.B. Urst. *ce* 826, 1010, 1239; *ceit*(*en*) = *zît*(*en*) 129, 261, 470, 621, 857, *ceihent* = *zîhent* 681; *herce*(*n*) 153, 1088, 2019; *churcen* 1225; ebenso einmal in I: Hinv. 1163 *cil*. Dem Akrostichon Urst. 1669 *Ce* (*Ze* V) zufolge kannte Konrad diese Schreibung ebenfalls, doch wird außer an dieser Stelle im Text gegen die Haupthss. immer *z* gesetzt.

    4. Für die Affrikata /pf/ hat V bis auf wenige Fälle (Urst. 1379 *gelimpf : schimpf*, 1838 *pfûle*) regelmäßig und I überwiegend *ph*. In der 'Urstende' werden die wenigen *pf* mit der Hs. in den Text übernommen, in der 'Hinvart' wird *ph* durchgeführt.

    5. Für mhd. /k/ im Anlaut (auch Silbenanlaut) wird mit den Hss. V und I regelmäßig *ch* durchgeführt. Dies ist eine von der üblichen Normalisierung abweichende Regelung, die jedoch auch das Akrostichon fordert (Urst. 1 + 19, 629). Wie dieses *ch* zu sprechen ist, ist damit nicht entschieden.

    6. Die Schreibung der E i g e n n a m e n folgt in der Regel den Haupthss., doch sind wenige geläufige Namen (z.B. *Jôsêp*, *Thômâs*, *Jerusalêm*) leicht vereinheitlicht worden (vgl. aber unten Nr. 8 zu *Dâvîd*); die Varianten der Hss. sind im Apparat und Namensregister (s. dort Näheres) verzeichnet. Die Längenzeichen über den Eigennamen sind nach Maßgabe des Reims, Metrums und teilweise auch in Anlehnung an die liturgische Aussprache und Betonung gesetzt worden. Leider gibt es keine zusammenfassende Untersuchung über Schreibung und Betonung der Namen im Mittelhochdeutschen, an der man sich orientieren könnte. Die Regelungen in den kritischen Ausgaben sind uneinheitlich.

Im Bereich des G r a p h i s c h - P h o n e t i s c h e n, wo es um eine geregelte Zuordnung von Schreibungen und entsprechenden Lauten geht, ist Folgendes zu bemerken:

7. Die Kennzeichnung des Umlauts wird häufig ohne Vorbild in den Haupthss. vorgenommen. Der Sekundärumlaut des /a/, in V meist durch *æ* wiedergegeben, wird nach dem Vorschlag von Zwierzina (Bibl. Nr. 58, 1900, S. 295) im Text in der Regel durch *ä* bezeichnet. Umgelautetes und nicht umgelautetes /u/ sind in den älteren Hss. im allgemeinen graphisch nicht unterschieden; die für den Text vorgenommene Unterscheidung folgt den Ergebnissen der Untersuchung von H. Jilek (Der Umlaut von u in den Reimen der bair.-österr. Dichter der mhd. Blütezeit. Reichenberg i. B. 1927 [Prager Studien 41], S. 43f.); danach hatten Konj. und Inf. der Präteritopräsentien *chunnen, gunnen* und der Konj. Prät. der st. Verben der 3. Ablautreihe (im Text belegt sind u.a. die Formen von *finden, binden, gelingen, ringen, trinken*) nach Ausweis der Reime bei Konrad wie bei Hartmann (vgl. C. Kraus, Festgabe f. Richard Heinzel, Halle 1898, S. 112f.) keinen Umlaut (vgl. Urst. 181, 969, 1033, 1359, 1897). Für den Imp. *günne* (*chünne*: Urst. 1405) ist jedoch Umlaut anzunehmen, ferner in *gewünne : rünne* Urst. 1899, *müge : tüge* Urst. 7, 1009.

8. Die Auslautverhärtung wird im kritischen Text in der Regel konsequent bezeichnet gegen die Inkonsequenz der Haupthss., vor allem bei *g/c*; z.B. hat V *chvnic* (7 ×), *manic* (5 ×) neben *chvnich* (1 ×), *manich* (3 ×), und I nur *chvnich* (2 ×), *manich* (1 ×)/*manig* (2 ×). Die Schreibungen mit oder ohne Verhärtung scheinen bei *b/p* in V z.T. wortgebunden; so schreibt der V-Schreiber für *grap* immer *grab* (6 ×), aber für *wîp* immer *weip* (7 ×); für *lîp* wird einmal *leib*, aber sonst *leip* (5 ×) geschrieben. I hat ähnlich nur *grab* (1 ×), aber *weip* (1 ×) und *leip* (3 ×). Diese Verteilung wird keineswegs durch den Reim gestützt, denn *grap* steht öfter im Reim (Hinv. 1 ×, Urst. 3 ×) als *wîp/lîp* (Hinv. und Urst. je 1 ×). Die traditionelle wortgebundene *b*-Schreibung weist auch *ob* auf (Hss. und Text). Im Ganzen konsequent ist die Verhärtung des auslautenden Dentals in V wie I bezeichnet, außer bei der wieder wortgebundenen Schreibung in *und* (in V *vnd* 1909, sonst *vnt* und *vñ*, im Akrostichon *VNDE* und sonst in V noch 8 ×; in I immer *vnd* außer 3 × *vñ*, 4 × *vnt*) und *wand* (in V 5 ×, *wande* 4 ×, *want* 1 ×; in I nur *wan*) steht -*d* statt -*t* in V nur zwei-

mal in *vand* = *vant* (7 ×); dieses *vand* ist vermutlich Analo-
gieschreibung zur Konjunktion. Ferner steht -*d* nur noch ein
einziges Mal in V im Eigennamen *dauid* (: *zeît* = *zît*) Urst.
1845, und zwar hier sogar im Reim. Es dürfte also auch mit
bestimmten Eigennamen wie *David* fest verbundene und von
der Aussprache unabhängige Schreibtraditionen gegeben ha-
ben, ähnlich wie bei den wortgebundenen Schreibungen von
ob und *und*. In einem Akrostichon seiner Weltchronik be-
zeugt z.B. auch Rudolf von Ems die Schreibung *DAUID* (ed.
Ehrismann, V. 21518-22), und die Überlieferung der drei wei-
teren Belege des Namens in der 'Hinvart' (48 *dauid* A, 257
Dauid ICDAB) bietet nur an einer Stelle in zwei Hss. die
Schreibung mit -*t* (1191 *dauit* IE gegen *dauid* CA). - Wenn in
der Ausgabe gelegentlich -*d*, -*g* am Wortende erscheint, dann
handelt es sich in der Regel um finite Verbalformen auf -*e*
mit inkliniertem vokalisch anlautendem Pronomen, z.B. Urst.
203 *wold ich*, 329 *wold in*, wo mit V (*wolt ich/in*) das -*e*
weggelassen wird, gegen V aber die Schreibung mit -*t* (V hat
sonst *wolte/n* neben *wolde/n*) nicht übernommen wird; wei-
tere Beispiele: Urst. 458, 1389 *ich sag iu* (= V), 2089 *sag ich*
(= V), 135 *ich zeig in* (= V); oder es handelt sich um Im-
perative schwacher Verben mit enklitischem Pronomen oder
eng anschließender Adverbialpräposition, z.B. Hinv. 1068 *sag*
an (= IB, *saga* A); Urst. 368 *sag an* (= V); 1422 *sag uns* (=
V).

     9. Die Lenisierung von ahd. /t/ im Inlaut nach *n*, und
teilweise auch nach *l* ist unterschiedlich geregelt. Die Schrei-
bung der Präteritalformen bestimmter schwacher Verben ist
aufgrund von Reim und Überlieferung geregelt. Von den
langsilbigen der I. Klasse ist wegen des Reims *bechande : lan-*
de Urst. 2007 in *chande(n)*, *nande(n)* einschließlich ihrer Prä-
fixbildungen immer die lenisierte Form durchgeführt (wie bei
Hartmann, s. Wolff zu Iwein 5455); bei *senden* aber steht mit
den meisten Hss. *sante(n)*, das Konrad allerdings im Reim
meidet (wie Hartmann im 'Iwein', s. Zwierzina, Beobachtun-
gen zum Reimgebrauch Hartmanns und Wolframs, Festgabe
für R. Heinzel. Halle 1898, S. 483f.). - Das Dentalsuffix ist
nicht lenisiert nach *m*, *n* und Synkope in den Hss. außer den

alem. Hinvart-Hss. AB; im Text steht mit den Haupthss. V
und I immer *t*, z.B. Hinv. 207 *weinte* (= IDB, *weinde* A) und
217f. *meinte : weinte* (= ID, mit *d* jeweils in AB), Urst. 1377f.
weinten : bescheinten (*t* mit V). – Lenisiert ist /t/ in *werlde*
(G.D.Sg.), das mit V (7 × *werlde*, 1 × *werlte*) und dem Hin-
vart-Fragment G (875) im Text durchgeführt wird; ebenso in
solde(n), wolde(n), wo die Reime mit *holde(n)* (Hinv. 547,
Urst. 1427) das *d* sichern (in V *solte/n* 11 × – *solde* 5 ×,
wolte/n 12 × – *wolde/n* 9 ×).

10. Für geminiertes /kk/ (aus */kj/) wird in den von Kon-
rad gebrauchten Verba auf *ck* wie *decken, recken, schrecken,
smecken, strecken, wecken, blicken, quicken, schicken, slik-
ken, rucken, smucken* und ihren Präfixbildungen im Präsens
und in dem mit Zwischenvokal gebildeten Partizipien Prät.
immer *ck* gesetzt gegen die Haupthss., die meist das vieldeu-
tige Graphem ⟨ch⟩ haben. Entsprechend wird auch in anderen
Wortformen mit /kk/, z.B. in *dicke, smacke* usw., verfahren. –
Für das Präteritum der Verben auf *ck* sichern Reime die alten
Formen mit *-ht-* (aus */kt/), die allgemein durchgeführt wer-
den, z.B. Hinv. 909f. *slihte : zihte*, Urst. 1758 *blihte*, 1229
dahten (: *enmahten* !). Die Hss. I und V haben fast immer
-cht-, gebrauchen also das vieldeutige ⟨ch⟩ ökonomisch für
alle Formen des Paradigmas, sowohl im Präsens für /kk/ wie
im Präteritum, wo aber *ch* bzw. *cht* nicht für /ht/ steht und
für die alten Formen wie *blihte* spricht, sondern für /kt/ und
die jüngeren Formen wie *blicte*, denn V hat in wenigen Fällen
im Reim Schreibungen mit *ct* (Urst. 1589f. *geracten : wacten*
und 1161 *bedacten : machten*), die vermutlich aus der Vorlage
stammen.

11. Die Schreibung von *quâle* (= V Urst. 1708) und der
Präteritalformen *quam, quâmen, quæme(n)* mit *qu* ist im Text
in allen Fällen durchgeführt aufgrund des Befundes in V, wo
in sämtlichen Reimbelegen dieser Formen (10 von 33) aus-
schließlich die *qu*-Schreibung konserviert ist, außerhalb der
Reimzone dagegen die bair. Präteritalformen *chom, chomen*,
also immer mit *ch-*, erscheinen (23 ×). – Zum Stammvokal
des Verbums *chomen* ist zu bemerken, daß Konrad die *a*-
Formen des Prät. insgesamt 13 × im Reim verwendet und

keineswegs meidet, wie das Hartmann im 'Iwein' nach V. 1000 tut (vgl. Wolff zu Iwein 1000). Der Stammvokal des Präs. und Imp. ist *u*, des Inf. und Part. Präs. *o*, wie meist auch V und I überliefern.

Im Bereich der Morphologie sind besonders zu erläutern die häufiger gebrauchten Formen von einigen Pronomina und Verben.

12. Die Form *sie* des Personalpronomens ist durch Reime gesichert für den A.Sg.Fem. (Hinv. 299, 551, 699) und den N. und A.Pl.Mask. mit 4 bzw. 3 Belegen (Hinv. 681, 829; Urst. 183, 1375; 449, 1045, 1587); eine entsprechende Regelung, die die Betonungsverhältnisse ebenso wie die Überlieferung berücksichtigt, ist trotzdem schwierig. Die Hinvart-Hss. AB und das wichtige Fragment G haben fast ausschließlich die Variante *si* für N.A.Sg. des Fem. und den N.A.Pl. Die Haupths. V dagegen und z.T. auch I mit C deuten auf eine Opposition von N. und A.: N.Sg.Fem. *si* (I überwiegend, V 3×) gegen A.Sg.Fem. *sei* (I 9×, davon 5× mit C; V 3×), *sev* (I 1×), *si* (I nie, V 5×). Eine Regelung *si* N.Sg.Fem. und N.Pl. und *sie* A.Sg.Fem. und A.Pl. ohne Rücksicht auf die Betonung im Vers stünde nun aber nicht ganz in Einklang mit dem Reimbefund. Daher werden außerhalb des Reims folgende Formen in den Text gesetzt: in der 'Urstende' immer *si* außer im A.Pl., wo neben wenigen *si* in der Regel *sie* (meist mit *siv* in V) gewählt wird, wenn das Metrum es zuläßt (*si* gegen *siv* in V nur 98, 205, 349, 741, 849); in der 'Hinvart' bleibt es dagegen durchgehend nach dem Vorbild von G bei *si*, auch für den A.Sg.Fem. Diese Regelung ist unbefriedigend, stört aber nicht.

13. Das Demonstrativpronomen *diz* ist aufgrund des Akrostichons gegen V und I mit *ditz* (V 1× *ditze* 1651) durchgeführt. Die seltenen Abweichungen des Textes der 'Urstende' von V in den übrigen Formen sind im Apparat aufgeführt.

14. Die Formen der Indefinita *(n)ieman/(n)iemen* erscheinen beide in V ohne erkennbaren Unterschied; I mit C hat meist nur die abgeschwächte Form. Der Text der 'Urstende' folgt V, in der 'Hinvart' wird 405, 702 aus versrhythmischen Gründen *nieman* (mit den meisten Hss. außer I) und 33, 104

ieman (wieder mit den Hss., I fehlt) gesetzt, sonst immer *(n)ie-men* (mit I). Schirokauer (Bibl. Nr. 62, S. 87) stellte *(n)ieman* »als alleinige form« Konrads fest aufgrund von drei Reimbelegen Urst. 101, 239, 2035; doch beweisen diese nichts, weil in V durch konsequente Getrenntschreibung in diesen drei Fällen deutlich *(n)ie* und *man* als jeweils selbständige Wortformen markiert sind.

15. Das Indefinitum *ieglĭch(er)* wird in V (8 ×) neben einem *iesliches* (Urst. 652, aber *iegleichs* W +) gebraucht; in der 'Hinvart'-Überlieferung hat I ebenfalls ausschließlich *igleicher*, ebenso AB, dagegen steht in G *ieslicher* 1059, was auch die Form von C (69, 1186) und E (1186) ist. Trotz des Zeugnisses der alten Hinvart-Hss. ist im Text mit V und I *ieglĭch(er)* durchgeführt. Dieses Pronomen verwendet Konrad überwiegend substantivisch (in 12 von 14 Belegen) und meist mit Gen.; ein solcher Gebrauch des Pronomens war nach Kraus (Festgabe f. R. Heinzel, Halle 1898, S. 134 Anm. 1) schon z. Zt. Hartmanns veraltet, der es so nur im 'Erec' häufiger verwendet. – Statt *itweder(halp)* in V (Urst. 1310, 1317, 1692 aus *ir weder*, *–halp* 754) sind die Formen mit *ie-* gesetzt, ebenso steht im Text *iender* für *inder* in V (207)

16. Die Präsensformen von *suln* sind für den Ind. 1.3.Sg. *sol* (in I *schol*, in F meist *sal*), das öfter im Reim auf *wol* erscheint; 2.Sg. *solt*, 1.3.Pl. *suln* (in V mehrmals dafür *svlen* 790, 1254, 1266, 1370, 1606, 1710); 2.Pl. *sult*. Im Konj. Präs. *sül* ist im Text der Umlaut (vgl. oben Nr. 7) bezeichnet; die entsprechenden Formen der Hss. sind – anders als im Ind. – vielfältig (Hinv. 390 *schvl* I, *sul* C, *solů* A, *solle* B; Urst. 1950 *svln*, was in *sul* bzw. *sül* zu bessern ist). Zur Präteritalform *solde(n)* s. oben Nr. 9.

17. Durch den Reim gesicherte Doppelformen hat *mugen*; vgl. die Zusammenstellungen der Belege bei Zwierzina, Bibl. Nr. 58, 1900, S. 301, und Schirokauer, Bibl. Nr. 62, S. 25–30. Außer den üblichen Präteritalformen *mahte(n)*, *mähte(n)* gibt es noch die Formen *mohte*, *möhte* und den Konj. *müge* (außer üblichem *mege*), die aber ausschließlich auf Formen von *tugen* reimen. In den Hss. sind die unterschiedlichen Stammvokale gut bezeugt und die Konjunktive in V meist gekenn-

zeichnet (z.B. *mæchte* 1578, *mȯhte* 1216; aber nicht in *mvge* = *müge* 7, 1009).

18. Die Präteritalformen von *tuon* sind für den Ind. Sg. *(ge)tëte* (2 × im Reim auf *bëte* Hinv. 433, 943), den Ind.Pl. *tâten* (2 × Hinv., 5 × Urst., nur Urst. 1283 nicht im Reim), für den Konj. *tæte(n)* (1 × im Reim auf *stæte* Hinv. 587, s. App.; im Versinnern in V immer mit gekennzeichnetem Umlaut *tæt* 574, 942, *tæte* 963). In der 'Urstende' werden Reime mit *tëte* und *tæte* gemieden.

19. Von *gân*, *stân* und ihren Präfixbildungen sind die Formen mit *â* durch zahlreiche beweisende Reime, die die neutralen Bindungen um ein Vielfaches übertreffen, für den Inf. und Ind.Präs. gesichert und die Formen mit *ê* für den Konj. (Urst. 1888 *enstêt* ist 2. Pl. Konj.Präs.!). Den einzigen sicheren Reim für die Indikativform mit *ê* bietet Urst. 1661f. *gêt* : *Nazarêth*. Trotzdem ist im Text gegen die Haupthss., vor allem gegen V mit ihren überwiegenden bair. ê-Formen für den Ind., immer zugunsten der *â*-Formen vereinheitlicht und so die Opposition Ind. : Konj. gewahrt worden. Im Präteritum reimt Konrad nur *gie* (von 16 möglichen Belegen 14 im Reim), bei den beiden Belegen im Versinnern ist *gienc* mit V belassen (Urst. 224, 2057). Zur Imperativform *ginc* Hinv. 535, 794 vgl. den App. zur Bezeugung.

20. Im Reim gebraucht Konrad auch ausschließlich die Kurzform *vie* und deren Präfixbildungen. Dagegen wird von *lân* sowohl *lie* als auch *liez* gereimt. Zu den Einzelheiten vgl. Schirokauer, Bibl. Nr. 62, S. 32–37.

21. Von den zahlreichen Formvarianten für das Präteritum von *hân* sind für Konrad durch den Reim gesichert der Ind. *hæte* im Sg. (: *stæte* Urst. 1235) und *hêten* im Pl. (: *prophêten* Urst. 1811, 1865). Diese Formen werden auch im Text durchgeführt, und zwar *hæte* gegen den in V und I durchgehend gebrauchten bair. Sg. *het(e)*. Nur im einzigen Reimbeleg (s.o.) hat V wieder die ursprüngliche Form (*stæte* : *hæte*) konserviert.

Über weitere in den Text nicht immer übernommene Formvarianten der Hss. aus dem Bereich der M o r p h o l o g i e u n d W o r t b i l d u n g ist noch das Folgende anzumerken.

22. Apokope und Synkope in V sind nach Neuschäfer (Bibl. Nr. 12, S. 37–40) weitgehend dem Schreiber zuzurechnen und daher im Text der 'Urstende' wieder rückgängig gemacht. Um 1200 darf man zudem noch nicht mit einer allgemeinen Durchführung der Apokope rechnen (Kaj B. Lindgren, Die Apokope des mhd. -e in seinen verschiedenen Funktionen. Helsinki 1953, S. 178f.), zumindest nicht in der klassischen Literatursprache und ihrer frühen Überlieferung. Nicht so durchgehend wie in V ist das unbetonte e in I fortgelassen; in den Partien der 'Hinvart' aber, die nur die alem. Hs. A (meist zusammen mit der späten els. Hs. B) überliefert, sind die Nebensilbenvokale in ihrer vollen Form erhalten, z.B. 3 *volgot*, 7 *ebini*, 8 *machot* usw., und waren durch e zu ersetzen. Die Opposition zwischen Präsens und Präteritum bei den schwachen Verben, die in V öfter eingeebnet erscheint (vgl. z.B. Urst. 1105 *frumt* Präs. und 1602 *frvmt* Prät.), wird durch die Normalisierung wieder hergestellt.

23. Bei den Adverbialpräpositionen *ane*, *abe*, *mite*, *obe* wird die Apokope in der Regel rückgängig gemacht; die zweisilbigen Formen sind, wenn sie im Reim stehen, in V meistens bewahrt. In den bair. Hss. nicht bewahrt ist die Zweisilbigkeit der Pronominalformen *deme* (Hinv. 567 = A, *dem* C) und *ime* (Urst. 138, 1292, 1778, V immer *im*), die im Reim und bei Betontheit auch im Versinnern für Konrad anzunehmen sind. Zur Apokope des -e nach Nasal bei Konrad vgl. Zwierzina, Bibl. Nr. 58, 1900, S. 63. Die Formen der Präposition *zuo/ze* (in V *zu*, *zv*, *zv̂*, *zů*, *zv̂/ce*, *ze*, *z-*, in I *zv*, *zve/ze*, *ze*, *z-*) werden in Anlehnung, aber nicht immer Übereinstimmung mit den Hss. so verteilt, daß in der Regel *zuo* in Hebung und *ze* in Senkung steht.

24. Wortzusammenziehungen (Proklise, Enklise, Krasis) sind in der Regel aus den Haupthss. übernommen, z.B. Hinv. 263 *dûz* (*dvz* I, *du ez* C, *du es* AD), ebenso 782, 925; Urst. 1482 (*duz* V); das gilt auch für Zusammenziehungen von Zusammensetzungen wie *dran* = *dar an* (Hinv. 716 *dran* IFB, *dar an* A; *an* C), *drinne* (= V Urst. 1178, 1855), *drûz* (= V Urst. 1981). Getrennt wird in V mehrfach zusammengeschriebenes *dar zuo*. Bei auffallenden Komposita wie Hinv.

1081 *vrônhimelrîche* gibt der Apparat Auskunft über die
Schreibung in den Handschriften.

25. Suffix- und Wortbildungsvarianten werden z.T.
nach den Haupthss. in den Text übernommen. Die Doppel-
formen des Adverbialsuffixes *-lîche/lîchen* sind beide durch
den Reim gesichert (Hinv. 683, 1081, Urst. 1201; die Form mit
n Urst. 1815); im Versinnern wird daher in Anlehnung an die
Haupthss. verfahren, jedoch die Apokope des *-e* in *-lîche*
rückgängig gemacht. Die Varianten mit *n* der übrigen Hss.
werden in der Regel im Apparat verzeichnet. Das *i* der Ad-
verbien auf *-lîche(n)* ist nur mit Länge gereimt; in den we-
nigen gereimten Adjektivableitungen erscheint dagegen *-lîch*
und *-lich*. – Wortbildungsvarianten wie *herze-leit* (Hinv. 177,
182, 187) und *herzen-riuwen* (Urst. 1591), die in den älteren
Hss. meist nicht zusammengeschrieben werden, werden nicht
ausgeglichen.

26. Doppelformen wie z.B. *danne/denne, dannoch/dennoch*
werden mit den Haupthss. im Text belassen bzw. an die von V
für die 'Urstende' bezeugten Formen angeglichen. Ebenso
werden z.B. *salm* stm. (Hinv. 258, Urst. 2111) neben *salme*
swm. (Hinv. 631, Urst. 1857) nach der Überlieferung auch in
den Text gesetzt. Dagegen wird der in V überlieferte Gen. *va-
ters* Urst. 1271 nicht übernommen, weil die Hss. der 'Hinvart'
die alte Form ohne *-s* überwiegend bewahrt haben (*vatters*
nur 139 in B und 1178 in A).

27. Die Doppelformen *mê/mêre* sind wie bei Hartmann
durch den Reim gesichert, nicht aber *mêr*, das im Versinnern
jedoch – wenn es metrisch akzeptabel ist – mit den Haupthss.
belassen wird; die Varianten der übrigen Hss. werden nur aus-
nahmsweise im Apparat verzeichnet. – *immer, nimmer*, die
Formen von V und I, werden übernommen und in der 'Hin-
vart' auch in den nicht in I überlieferten Partien gesetzt (z.B.
989 gegen *iemer* AB), ohne daß im Apparat darauf hingewie-
sen wird. – Für die mehrmals gebrauchte Präfixbildung *ant-
vanc*, die eine große Schreibungsvarianz in allen Hss. hat,
wird die im alten Fragment G (Hinv. 1027) und einmal in V
(Urst. 1293, aber vgl. App. zu 84) belegte Form für den Text
gewählt und die Varianten z.T. im Apparat dokumentiert (z.B.

zu Hinv. 457). Die verwandten Verbalformen *enphangen, enphie* werden dagegen wieder nach der übereinstimmenden Überlieferung in V und I in den Text gesetzt.

28. Von *nû, dû* gebraucht Konrad im Reim wie Gottfried und Wolfram, nicht aber Hartmann, die diphthongierten Formvarianten *nuo, duo*, die er immer bindet mit *(ge)tuo* (4 × Hinv., 5 × Urst.). Der Diphthong der nur im Reim gebrauchten Variante ist in V auch durch die entsprechende Schreibung als *nů* (Urst. 151, 168) bzw. *dů* (167) bezeugt, während außerhalb des Reimes in V dagegen ausschließlich *nu/nv, du/dv* steht, auch in Hebung. Nach dem Vorbild von V wird im Reim daher *nuo, duo* durchgeführt. Ebenfalls mit V bleibt dagegen der Diphthong in dem auch von Wolfram verwendeten Reime *lieht : niht* (Urst. 259, 603, 1741, 2053) unbezeichnet, der Reim also auch graphisch unrein; analog wird in der 'Hinvart' (685, *lieht : gesiht* 707, vgl. jeweils App.) verfahren.

29. Die Negationspartikel *ne/en* ist in V und allen jüngeren Hss. häufig nicht mehr bewahrt worden. Sie wird daher in allen Fällen gesetzt, wo sie aufgrund neuerer Forschungsergebnisse für den ursprünglichen Text anzunehmen ist (vgl. Erec von Hartmann von Aue, edd. Leitzmann/Wolff. 6. Aufl. von C. Cormeau u. K. Gärtner. Tübingen 1985 [ATB 39], S. XXVf.).

Die Interpunktion des kritischen Textes richtet sich nicht ausschließlich nach den modernen Regeln, die nach primär syntaktischen Gesichtspunkten aufgestellt sind, und ist daher zu erläutern.

30. Die Hs. V weist mehrfach auch im Versinnern Punkte auf, die dreierlei Aufgabe haben. Erstens steht ein Punkt zur Verstärkung des Wortkörpers hinter dem einbuchstabigen Wort *ê* (Subst., Adv., Konj.), das in der Regel mit Zirkumflex geschrieben wird (34, 397, 435, 631, 711, 760, 1011, 1048, 2064). Zweitens steht ein Punkt als rhetorisches Gliederungssignal, und zwar einmal zwischen den Gliedern von zwei- und mehrgliedrigen Erweiterungsgruppen, auch vor dem mit *und* angeschlossenen Glied (*weip. vnt man* 778, 968; ferner

655–657; mehrgliedrige Gruppen: 596, 1014; aus Versehen auch 1751 *Misel. sieche. vnt betrisen*, wo die Glieder eines Kompositums getrennt werden), und zum andern, wenn Satzende/Satzanfang oder ein sonstiger mit einer Sprechpause verbundener Einschnitt ins Versinnere fällt, so z.B. nach einem die metrische Pause am Versende auflösenden starken Enjambement (927), bei Sprecherwechsel mitten im Vers (898, 1482, 1485), vor und nach *inquit*-Formeln (611, 1979), vor nachgestelltem und einen eigenen Satztakt bildenden Attribut (1913), zur Pausenmarkierung in einer Kurzsatzreihe (1942) oder sonstigen klaren Markierung des Satzanfangs innerhalb des Verses (415). Drittens steht ein Punkt zwischen homographen Morphemen oder Wortformen zur Markierung der Wortgrenze (812, 930, 1487). Die Punkte in der Hs. sind fast ausschließlich Lese- bzw. Vorlesehilfen, haben also rhetorische Funktion.

In Übereinstimmung mit den wenigen Winken, die die Hs. V gibt, wird der kritische Text ebenfalls nach rhetorischen Gesichtspunkten interpungiert, d.h. Sprechpausen innerhalb des Verses können gegen die nhd. Regeln durch ein Satzzeichen markiert werden. Wenn aber zwei syntaktische Einheiten, die nach den Duden-Regeln durch ein Komma zu trennen wären, ohne Sprechpause aneinandergefügt sind, dann wird kein Komma gesetzt. In solchen Fällen sind die nhd. schriftsprachlichen Zeichenregeln für die von der Sprechsprache geprägte mhd. Syntax ganz unbrauchbar; denn nach ihnen kann man Sätze wie die folgenden nicht interpungieren: Urst. 55 *der marhte vil des* (= *des, daz*) *dâ geschach*, oder 602 *dô quam ouch ich dâ* (= *dar, dâ*) *er was*. Die freiere Zeichensetzung der Philologen des 19. Jhs. und Lachmanns Verfahren, das Ludwig Wolff in der Ausgabe von Hartmanns 'Iwein' und Werner Schröder in der Ausgabe von Wolframs 'Willehalm' mit Recht beibehalten haben, ist daher vielfach geeigneter als die Duden-Prinzipien (vgl. zum Problem Werner Schröder [Hrsg.], Wolfram von Eschenbach: Willehalm. Berlin 1978, S. LXXXIIIf.). Abweichend von Lachmanns fein abgestufter Interpunktionsweise, nach der das Semikolon 'ein großes Komma' und das Kolon, der Doppelpunkt, 'einen

kleineren Punkt' bezeichnet, wird der Doppelpunkt mehr in
der heute üblichen Funktion gebraucht, das Semikolon dage-
gen wie das Lachmannsche Kolon; ferner werden Parenthe-
sen nicht in runde Klammern, sondern in Gedankenstriche
eingeschlossen. Mit Hilfe der Interpunktion wird schließlich
noch versucht, die umfangreichen Satzgefüge Konrads über-
schaubar zu gliedern. Die angewandte Zeichensetzung mag
daher vielfach als inkonsequent erscheinen, denn sie ist ein
Kompromiß, der einerseits den nhd. Lesegewohnheiten ent-
gegenkommt und andrerseits auf die sprechsprachlich gepräg-
te mhd. Syntax Rücksicht nimmt.

   Abweichend von moderner Zeichensetzung wird vor allem
in folgenden Fällen in der Regel k e i n K o m m a gesetzt:
- zwischen Beziehungswort und notwendigen (einschrän-
  kenden/restriktiven) Relativsätzen,
- vor Subjektsätzen und Objektsätzen,
- vor kurzen Adverbialsätzen, die sich eng an den übergeord-
  neten Satz anschließen,
- vor Nebensätzen dritten und gelegentlich auch zweiten
  Grades, um die Gliederung eines Satzgefüges nicht zu ver-
  wischen.
Gegen diese Regeln kann aber ein Komma im Versinnern ste-
hen nach enjambierenden Satzgliedern.

   Bei Unsicherheiten über die Zugehörigkeit eines Satzes
zum vorausgehenden oder folgenden Gefüge, ist der durch ein
Satzzeichen markierte Einschnitt in der Regel nach dem er-
sten Vers eines Reimpaars gemacht und damit zugunsten der
Reimbrechung entschieden worden.

   Die A b s c h n i t t s g l i e d e r u n g durch Lombarden ist in der
'Urstende' durch das Akrostichon gesichert, in der 'Hinvart'
dagegen muß sie aus der Überlieferung rekonstruiert werden.

   31. In den 'Hinvart'-Hss. sind mehrere Lombarden bezeugt,
mit denen Redeeinleitungen markiert werden (306, 425, 427,
435, 455, 593, 756, 873). Sie werden im kritischen Text nicht
herangezogen für die Abschnittsgliederung. Diese richtet sich
nach der Überlieferung, die hier nochmals zusammengestellt
wird. Die Stellen mit nicht übernommenen Lombarden ste-

hen in runden Klammern; in eckigen Klammern sind die
Zeugen genannt, für welche selbst (K) oder ihre Vorlage (I)
eine Lombarde erschließbar ist (zu I vgl. oben III.5):

1 AB, 19 A, 31 A, 57 AC, 79 ABC, 119 AD, (127) C, 135 ABC,
(151) A, 177 ABD[K], 199 AB[I], 219 DK, 267 (= 283) A[K],
(306) C, 323 ABCFK, 359 BCF, (381) F, (391) B, 403 AF[I],
(425) F, (427) A, (435) A, (445) F, (455) A, 465 B[I], (470) H,
487 ABF, 503 BCFH, (529) C, (535) B, 545 A[I], (557) F, (569)
F, (582a) F, 583 ABCF, (593) C, 627 ABF[I], (635) B, 645 AF,
655 ABF, (667) F, (671) A, 687 ABCF, (723) B, (756) C[H], 773
AB, (779) H, (788a) H, 825 AB, 845 AB[I], 859 AB[I], (873) G,
(925) B, 943 ABC, 957 ABC, 981 ABC[I], 1009 ABC, (1025) E,
1053 ABG, 1151 (= 1153) A, 1183 ACE[I], 1195 ACE[I].

Für die Einrichtung des Textes gilt schließlich noch
folgendes:

32. Kursivsatz signalisiert Abweichungen des kritischen
Textes von der Überlieferung. Für die 'Hinvart' und 'Ursten-
de' wird er in etwas unterschiedlicher Funktion verwendet: In
der 'Urstende' werden nur die Abweichungen von V kursi-
viert, auch wenn die übrigen Hss. (vor allem die Heinrich von
München-Hss. W, G, Ms und Ws) den Text stützen; in der
'Hinvart' dagegen werden nur die Konjekturen, die keinen
Anhalt in den Hss. haben, kursiviert, nicht aber die Abwei-
chungen von der Haupths. I.

33. Es wird eine neue Verszählung durchgeführt; die alte
Zählung wird am rechten Rand angezeigt. Diejenigen Verse
der 'Hinvart', die Pfeiffer nicht berücksichtigte oder nicht
kannte, werden mit der Nummer des vorausgehenden Verses
und zusätzlichem a, b, c usw. gezählt.

34. Beginn und Ende der Überlieferung aller Text-
zeugen, die den Text mit größeren Lücken oder nur frag-
mentarisch erhalten haben, sind am rechten Rand angezeigt.
Das gilt nicht für die Prosazeugen der 'Urstende' und mit ge-
wissen Einschränkungen für die Partie Urst. 93–312, die in
den Heinrich von München-Hss. W, Ms und Ws nicht als ge-
schlossener Textblock übernommen, sondern unvollständig
und in Splitter aufgelöst mit anderen Werken kompiliert ist
(vgl. IV.3).

C. Zum Apparat

Der Apparat verzeichnet in erster Linie die Abweichungen der Überlieferung vom kritischen Text; außerdem dokumentiert er noch die Besserungsvorschläge früherer Forscher, auch wenn sie durch neuere Handschriftenfunde bestätigt worden sind. Da die Überlieferung der beiden Werke Konrads unterschiedlich ist, weicht der Apparat der 'Hinvart' in einigen Punkten von dem der 'Urstende' ab. Im übrigen wurde versucht, den Apparat so zu gestalten, daß er mit einem Minimum an Vorwissen aus sich heraus verständlich ist. Der Apparat ist nach folgenden Gesichtspunkten angelegt (zum zweiten Apparat der 'Urstende' s. Nr. 13):

1. Er bietet alle textkritisch relevanten Abweichungen der Hss. vom kritischen Text. Für die Haupthss. V und I bietet er außerdem auch noch in gewissem Umfang Verschreibungen, doch werden Korrekturen in den Hss. (z.B. Streichungen, Tilgungen, interlineare oder marginale Ergänzungen), Dittographien, unvollständig ausgeführte Buchstaben usw. nur ausnahmsweise vermerkt. Die Abweichungen werden in der Schreibweise der Hss. angeführt; doch werden die lat. Abkürzungen in der Regel aufgelöst, z.B. Hinv. 418 *paul⁹* = *paulus* C, ferner *s*-Formen nicht unterschieden, der Punkt über dem *y* nicht berücksichtigt und die graphischen Varianten für *I/J* und *i/j* in den älteren Hss. einheitlich als *I* bzw. *i* wiedergegeben. Es bedeuten ferner:

/ Zeilengrenze oder Versgrenze
( ) Einklammerung für unsicher Lesbares und Erschlossenes.

2. Lesarten und Angaben, die sich auf einen ganzen Vers beziehen oder auf mehrere Verse, gehen den Lesarten und Angaben, die nur Versteile bzw. Einzelverse betreffen, voraus. Die voneinander unabhängigen Einträge in den Apparat sind durch Punkte getrennt.

3. In Lesarten, die sich auf den Versanfang beziehen, beginnt das erste Wort immer mit einer Majuskel, auch wenn die Versanfänge in den angeführten Hss. keine Majuskeln haben sollten (wie teilweise in der Urstende-Hs. V und durchgehend in der Hinvart-Hs. C).

4. Die Schreibung vor der Lemmaklammer ist immer die des kritischen Textes und stimmt manchmal nicht genau mit der Schreibung der Hss. oder des Gelehrten überein, deren Siglen bzw. Namen mit der Lesung vor der Lemmaklammer verzeichnet sind.

5. In eindeutigen Fällen wird vor der Lemmaklammer der Text nicht wiederholt, sondern nur die Sigle(n) der Hs(s). und/oder der/die Forschername(n) verzeichnet.

6. Mehrere Lesarten zur selben Texteinheit sind durch Kommas getrennt. Nach Semikolon folgen Bemerkungen, Hinweise usw. zu den vorausgehenden Angaben.

7. Eine eingeklammerte Sigle bedeutet, daß die durch die Sigle bezeichnete Hs. nur unwesentlich von der betreffenden Lesart abweicht oder – bei Fragmenten mit Textverlust – daß der teilweise erhaltene Wortlaut die betreffende Lesart stützt.

8. Textverlust durch Beschneidung und Beschädigung der Fragmente wird durch Auslassungspunkte angedeutet und ist nur dann genauer bezeichnet, wenn die dadurch verursachten Lücken textkritisch relevant sind. Um einen genauen Eindruck vom Umfang des Erhaltenen (z.B. im Hinvart-Fragment D) zu gewinnen, sind die Beschreibungen und Abdrucke heranzuziehen. Größerer Textverlust ist nach B.34 gekennzeichnet. Kleinerer Textverlust (durch Beschädigung, die als solche gekennzeichnet ist, oder durch Auslassung) ist dagegen im Apparat festgehalten (mit »fehlt/fehlen«). Vom Textverlust wird der Textersatz in den kompilierten Hss. der 'Hinvart' (I) und 'Urstende' (WMsWs) unterschieden, indem er als solcher (mit »ersetzt«) bezeichnet wird, in der 'Hinvart' auch mit Angabe der Partien des ersetzenden Textes, nämlich des 'Marienlebens' (= ML).

9. Die Abweichungen der 'Hinvart' vom Texte Pfeiffers sind nur ausnahmsweise angeführt.

10. Die Urheber von Konjekturen sind mit ihren Lesungen im Apparat verzeichnet und zwar

a) für die 'Hinvart' mit Namen und gelegentlich auch mit Titel und Seitenzahl der Veröffentlichung des textkritischen Vorschlags,

b) für die 'Urstende' meist nur mit Namensiglen, in wenigen Fällen auch mit Namen, Titel und Seitenzahl der Veröffentlichung. Namensiglen ohne Seitenzahl werden verwendet, wenn die Vorschläge überwiegend in der Reihenfolge des Vorkommens im Text geordnet sind (Ba, Spr, Si, Lei/Schr). Fechters Bibl. Nr. 46 gemachte Vorschläge werden mit Seitenzahl angeführt, die aus seinen Materialien übernommenen und seine brieflich gemachten Vorschläge in der Regel nur mit Fe.

Wird eine Konjektur später durch neu aufgetauchte oder herangezogene Hss. bestätigt, dann steht die Namensigle vor der/den Handschriftensigle/n. Der 'Schlüssel zu den Apparaten' führt von den Namen/siglen zu den in der Bibliographie (s. VII) genannten Veröffentlichungen, die die textkritischen Vorschläge enthalten.

11. Die Reihenfolge der Handschriftensiglen eines Lesarteneintrags richtet sich nach dem textkritischen Wert der Hss. und ist in der Regel die folgende

a) für die 'Hinvart': IFCDEGKABH,

b) für die 'Urstende': VWGMsWs. Für die Heinrich von München-Hss. wird die Gruppensigle W+ verwendet, die für WMsWs steht und in der Partie V. 1738–1836, wo G hinzukommt, für WGMsWs (s. IV.4).

Textkritisch relevante und textgeschichtlich aufschlußreiche Parallelen und Stellen in anderen Werken werden mit abgekürzten Autor- oder Werkbezeichnungen angeführt, die mit dem 'Schlüssel zu den Apparaten' genauer bestimmt werden können.

12. Nicht in den Apparat aufgenommen werden alle durch die graphische, lautliche, morphologische und metrische Normalisierung (s. VI.B.1ff.) bedingten Abweichungen der Überlieferung. Für die Haupthss. wird häufig und für andere wichtige Textzeugen gelegentlich von diesem Gesichtspunkt abgewichen. Zu den nicht aufgenommenen Abweichungen gehören u.a.:

– durch Apokope, Synkope verursachte Varianten und sonstige Erscheinungen des Nebensilbenvokalismus, z.B. Hinv. 205 *gedâhte*] *gedacht* I, 96 *lernte und lêrte*] *lernt und lert* C,

Urst. 100 u.ö. *mensche*] *mensch* so V immer; Hinv. 600 *ma-
get*] *magt* IF, 18 *stæte* (Subst.)] *stâti* A. Insbesondere wer-
den die in V nicht seltenen Formen mit nichtsynkopiertem
e nach *l, r* und kurzer offener Tonsilbe sowie nach den
Ableitungssilben *el, er* in der Regel nicht im Apparat do-
kumentiert, z.B. Urst. 173f. *varn : bewarn*] *varn : bewaren*
(daneben 5 × *varn : bewarn* in V), 1920 *varn*] *varen* V; 740
und 948 *wern*] *weren* V; 2116 *swernde*] *swerende* V; ferner
in den Reimen 899f., 1411f. Ebenso sind zu flektiertem *iu-
wern* des Textes nicht die Varianten von V angegeben (*iwe-
ren* 1536, vgl. auch App. zu 1397, *îvren* 476, *ivren* 1256;
iwren 290, 789, 1397) und zu *tiure, fiure* (D.Sg.) die Formen
von V mit *-er* statt ursprünglichem *-re* (*tiwer* 530, 550, 815,
1611; *fîvr* 226, *fiwer* 1102).
- Flexionsvarianten und sonstige Formvarianten, z.B. Hinv.
570 *ir reinem lîbe*] *irme reinen libe* B, Hinv. 389 *selbe*] *selber*
B; Hinv. 660 *chrône* (D. Sg.)] *cronen* F; Urst. 606 *erde*
(D.Sg.)] *erden* W +, vgl. App. zu 280; Hinv. 119 *wâren*] *wa-
rent* A; 134 *gebietet irz*] *gebietent ir es* A; Urst. 373 *seite*]
sagt W; 293 *dînem*] *dime* FB; Hinv. 305 *sus*] *sust* C; 433
oder] *och* F *ald* A; 104 *ieman*] *iemant* A; 25 *werlde*] *welte*
AB; *sw-*] *w-* bei verallgemeinernden Pronomina und Pro-
nominaladverbien usw.
- Wortzusammenziehungen, Getrennt- und Zusammen-
schreibungen, z.B. Hinv. 946 *siz*] *si es* AB, 292 *snêwîze*] *sne
wite* F, 914 *an daz*] *andaz* I usw.

13. In einem zweiten Apparat zur 'Urstende' V.
1516–2148 sind fortlaufend die 'Urstende'-Entsprechungen
zur Überlieferung der deutschen Prosaversion E des
'Evangelium Nicodemi' zusammengestellt, und zwar
nach der Hs. E[4] und, wenn E[4] keinen Text bietet, nach E[6].
Beide Textzeugen werden nach den Hss. zitiert; dabei wird
immer die Zeilenzählung der neuen auf E[6] basierenden Aus-
gabe von Achim Masser und Max Siller, Bibl. Nr. 17, ange-
geben, bei E[4] noch zusätzlich die Blattzählung der Hs. Eine
Tilde vor der 'Urstende'-Verszahl in runden Klammern deutet
eine bloß inhaltliche Korrespondenz an, ein Minuszeichen in

runden Klammern deutet auf fehlende Korrespondenzen.
Drei Auslassungspunkte in eckigen Klammern am Ende eines
Apparatblocks zeigen an, daß das anschließende Textstück
von E ausgelassen wurde, weil es keine Korrespondenzen bie-
tet. Abkürzungen und Nasalstriche sind in runden Klammern
aufgelöst. – Alle textkritisch relevanten Lesarten der Prosa-
version E des 'Evangelium Nicodemi' werden entweder im
Hauptapparat mit den Siglen E4 bzw. E6 angeführt und kön-
nen dann in ihrem Kontext anhand des zweiten Apparats ver-
glichen werden, oder es wird – bei weniger relevanten Ent-
sprechungen – auf die E-Überlieferung im Hauptapparat hin-
gewiesen. Entsprechendes gilt auch für die Hinweise auf die
Parallelen in den sonstigen Werken, auf welche 'Hinvart' und
'Urstende' gewirkt haben (vgl. oben Nr. 11).

Schlüssel zu den Apparaten

a) zur 'Hinvart':
zu den Siglen der Hss. A B C D E F G H I K s.o. III.2.

Fechter	= Werner Fechter s.o. II, S. XIX.
Hoffmann	= Bibl. Nr. 52.
Kindheit Jesu	= Bibl. Nr. 13.
v. Kraus	= Bibl. Nr. 35.
Leitzmann	= Bibl. Nr. 40, S. 273–281.
Lutwin	= Bibl. Nr. 15.
ML	= Philipps 'Marienleben', Bibl. Nr. 6.
Pfeiffer	= Bibl. Nr. 2.
Reinbot	= Bibl. Nr. 7.

b) zur 'Urstende':
Zu den Siglen der Hss. VWGMsWs s.o. IV.2; W + ist eine
Gruppensigle für WGMsWs oder WMsWs.

Ba	= Bibl. Nr. 24, bes. S. 328–330; Nr. 25 (zum Akrostichon).
Befr.	= Bibl. Nr. 11.
BMZ	= Benecke/Müller/Zarncke, Mhd. Wb. Leipzig 1854–66. Nachdr. Hildesheim 1963.

Bo	=	Bibl. Nr. 4.
E, E4, E6	=	Prosafassung des 'Evangelium Nicodemi', die Hss. E4 bzw. E6, s.o. VI.C.13.
EN	=	Heslers 'Evangelium Nicodemi' (ed. K. Helm).
Ev.Nic.	=	Das lat. 'Evangelium Nicodemi' nach der Ausgabe Tischendorfs Bibl. Nr. 18.
Fe	=	Bibl. Nr. 46, s.o. VI.C.10b.
Greg.	=	Bibl. Nr. 16.
Gund.	=	Bibl. Nr. 8.
Ha	=	Bibl. Nr. 1, S. 146f.
Haw.	=	Bibl. Nr. 10.
Lei	=	Bibl. Nr. 40, S. 281f.
Lexer	=	Matthias Lexer, Mhd. Handwb. Leipzig 1872-78. Nachdr. Stuttgart 1970.
Schr	=	Bibl. Nr. 40, S. 282.
Si	=	Bibl. Nr. 33, bes. S. 304-307.
Spr	=	Bibl. Nr. 30.
Wilhelm	=	Bibl. Nr. 60.
Wü	=	Bibl. Nr. 25.
Zwierzina	=	Bibl. Nr. 58.

Zum zweiten Apparat der 'Urstende', der die Überlieferung in E bzw. E4 und E6 erfaßt, s.o. VI.C.13.

VII. Bibliographie

1. Textausgaben

a) Konrad von Heimesfurt

1 Gedichte des XII und XIII Jahrhunderts. Hrsg. von Karl August Hahn. Quedlinburg/Leipzig 1840 (Bibl. der ges. dt. Nat.-Lit. 20), S. 103-128 ('Urstende').
2 Franz Pfeiffer, Mariae Himmelfahrt von Konrad von Heimesfurt. In: ZfdA 8 (1851), S. 156-200.

3 Paul Piper, Die geistliche Dichtung des Mittelalters. 1. Teil: Die
   biblischen und die Mariendichtungen. Berlin/Stuttgart 1888.
   (Dt. Nat.-Lit., hrsg. von Joseph Kürschner 3,1), S. 266–274.
4 Konrad von Heimesfurt, Diu urstende. In: Mittelalter. Texte und
   Zeugnisse. Hrsg. von Helmut de Boor. 1. Teilbd. München 1965
   (Die deutsche Literatur. Texte und Zeugnisse. Hrsg. von Walter
   Killy I/1), S. 104–106.
5 Alfred Heinzel, Konrad von Heimesfurt. Auszüge aus seinen
   Werken. Ausgewählt und frei in Prosa übertragen. Nördlingen
   1982 (Schriftenreihe der Arbeitsgruppe Heimatliteratur im Ver-
   ein Rieser Kulturtage e.V. 3). (Rez. durch Werner J. Hoffmann
   in: Germanistik 25, 1984, S. 812).

b) Sonstige deutsche Werke

6 Bruder Philipps des Carthäusers Marienleben. Hrsg. v. Heinrich
   Rückert. Quedlinburg/Leipzig 1853. Nachdr. Amsterdam 1966
   (Bibl. d. ges. dt. Nat.-Lit. I,34).
7 Der Heilige Georg Reinbots von Durne. Nach sämtlichen Hand-
   schriften hrsg. von Carl von Kraus. Heidelberg 1907 (Germani-
   sche Bibliothek 3. Abt., 1. Bd.).
8 Gundackers von Judenburg Christi Hort aus der Wiener Hand-
   schrift hrsg. von J. Jaksche. Berlin 1910 (DTM 18).
9 Die Neue Ee. Eine neutestamentliche Historienbibel hrsg. von
   Hans Vollmer. Berlin 1929 (Materialien zur Bibelgeschichte und
   religiösen Volkskunde des Mittelalters IV).
10 Havich der Kellner, Sankt Stephans Leben. Aus der Berliner
   Handschrift hrsg. von Reginald J. McClean. Berlin 1930 (DTM
   35).
11 Leopold Zatočil, Befreiung der Altväter (Ein Gedicht aus dem
   15. Jahrhundert, nach der Dessauer Handschrift Cod. 24 erst-
   mals herausgegeben). In: Sbornik Prací Filosofické Fakulty Bre-
   nénské University 1965, D 12, S. 75–93.
12 Dietrich Neuschäfer, Das Anegenge. Textkritische Studien,
   diplomatischer Abdruck, kritische Ausgabe, Anmerkungen zum
   Text. München 1966 (Medium Aevum 8).
13 Konrad von Fußesbrunnen, Die Kindheit Jesu. Kritische Aus-
   gabe von Hans Fromm und Klaus Grubmüller. Berlin/New
   York 1973.
14 Dat ewangelium Nicodemi van deme lidende vnses heren Ihesu
   Christi. Zwei mittelniederdeutsche Fassungen hrsg. von Achim

XCVIII   *Einleitung*

Masser. Berlin 1978 (Texte des späten Mittelalters und der frühen Neuzeit 29).

15 Mary-Bess Halford, Lutwin's Eva und Adam. Study – Text – Translation. Göppingen 1984 (GAG 401).
16 Gregorius von Hartmann von Aue. Hrsg. von Hermann Paul. 13., neu bearbeitete Auflage besorgt von Burghart Wachinger. Tübingen 1984 (ATB 2).
17 Das Evangelium Nicodemi in spätmittelalterlicher Prosa. Texte. Hrsg. von Achim Masser/Max Siller. Heidelberg 1987 (German. Bibliothek 4. Reihe. Texte und Kommentar).

c) Lateinische Quellen

18 Konstantin von Tischendorf, Evangelia apocrypha. 2. Aufl. Leipzig 1876. Nachdr. Hildesheim 1966.
19 Konstantin von Tischendorf, Apocalypses apocryphae. Leipzig 1886. Nachdruck Hildesheim 1966.
20 Monika Haibach-Reinisch, Ein neuer 'Transitus Mariae' des Pseudo-Melito. Textkritische Ausgabe und Darlegung der Bedeutung dieser ursprünglicheren Fassung für Apokryphenforschung und lat. u. dt. Dichtung des Mittelalters. Rom 1962 (Bibliotheca Assumptionis B. Virginis Mariae 5).
21 The Gospel of Nicodemus. Gesta Salvatoris. Edited by H[ack] C[hin] Kim. Edited from the Codex Einsidlensis Einsiedeln Stiftsbibliothek, Ms 326. Toronto 1973 (Toronto Medieval Latin Texts 2).
22 Katherine Anne Smith Collett, The Gospel of Nicodemus in Anglo-Saxon England. Phil. Diss. Univ. of Pennsylvania 1981.

2. Forschungsliteratur

a) Konrad von Heimesfurt

23 Albert Gombert, De tribus carminibus theotiscis. Diss. phil. Halle 1861.
24 Karl Bartsch, Konrad von Fußesbrunnen und Konrad von Heimesfurt. In: Germania 8 (1863), S. 307–330.
25 Richard Wülcker/Karl Bartsch, Der Dichter der Urstende. In: Germania 15 (1870), S. 157–161.

26 Elias Steinmeyer, Sündenklage. In: ZfdA 18 (1875), S. 137-144.

27 Franz Kramm, Über Konrads von Heimesfurt Sprache (Laut- und Formenlehre) und Verskunst. Seine »Himmelfahrt Mariae« im Verhältniss zu ihrer Quelle. Diss. Freiburg i. Br. Straßburg 1882.

28 Robert Sprenger, Die Legende vom Judenknaben. In: Germania 27 (1882), S. 129-144.

29 Elias Steinmeyer, Ist Konrad von Heimesfurt der Verfasser des Jüdel? In: ZfdA 27 (1883), S. 83-88.

30 Robert Sprenger, Zu Konrads von Heimesfurt Urstende. In: Germania 28 (1883), S. 85-88.

31 Th. von Grienberger, Salzburger Bruchstücke. Aus Konrads von Heimesfurt Mariae Himmelfahrt. In: Germania 31 (1886), S. 93-96.

32 Gustav Samšalovič, Über das Gedicht Marien Himmelfahrt des Konrad von Heimesfürte. Diss. Graz 1906. (handschriftlich, kein Exemplar mehr vorhanden).

33 Samuel Singer, Literarhistorische Miszellen. In: Untersuchungen und Quellen zur Germanischen und Romanischen Philologie. Festschrift Johann von Kelle. 1. Teil. Prag 1908 (Prager deutsche Studien 8), S. 303-315, hier S. 304-307.

34 Franz Heidingsfelder, Die Regesten der Bischöfe von Eichstätt. Innsbruck 1938 (Veröffentlichungen der Gesellschaft für Fränkische Geschichte. VI. Reihe). [1. Lieferung 1915]

35 Carl von Kraus, Mittelhochdeutsche Bruchstücke. I. Aus Konrads von Heimesfurt Mariae Himmelfahrt (V. 192-283). In: ZfdA 55 (1917), S. 296-298.

36 Ernst F. Kossmann, Ein Fragment der Hinfahrt Mariae von Konrad von Heimesfurt. In: Frankfurter Bücherfreund. [Mitteilungen aus dem Antiquariate Joseph Baer u. Co.] 12 (1914-1919), S. 217-220.

37 Lotte Kunze, Studien zu Konrad von Heimesfurt. Diss. phil. (masch.) Göttingen 1920. Auszug in: Jahrbuch der philos. Fakultät in Göttingen 1921, S. 149-156.

38 Ludwig Steinberger, Urkundliches zu Konrad von Hainsfahrt. In: Münchener Museum für Philologie des Mittelalters und der Renaissance 4 (1924), S. 99f.

39 Alban Stöckli, Neue Fragmente zu Konrads von Heimesfurt 'Hinvart Mariae'. In: ZfdA 65 (1928), S. 177-188.

40 Albert Leitzmann, Bemerkungen zu Konrad von Heimesfurt. In: ZfdA 67 (1930), S. 273-282 (S. 282 die textkritischen Vorschläge von Edward Schröder).

41 Paul Gichtel, Die Weltchronik Heinrichs von München in der Runkelsteiner Handschrift des Heinz Sentlinger, München 1937 (Schriftenreihe zur bayerischen Landesgeschichte 28).

42 Ludwig Denecke, Berliner Bruchstücke. 2. Konrad von Heimesfurt, Bruchstück G der Himmelfahrt Mariae. In: ZfdA 75 (1938), S. 58–63.

43 Walter Johannes Schröder, Konrad von Heimesfurt. In: VL¹ 5 (1955), Sp. 555–558; mit Nachtrag von Anton Dörrer zum Fragment H der 'Hinvart'.

44 Eduard Gebele, Konrad von Heimesfurt. In: Lebensbilder aus dem Bayerischen Schwaben. Hrsg. von Götz Freiherrn von Pölnitz, Bd. 8. München 1961, S. 42–51 (Schwäbische Forschungen bei der Kommission für Bayerische Landesgeschichte. Veröffentlichungen Reihe 3, Bd. 8).

45 Werner Fechter, Das Innsbruck-Wiltener Fragment der Mariendichtung Konrads von Heimesfurt. In: ZfdA 105 (1976), S. 194–201.

46 Werner Fechter, Zum Text der 'Urstende' Konrads von Heimesfurt. In: PBB (Tüb.) 99 (1977), S. 78–98.

47 Kurt Gärtner, Die Überlieferungsgeschichte von Bruder Philipps Marienleben. Habil. Schr. (masch.) Marburg 1978.

48 Werner Fechter, Konrad von Heimesfurt. In: NDB 12, Berlin 1980, S. 542f.

49 Werner Fechter, Konrad von Heimesfurt. In: VL² 5 (1985), Sp. 198–202.

50 Kurt Gärtner/Werner J. Hoffmann, Zur Neuausgabe der Werke Konrads von Heimesfurt. In: Mitteilungen des Deutschen Germanistenverbandes 33 (1986), S. 25–27.

51 Werner J. Hoffmann, Die Überlieferung der Werke Konrads von Heimesfurt. In: Deutsche Handschriften 1100–1400. Oxforder Kolloquium 1985. Hrsg. von Volker Honemann und Nigel F. Palmer. Tübingen 1988, S. 82–109.

52 Werner J. Hoffmann, Konrad von Heimesfurt. Untersuchungen zu Quellen, Überlieferung und Wirkung seiner beiden Werke 'Unser vrouwen hinvart' und 'Urstende'. Diss. phil. (masch.) Trier 1987.

b) Lateinische Quellen

53 Richard Paul Wülcker, Das Evangelium Nicodemi in der Abendländischen Literatur. Nebst drei excursen. Paderborn 1872.
54 Ernst von Dobschütz, Nicodemus, Gospel of. In: James Hastings, A Dictionary of the Bible. Bd. 3. 1900, S. 544-547.
55 Heinrich Lausberg, Zur literarischen Gestaltung des Transitus Beatae Mariae. In: Histor. Jb. 72 (1953), S. 25-49.
56 Guy Philippart, Fragments Palimpsestes Latins du Vindobonensis 563 (V\ siècle?). Évangile selon S. Matthieu. Évangile de l'enfance selon Thomas. Évangile de Nicodème. In: Analecta Bollandiana 90 (1972), S. 391-411.

c) Sonstiges

57 Elias Steinmeyer, Rezension zu: Konrad Hofmann/Wilhelm Meyer, Lutwins Adam und Eva. Tübingen 1881 (StLV 153). In: AfdA 8 (1882), S. 222-230.
58 Konrad Zwierzina, Mhd. Studien. ZfdA 44 (1900), S. 1-116, 249-316, 345-406; 45 (1901), S. 19-100, 253-419.
59 Edward Schröder, Fragmente aus Gundacker von Judenburg und Heinrich von Hesler. In: ZfdA 50 (1908), S. 386-391.
60 Friedrich Wilhelm, Sanct Servatius oder wie das erste Reis in deutscher Zunge geimpft wurde. Ein Beitrag zur Kenntnis des religiösen und literarischen Lebens in Deutschland im elften und zwölften Jahrhundert. München 1910.
61 Kurt Stübiger, Untersuchungen zu Gundacker von Judenburg. Berlin 1922 (Germanische Studien 15). Nachdr. Nendeln (Liechtenstein) 1967.
62 Arnold Schirokauer, Studien zur mhd. Reimgrammatik. In: PBB 47 (1923), S. 1-126.
63 Emil Baumgarten, Lateinische und mittelhochdeutsche Stephanslegenden. Diss. phil. (masch.) Halle 1924.
64 Hugo von Kleinmayr, Handschriftliches zur Pilatuslegende. In: ZfdA 62 (1925), S. 241-250.
65 Erich Klibansky, Gerichtsszene und Prozeßform in den erzählenden deutschen Dichtungen des 12.-14. Jahrhunderts. Berlin 1925 (Germanische Studien 40). Nachdruck Nendeln (Liechtenstein) 1967.
66 Gertraudt Wehowsky, Schmuckformen und Formbruch in der deutschen Reimpaardichtung des Mittelalters. Diss. Breslau 1936.

67   Werner Fechter, Eine Sammelhandschrift geistlicher Dichtungen des 12. u. 13. Jahrhunderts (Wien 2696). In: Festgabe für Friedrich Maurer. Düsseldorf 1968, S. 246–261.

68   Kurt Gärtner, Die Reimvorlage der 'Neuen Ee'. Zur Vorgeschichte der neutestamentlichen deutschen Historienbibel. In: Vestigia Bibliae 4 (1982), S. 12–22.

69   Betty C. Bushey, Neues Gesamtverzeichnis der Handschriften der 'Arabel' Ulrichs von dem Türlin. In: Wolfram-Studien 7 (1982), S. 228–286.

70   Kurt Gärtner, Philipps 'Marienleben' und die 'Weltchronik' Heinrichs von München. In: Wolfram-Studien 8 (1984), S. 199–218.

71   Kurt Gärtner, Zur Überlieferungsgeschichte des 'Passionals'. In: ZfdPh 104 (1985), S. 35–69.

72   Gisela Kornrumpf, Heldenepik und Historie im 14. Jahrhundert. Dietrich und Etzel in der Weltchronik Heinrichs von München. In: Geschichtsbewußtsein in der deutschen Literatur des Mittelalters. Tübinger Colloquium 1983. Hrsg. von Christoph Gerhardt/Nigel F. Palmer/Burghart Wachinger. Tübingen 1985, S. 88–109.

73   Karin Schneider, Gotische Schriften in deutscher Sprache. I. Vom späten 12. Jahrhundert bis um 1300. Textband u. Tafelband. Wiesbaden 1987.

Unser vrouwen hinvart

Ein jäger âne gejägedes list   *Beginn AB*   1
der doch an jagenne strîtic ist,
der volget dem wilde
walt und gevilde.
5 ich wæne er wênic schiuhe   5
slihte oder riuhe,
ebene, berc oder tal.
sîn chriegen machet tieres val,
daz jenen vil lîhte vergât
10 der chunst und minren willen hât.   10
als ist ein ieglîch chunst.
hât si swære begunst,
– daz doch vil lîhte geschiht –,
durch daz geloube man sich ir niht
15 und versuoche ez doch die lenge;   15
wan nâch trûrigem anegenge
dicke ein vrœlich ende chumt.
stæte an allen dingen frumt.
Bî disen dingen nim ich rât,
20 ich armer phaffe Chuonrât,   20
geborn von Heimesfurt.
rîcheit und hôchgeburt,
chunst, zuht und hovewîse,
swaz eine*m* man ze prîse
25 in dirre werlde mac gefromen,   25
des bin ich wênic vollechomen.
swie chranc ich doch an sinnen sî,

Werktitel nach V. 76; Überschrift in B: Diß ist vnser frowen himelfart. *Vgl. zu*
201. **1** *Mehrzeilige Initiale AB.* ieg^s *A,* jåger *B.* iagendes *B.* **3** volget
noch *B.* **6** schlecht *B.* **8** wildes *B.* **9** einen *B.* **12** swæren *A.* **13** Das
villichte beschîcht *B.* **14** er lobe sich er nîcht *B.* man *streicht Pfeiffer.*
15 ez] er *B.* **17/18** kumet : frumet *AB.* **19** *Initiale A.* **20** Cůnrat *AB.*
21 himels fůrte *A,* heimes (*auch* hennes *zu lesen ist möglich*) wùrte *B,* Hei-
mesfürte *Pfeiffer.* **22** und *fehlt B.* hoch gebùrte *AB,* hôchgebürte *Pfeiffer.*
23 und *fehlt B.* **24** Vnd was einen man prise *B.* ain *A.* **25/26** gefrumen :
vollekumen *B.* **25** An *A.* **27** doch *A*] aber *B Pfeiffer.* synne *B.*

mir wonet ein gedinge bî
daz got des armen willen hât
30 für eines rîchen argen rât. 30
    Vil manic man hât chünste hort
und hilt si doch reht als ein mort,
daz ieman von im *iht* verneme
dâ bî man guot bilde neme.
35 sô*ne* stât mîn ahte niender sô. 35
chunde ich iht, des wære ich vrô;
möhte ich daz gebreiten,
sînen ursprunc geleiten
mit rinnelîn*en* durch diu lant,
40 sô würde mîn chrancher sin bechant 40
für jenes überigen sin,
der reht als ein gerœtet zin
mit dem lîbe ein ende hât
sô der tôt an im sîn reht begât. 44
45 dâ von was diz ie mîn ger a
daz mîn behügede nâch mir wer, b
und doch sô verre durch die salben niht c
von der der herre Davîd giht, d
diu daz houbet begiuzet e
50 und nâch der werlde lôn vliuzet, f
sô durch die diu dâ sinnet g
ze tal und rinnet h
durch des hern Aarônes bart; i
wan jeniu bediutet hôchvart, k
55 sô bezeichent disiu diemuot; l
diu ist gote liep und doch der werlde guot. m

28 Doch wont mir *B Pfeiffer.*   ain gût gedinge *A.*   30 rât *AB*] tât *Pfeiffer.*
31 *Initiale A.*   32 reht *fehlt B.*   einen *B.*   33 iht *Pfeiffer*] niht *A, fehlt B.*
35 sône] So *AB.*   niendernt *A,* niergen *B.*   37-39 *Vgl. Kindheit Jesu V.*
2720-22 mit Lesarten.   37 Môht *A,* Vnd móchte *B.*   beraiten *getilgt vor*
gebraiten *A.*   38 Siner *A.*   39 das lant *B.*   rinnelin *B,* rùnselin *A.*
41 vbrigen *A.*   42 gerôtet *B,* gerotet *Sprenger,* gerôtes *A.*   44 sîn reht *fehlt*
A.   an *korrigiert aus* am *B.*   45-56 *fehlen B Pfeiffer; vgl. Leitzmann 274f.*
46 behùgde *A.*   50 welte *A.*

Diu heilige schrift was wîlen ê   *Beginn C*   45
Ebræisch in der alten ê.
dô wart si sus gemêret:
60   in Chriechisch verchêret,
dar nâch in Latîne brâht.
sît wart diz alsô bedâht   50
von genuogen die tihten chunden,
swaz si solher mære funden
65   von mislichen oder von wâren
diu doch guot ze hœrenne wâren,
wie si die tiutschen tihten   55
und ze solhem sinne rihten,
daz si ein ieglîch man
70   der doch der buoche niht enchan
wol endelîche vernimt
und baz ze hœrenne gezimt.   60
der selben hân ich einez,
daz süezer nie deheinez
75   von menschen geschriben wart:
von unser vrouwen hinvart,
wâ oder wie si belibe,   65
wer dâ was und wer diz schribe.
    Dô die heiligen zwelfboten,
80   als in von gote was geboten,
sich teilten wîten in diu lant,
dô wart in Âsiam gesant   70
Jôhannes ewangeliste,
der unserm herren Christe   72

---

57 *Initiale AC.* was *fehlt A.* wilunt *A,* wylent *B.* **58** ebraisch *C,*
Eberaisch *A,* Hebreysch *B.* **59** sust *C,* so *AB.* **60** Ze kriechen *AB.* **62** Do
AB. aber sitt gedacht *B.* dizze *C,* des sit *A.* **63** Von den die *AB.* **64** Swa
(Wo *B*) si iht *AB.* **65** *fehlt B, doch eine Zeile freigelassen.* misselichen *A.*
66 *fehlt A.* Die *C,* Die do *B.* zů sagenne *B.* **67** Dc sů die *AB.* in
tůschen *A,* ze tútsche *B.* **68** zu sőlhen dingen *C.* **69** iesleich *C.*
71 endleich *C,* zereht *AB.* **72** Vnd im *A.* ze hőern *C,* zů hőrende baß *B.*
73 sag ich *B.* **74** *fehlt A.* **76** hin ewart *A,* hineuart *B.* **77** Wie vnd wa div
(sy *B*) belaip *AB.* *Nach* si *zwei Buchstaben (e und* s*) durchgestrichen in C.*
78 diz *fehlt C,* dc *A.* schreip *B,* schraraip *A.* **79** *Initiale CAB.* **80** wart
AB. **81** wite tailton *AB.* **83** Sant iohañes *C.* **84** Da er *AB.*

85 durch sînen götlîchen ruom   a
    stifte siben bistuom
    ze helfe der christenheite,   74
    die er vil wol bereite.   a
    er sazte ouch bischofe dâ,   75
90 und fuor er predigen anderswâ.
    Sardiâ daz eine hiez,
    und der herre den er dâ liez
    ze fürsten über allez daz lant,
    der was Militô genant.   80
95 der minnete und vorhte got;
    er lernte und lêrte sîn gebot,
    wand er sich des wol enstuont,
    alsô die wîsen alle tuont,
    daz ez den meister êret.   85
100 der wol tuot und wol lêret,
    dem ist ouch ze volgenne guot.
    swer aber selbe niht entuot   *Beginn D*
    daz er den andern lêret,
    deste min sich ieman chêret   90
105 an dehein sîn lêre,
    want sîn lêre ist âne êre.
    sône lêrte dirre herre niht.
    chunde er oder vant er iht
    daz ze gotes êren tohte,   95
110 swaz er des immer mohte
    für bringen, daz tete er;

85 *fehlt AB.*   86 Stiftet (ft *nochmals zur Verdeutlichung übergeschrieben*) siben weistuê *C*, Siben bistum stifte vñ laite *A*, Syben bisthům stiffte *B*. 87 Vnd lerte zů helffe criste *B*.   88 *fehlt AB.*   89 Vnd (Er *B*) sazste *AB*. satzzet *C*. ouch] die *C*. da *anscheinend aus* dar *gebessert C*.   90 bredion *A*. 91 Sardania *AB*.   92 Den er ze herren da inne ljes *AB*.   93 Vnd ze bischôfe *AB*. alz *C, fehlt AB*.   94 milto *AB*.   95 Er *A*.   96 Vnd laiste ŏch gˢne sin gebot *A*.   97 vil wol ůstůnt *AB*.   98 Als *A*, Als noch *B*.   99 Das er *B*. 100 *Zweites* wol *fehlt B*.   102 *Mit* selb *setzt D ein.* selbe *CD*] des *A*, das *B*. tůt *B*.   103 des *B*.   104 Dester min *C*, Dester myner *D*, Dest minrre *A*, Deste mÿnder *B*. sich *fehlt D*. anchert *C*.   106 Des lere *AB*. deu ist *C*. 107 So *C*, Schone *D*, Also *AB*.   108 Beuand (Wann wúste *B*) odˢ kund er iht *AB*.   109 gotte *A*.   110 Swa er dc *A*.   111 Pringen *C*, Volbringen *D*.

und was daz allez sîn ger
daz er den immer wernden hort,
der sêle spîse, daz gotes wort 100
115 den gotes chinden teilte.
mit grôzem vlîze er heilte
die an der sêle wâren wunt;
der machte er harte vil gesunt.
Nû wâren chôrherren dâ 105
120 in der stat ze Laodicîâ,
die santen dicke ir boten her
und bâten den herren daz er
in diu gewissen mære
sante, ob im chunt wære 110
125 umb unser vrouwen wie diu belibe, 112
die wârheit an einen brief schribe. 111
der vil heilige Militô
schreip in hin wider alsô
diu bescheidenlîchen mære, 115
130 als im ir phlegære
sant Jôhannes seite, 117
wie ez ze ir hinleite a
und ze ir antvange ergie. b
alsô tuon ich iu, gebietet irz hie. 118
135 **D**ô got allez daz erleit 119
daz noch diu schrift von im seit: 120

---

112 Daz was *C*. allez *B*, ållù *A*, immer *CD*. gier *C*. **113** langen werben erhoert *C*, langen v̊den hört *D*. **119** *Initiale DA*. **120** In ainer stat hies lodica *AB*. **121** dicke *CD*] im *AB*. **122** *D*] Zu dem herren *C*, Si enbuttent disem herren *A*, Vnd enbutten im *B*. **123** In div (Indien *B*) gewissen måre (were *B*) *AB*. **124** sante ob *CD*] Ob es *AB*. **125/126** *umgestellt in AB:* An ainen (einem *B*) brief schribe (wider schribe *B*) Von v̇nser vrǒwen wa si belibe. **126** an einem brieff geschribe *D*. **127** *Initiale bzw. Majuskel C*. Der hailige man milto *AB*. vil selich *C*. **128** Der sraib *C*. in *AB*] *fehlt CD*. her *B*. **129** Deu pesaidenleichen (-leich *D*) mere *CD*, Div gewissen måre *AB*. **130** Als es im *D*. in *B*. **131** Sant Iohans (iohannes *B*) wissen lie *AB*. iohanns *D*. **132/133** *fehlen AB*. **132** zir *D*, hin z̊ ier *C*. **133** Vnd czier entvang *D*, Oder vm ier anuange *C*. **134** Das selben wil ich kúnden hie *B*. Als *A*. gepeitet *C*. ir es *A*. **135** *Initiale CAB*. der lait *C*. **136** Das man noch hivte von im sait *AB*.

geburt, marter, urstende,
und zuo der zeswen hende
ze himel sînes vater gesaz;
140　noch seit uns diu schrift daz,　　　　　　　　125
ê er an dem chriuze ersturbe,
daz er sîner muoter erwurbe
an dem vil reinem manne,
dem süezen sant Jôhanne,
145　einen getriuwen phlegære,
und daz er ir enpholhen wære.　　　　　　　　130
er enphalch in ir an sunes stat;
den junger er dâ wider bat
daz er ir triuwe bære
150　als si sîn muoter wære.
sus beliben si ungescheiden.　　　　　　　　135
ez wart ouch von in beiden
wol behalten diz gebot
unz hin daz unser herre got
155　die zwelfe von ein ander schiet
und in gebôt unde riet　　　　　　　　140
daz si sich teilten in diu lant　　　　　　　　a
und tæten sînen namen erchant　　*Ende C*　　b
und den gelouben lêrten　　　　　　　　141
160　und die heidenschaft verchêrten
und touften in den namen drin.
sus fuor der her, der ander hin,
ieglîcher als im geboten wart,　　　　　　　　145

---

139 ze himel *fehlt* C. saß B. **140** dù bůch sagont ivns das AB. **141** Ee das D, Do AB. erstarp AB. **142** der burue C, erwarp A, e erwarp B. **143** An dem getrùwē A, Mit dem milten B. suez *vor* rainem *durchgestrichen* C. **144** suezzem C, milten A, getruwen B. sant *fehlt* D. **145** Ainen (Ir B) gewissen AB. **146** Vnd das aüch ir D, Vnd ŏch er im A. beuolhen B, beholfen A. **147** beualh AB. ir an C] ir an des D, an ir A, ir an ir B. **148** Der jünger der er dar D. Sinen iung⁵ A, Sante Johannē B. **149** ir] in A. getreu bere C, trewe wer D. **150** Sam D. **151** *Initiale* A. Also D, Des AB. **152** ouch *fehlt* AB. **153** das AB. **154** hin *fehlt* B. **155** zwelf C, czweliff D. **156** Vnd sy wiste B. vnd in rietht AB. v̄d CD. **157/158** *fehlen* AB. **158** seinen namen täten D. sein nam C **159-238** *fehlen in* C *wegen Lagenverlust.* **159** Das si den AB. **160** bekertin AB. **162** Also D. *erstes* der D] ain⁵ AB. **163** Als ir (*fehlt* B) ieglichem AB. Ytleicher D.

alsô schihte sich ir vart.
165 Jôhannes chêrte in Âsiam. Beginn K
unser vrouwen er doch ê nam
und schuof ir herberge
ze Syôn bî dem berge 150
dâ bî Jerusalêm der stat.
170 den wirt er vlîzeclîchen bat
daz er ir guot war næme
unz daz er wider quæme.
den er ze wirte ir gewan, 155
der was ein alsô guot man
175 daz er si vil schône behielt,
wand er ganzer triuwen wielt.

  Swem nû herzeleit geschiht
und in des leides anders niht 160
wan leit mit leide ergetzet,
180 sô leit ze leide setzet
daz leides nimmer ende wirt
dâ leit mit herzeleide swirt,
dem aller leidest ie geschach, 165
des leit und sîn ungemach
185 gelîchet sich unnâch her zuo:
dô disiu edel vrouwe nuo
des grimmen herzeleides *phnehen*
vil chûme hæte ein teil verjehen 170

---

164 Alsust *B.*   schihte *AD Leitzmann 275*] schiet *B.*   **165-192** *In K nur die Enden von längeren Versen erhalten.*   **165** fůr *AB.*   **166** e herberg nam *B.*   **167** Er gewan ir *AB.*   ir doch *D.*   **168** By zison dem berge *B.*   Cze syon *D,* Ze ỳson *A.*   vf dem *A.*   **169** Nach (Nohe *B*) bi *AB.*   **170** *A(K)*] flisseclich *B,* fleizzig *D.*   **171** guot *A*] wol *D, fehlt B.*   **172** Vntz er dar *B.*   **173** ir zewirte *A.*   **174** Daz *D.*   also ein güet man *D,* ain als (so *B*) gůtˢ man *AB.*   **175** wil schöne *D,* harte wol *A,* wol *B.*   **176** vil ganzˢ *AB.*   tugende *A.*   **177** *Initiale DAB.*   WEm *B.*   **178** im *A.*   **179** Want *D,* Wan *AB.*   **180** So lait sŏlich lait sezzet *A,* Sollich leit so leit entsetzet *B.*   **181** niemer leydes *B.*   **182** Swa *A,* Wo *B. ABK*] wirt *D.*   **183/184** = *Reinbot 811f.*   **183** Wem *DB.*   beschach *AB.*   **184** sîn *D*] des *AB.*   **185** Gleicher (*sic!*) vnnach er czü *D,* Glichet sich vil nach *B (Dreireim).*   Gelichte *A.*   **186** *fehlt B.*   Da *DA.*   edlew *D.*   **187** Hertze (*wohl das 185 fehlende* her zuo) irgrym̄en hertzleides phrehen *B,* Ir grimm̄e laides hˢze brehen *A.*   ...le[id]es brehn *K.*   phnehen *Leitzmann 275*] brehen *DAK.*   **188** ain tail hate *AB.*   verjehen *AB*] verphlegen *DK.*

daz si ir chint martern sach,
190   des tôt ir durch ir herze brach
und erschutte ir diu lide alsô gar
daz ir die trähene bluotvar   *Ende K*
ze den ougen ûz wielen   175
und über diu wangen vielen.
195   der eislîchen ungehabe
was si sô vil chomen abe
daz si ein mâze nû begie
und etwenne ir weinen lie.   180
Diz stuont alsô zwei jâr
200   – daz sagent diu buoch für wâr –,
daz diu maget reine   *Beginn I*
eines tages alters eine
in einer chemenâten saz   185
und worhte ich enweiz waz.
205   si gedâhte aber an ir schaden
dâ mite ir herze was beladen,
unz si vil sêre weinte.
wan als dicke si sich vereinte,   190
sô was daz immer ir site.
210   si dûhte, ir wære dâ mite   *Beginn K*
baz danne mit anders iht.

189 Do sy ir marter sach *B*.   ir liebes kint *A*.   **191** ersûchte *AB*; *vgl. Lutwin,*
Eva und Adam, ed. Halford 3434ff. Der bitterliche smertze Ersuchete gar ir
hertze Und alle ire glide darzu.   diu *fehlt D*.   lit *A*, leid *D*.   alsô *fehlt B*.
192 trahen *D*, trehen *A*, trehene *B*.   **193** Von den *AB*.   awz vilen *D*, wielen
B, vielen *A*.   **194** vielen *DB*] wielen *A*.   **195** Der vreisleichen *D*, So
egschlicher *A*, So engestlicher *B*.   **196** si nu *AB*.   kome *A*.   **197** *D*] nû eine
maße *B*, ane masse *A*.   **199** Initiale *AB*.   alsô *D*] dar nach *A*, gar noch *B*.
200 Diß sagent vns *B*.   sprechent *A*.   **201** *Überschrift* Von sand marien tod
I.   Maria dev magt raine *mit M-Initiale I*.   vil raine *A*.   **202** alters *fehlt B*.
203 In ir *D*.   chominaten *I*.   **204** und] Si *A*.   enwarcht *I*, vorchte *B*.   ich
enwaiz nicht *I*, ein weiz *D*.   **205** Vnd gedahte (Do gedachte sy *B*) an ir alten
(ersten *B*) schaden *AB*.   Sy begund denkchen an *D*.   **206** mit *IDA*.
geladen *A*, über laden *B*.   **207** Vnz daz *AB*.   vil *fehlt AB*.   **208** Als dickch
so si veraynte *D*, Wenne sy vereinte *B*.   **209** Do *A*.   **210-236** *in K nur*
Versanfänge von ein (meistens) bis drei Buchstaben erhalten.   **210** Vnd duhte si
dc ir da mitte *AB*.   Sy bedaücht das ir *D*.   wer wol da mit *I*.   **211-261** *D mit*
Textverlusten, da Zeilenenden abgeschnitten; die Ergänzungen von v. Kraus nicht
immer angeführt.   **211** Wâre bc *A*, Bas were *B*.

nû ensûmte sich der engel niht,
Gabriêl dem si enpfolhen was; 195
als diu sunne durch daz glas
215 quam er dar in daz nie enwart
diu tür entslozzen noch enspart,
und frâgte waz daz meinte,
daz si sô tiure weinte. 200
   Unser vrouwe antwurte im dô:
220 'des gât mir nôt, bin ich unvrô,
mir ist *leides* mêr geschehen
dann iemen leides müge verjehen,
und gihe der wârheit an dich. 205
dar zuo wellent die juden mich
225 lästerlîche ersterben
und mînen namen verderben.
diu sorge tuot mir vil wê
und doch der jâmer michels mê 210
den ich nâch mînem sun hân,
230 daz er mich alsô hât eine verlân. 212
ich wæne si alle sîn vervarn a
die mich dâ solden bewarn. b
lebet aber ir deheiner noch, c
die sint sô verre daz si mir doch d
235 ze deheinen staten mügen chomen e

212 ...te sich *D*. en- *fehlt A*. ensavmet *I*. 213 enpfolhen *I*] bewolhen *A*,
beuolhen *B*, bev... *D*. 214 Sam *B*. ein svnne *I*. schinet durch *B*. daz]
ganzes *A*; *vgl. Leitzmann 275*. 215/216 *I(D)(K)*] Als (So *B*) kom er zû ir in dc
hus Ane krachen (krach *B*) vnd ane sus *AB*; *vgl. 411/412 und Leitzmann 275*.
215 dar...nie *D*. 216 tör *D*. entsprart *I*. 217 und *I(K)*] Er *AB*. ...vragte
D. vragte si *A*. mainde *AB*. 218 tevwer *ID*, sere *AB*. wainde *AB*.
219 *Initiale DK*. Unser *D(K)AB*] Dev *I*. jm antwurt *DB*. 220 Es tût *AB*.
ich bin *A*. 221 Wan mir noch laider ist beschehen (ge- *B*) *AB*. Wan mir
D(K). leidens me *D*, zelaide mer *I*. 222 Den *I*, Denn *B*. iemans leyde *B*.
leidens *D*. 223 gich *I*, czie *D*, zühe *AB*. der] die *AB*. 225 Lesterleich *I*,
Läster... *D*. 227 sorge *I*] s... *D* (sw *liest v. Kraus und ergänzt* swere, *aber* »w
nicht eindeutig zu erkennen, eher n *oder* m *oder* u« *Fechter*), vorhte *AB*. vil
fehlt I. 228 noch *A*. michel *D*. mer *I*. 230 so *D*, alsus *AB*. eine] ain
nachgetragen I, fehlt DAB. 231-236 *ID(K)*] *in A nach 298, fehlen in B*.
231 V... *K*. ...si sein all veruarn *D*. sint *A*. vercorn *mit undeutlichem* co *I*.
232 dâ *fehlt IA*. 233 chainer *I*, chaine *D*. 234 Der ist *A*. das er *A*.
235 chainen *ID*, enhainen *A*. mag *A*.

noch ze mîner swære gefromen.   *Ende K*   f

alsô zergânt mir mîne tage.'   213

der bote sprach: 'dirre chlage

solt dû dich, vrouwe, mâzen   *Beginn C*   215

240 und solhen jâmer lâzen.

aller vreuden vrouwe, vreuwe dich!

jâ vreuwet von dînen vreuden sich

swaz vreuden dâ ze himel ist.

und dîn sun, unser herre Christ,   220

245 der sante mich her daz ich dir sage,

dû scheidest an dem dritten tage

von disen arbeiten

hin dâ wir dir bereiten

und uns her vil lange   225

250 gegen dînem antvange

gevreuwet und bereitet hân.

dâ solt dû chüniginne stân

in dem obristen trône

mit zepter und mit chrône   230

255 ze des chüniges zeswen sîten,   a

dâ dich ê vor manigen zîten   231

der herre Davîd chümftic sach   232

und ez an dem salme sprach   a

---

236 ze minen nôten *A.*   gefrvmen *I.*   **237** Alsust *B.*   mir *fehlt B.*
238 engel *AB.*   vrowe disev chlag *I.*   der clage *A.*   **239** Dar an scholt *I.*
vrouwe *fehlt IA.*   **240** alles truren *AB.*   **241** Aller vrovwen *I,* Der frôiden *B.*
freude *C.*   nu freue *C.*   **242** jâ *ID*] Want *C,* Joch *AB.*   vrevnt *I.*   sinen *B.*
243 Was do zu himelriche ist *B.*   vreude *C.*   **244** und *ID*] Wand *C, fehlt AB.*
her⁵ ih... *D* (ihesus christ *ergänzt v. Kraus*).   **245** *fehlt B; dafür 247 auf zwei*
Verse erweitert.   Hat mich her gesant *A.*   **246** Du solt *AB.*   **247** *Zwei Verse*
in B: Scheiden von dirre clage Vnd von disen arbeiten.   Von dier belt arbaiten
CD.   Schaiden von *A.*   **248** vrôde dir *A,* dir frôide *B.*   **249** Hawen vnd *I.*
her *ICD*] nu *AB.*   **250** Mit lobe vnd ôch *(fehlt B)* mit sange *AB; vgl. Leitz-*
mann 275.   anvange *IC,* anevange *D.*   **251** Gen dir geurôwet vñ bereitet *A,*
Gein dir bereitet *B.*   **253** obristem *I,* ôbersten *B.*   **254** ...vnd *D.*   zeptro *C.*
255-258 *in AB auf zwei Verse verkürzt:* Da dich der hʳre dauid Kùnftig sach vor
mâng⁵ zit.   **255** Zv *I,* Pei *CD.*   chüniges *fehlt I.*   **256** ...doch vor *D.*
257 der herre] Der chûnech *C,* Der chün... *D, fehlt I*; der herre *nach AB,* siehe
zu 255-258; vgl. 48 und Urst. 1844.   chvnftich *IC,* ...tig *D.*   **258** Vnd daz *C.*
an seinê *CD.*   salme pr... *D* (prach *ergänzt v. Kraus*).   salm *IC.*

	alsô noch stât geschriben dâ:	233
260	»astitit reginâ	
	a dextris tuis.»	235
	dâ machet er uns des gewis	
	daz dûz diu chüniginne bist,	
	diu dâ sô wol gechleidet ist;	
265	von golde glîzet dîn wât,	
	diu maniger gelfe varwe hât.'	240
	Diu vrouwe sprach: 'vil reiner bote,	a
	sît dû mir chündest von gote	b
	die vart die ich nû varn sol,	c
270	nû tuo durch in alsô wol,	d
	belîbe bî mir und hüete mîn	e
	daz mich die widerwarte sîn	f
	niender schrecken an dem wege.'	g
	der bote sprach: 'vrouwe, mîner phlege	h
275	sol dir vil undurft geschehen.	i
	ob sich die vîende lâzen sehen,	k
	daz enruoche; si *en*schadent dir niht.	l
	ir brogen ist wider uns enwiht.	m
	si müezen in gotes haz varn!	n
280	er wil dich selbe bewarn,	o
	des chintamme dû wære,	p
	den dû muoter maget gebære.	q
	er hât dir, vrouwe, diz gewant *Beginn F* 241	
	und disen palmen gesant,	
285	der wuohs in dem paradîse.	
	mit dem selben rîse	

259 Als iz stet noch g. da *I*, Als wâne ich da g. sta *A*.   noch *fehlt B*.
262 Also tuet er *C*, ...ht er *D*, Da mitte tût er *AB*.   macht *I*.   des *fehlt CDAB*.
263 du die *B*.   diu] de *I*.   **264** dâ *fehlt DAB*.   beklaidet *AB*.   **265** seinet
gar *C*, gleisset... *D*.   dîn] die *B*.   wât *CAB*] gewant *I*.   **266** maniger gelf *I*,
mânger hande *AB*, manige spehe *D*, manege (*aus* mane *mit übergesetztem* ge)
C.   **267–282** *nur in I*.   **267/268** pot : got *I*.   **273** Nindert *I*.   **276** vinde *I*.
277 en- *fehlt I*.   **280** selber *I*.   **281** chint amme *I*.   **283/284** *in AB:* Er hat
dir vrôwe her gesant Disen balmen vñ schône (dis *B*) wis gewât.   **283** *Initiale*
A.   ...gewant *F*.   ...t *K*.   **284** palm *I*, palme *C*.   her gesant *CD*.   **285** Der
... dem *D*.   wuesch *I*, buegse *C*.   im *A*.   **286** disem *DAB*.   selben]
wüncleichem *D*.

chündet er dir den wâren vride 245
wider alle des tievels lide,
wider ir haz und wider ir vâre.
290 den sol man vor der bâre
tragen dâ man dich ûf treit.
diz snêwîze rêchleit 250
solt dû an dînem lîbe haben.'
'ei lieber, wer sol mich begraben
295 oder wer bringet mich dar?
werdent mîn die juden gewar, 255
si erzeigent mir ir alten haz.
mînem sun ze leide tuont si daz.
wære doch Jôhannes hie,
300 den mir mîn sun ze sune lie 258
und mich ze muoter im beschiet a
und mir an sîn helfe riet, b
und der andern junger etlich, 259
die bereiten des si chunden mich. 260
305 sus tuot ez leider ich enweiz wer.'
'vrouwe, si choment alle her
hiute ê vil tages ergê

287 ...er dir *D.*   So chundet *C.*   dir *fehlt B.*   den *fehlt C.*   288 Bidˢ des
ϑbeln tieuels *C.*   289 Vnd widˢ aller siner (alle sine *B*) vare *AB.*   290 man
von jüngerer Hand nachgetragen F.   vor] mit *B.*   291 dâ] so *B.*   hin trait *AB.*
292 Das *DB.*   sne weizzes *I.*   sûsse wiß *B.*   rêchleit = rêkleit *Leitzmann*
275f.] rech chlaid *C,* reichs chlait *I,* ...eich chlait *D,* eren cleit *B,* cleit *FA.*
293 Daz solt du an haben (haben *über durchgestrichenem* tragế) *C.*   Daz dv
scholt *I.*   dem *I.*   tragen *A.*   294 ei lieber *I*] Nv *F,* Si sp̂ach aube *C,* Owe
AB.   ... schöl mich begraben *D.*   295/296 *Nur* ...ch dar : ...ar *in K von der*
Spalte noch erhalten.   295 Sprach si odder *D,* Sp̂ch div maget ald *A.*   treit *B.*
296 Vnd wˢdent *DC.*   di jüden mein *D.*   297 mir afer iren *F.*   ir *fehlt A,*
iren *DB.*   298 sune *AB.*   *Nach* 298 *in A die Verse* 231-236; *bei Pfeiffer im*
App. zu 256.   299 *Initiale F.*   Wand ber *CDB.*   ioch *A.*   johanns *D.*   hie
von junger Hand nachgetragen B.   300 mein svn mier *I.*   ze sune *fehlt F.*
ließ *B.*   301/302 *fehlen AB.*   301 ime siet *C.*   302 mir *fehlt F.*   303 Vn
och der ivnger solich *F.*   ʹdi ander *D.*   iungern *A.*   304 Sy *B.*   *IFB*]
peruehten *C(D)A.*   des *I*]wes *FDB,* swes *CA.*   *ICD*] mohten *FAB.*   305 Nv
F, Also *D.*   enwaiz nicht *I.*   306 *Initiale bzw. Majuskel C.*   Der pote sprach
frauve *C,* Er sprach vroẘe (*fehlt B*) *AB.*   si] di *FA.*   307 *I*] Húd *E vor vil*
tages erge *F,* E dier tag noch heut hin erge *C,* Ee dirre ...wt czerge *D,* E dirre tag
hùte (E hûte dirr tag *B*) zerge *AB.*

und dannoch guoter liute mê.
ez chumt ouch dâ her mit in   265
310 der jungiste Benjamin,
Paulus, der bî niuwer zît
von des ræzen wolfes gît   *Beginn K*
lambes milte enphangen hât
und als ein wârer chemphe stât   270
315 mit uns ûf die alten ê.
den gelouben den er ê
sô grimmeclîchen ane vaht,
dar ûf stât elliu sîn aht
wie er den bestæte nuo.   275
320 got erwelte in dar zuo
und twanc in mit sîn selbes hant.'
der engel mit der rede verswant.
   Wir lesen ein altez mære
daz wîlen ze Jerusalêm wære   280
325 ein wîssage, Abacuc genant.
von dem tuot uns diu schrift bechant,
er hæte getworn in einen nuos   *Ende D*
zesamen brôt und muos
und ûf sîn ahsel genomen   285

308 V̄d da zue *C.* mer *IC.* **309** ouch *fehlt A.* **310** iunge *C,* junge von *B.*
benamin *F.* **311** in uwer tit *F.* **312–340** *In K nur Versanfänge mit etwa 8*
Buchstaben erhalten. **312** In *F.* rezzen *IC,* raten *F,* rayczes *D,* grimmē *AB.*
gı̂cht *I.* **313** Des lamps miltz *D.* Lambe *F.* **315** alte... *D.* **316** Vnsern *I.*
317 Also *C.* uraisleichen *CD,* fraisli... *K,* grȳme dicke *B.* **318** Auf den *C,*
Her vf *A.* sten *A.* nv alle *F,* nu gar *C,* ...nü gar *D,* ganzlich *A.* aht *IF*
Bartsch 322] macht *CDAB.* **319** Wie der reht nu getū *A,* Das er den geueste
nū *B.* pestetig *C,* gestatige *D.* **320** *IF*] Gat in der belt da zu *C,* ...erwält
darczū *D,* Got hat ... *K,* V̀nser h°re twinget (leitet *B*) in dar zū *AB.* **321** *IDK*]
betwanc in *F,* pedwungen *C,* tzwinget in *B,* laitet in *A.* mit sinˢ hant *AB,* mit
... hant *D.* **322** rede *fehlt C.* **323** *Initiale FCKAB; in D Versanfang*
weggeschnitten, aber Initiale vermutet v. Kraus. alte *B.* **324** Wie *B.* *F*] ze
(*davor* be *durchgestrichen C*) ierusalem beiln *CD(K)AB* wîlen *fehlt I.*
325 Ein man waz *I.* **326** erchant *CDA.* **327/328** Der (Des *AB*) sole wir niht
vergeten Der (Er *B*) het gemaht (gesotten *B,* in sinem hus berait *A*) ein eten
FAB; vgl. Leitzmann 276. **327** Er hett gebravwen (geborn *D*) in einen nvesch
(nv̈z *D*) *ID,* Er het g... *K,* Der het getwoern ain nues *C.* **328** Von milch vnd
von proet ain mues *C,* Mit milch ... *K.* **329** Vnd hat dc vf sin ahselbain *A.*

330   und wolde gerne sîn chomen
       sînen snitern dâ mite.
       der spîse was ze den zîten site
       und was der wercliute reht.
       'Abacuc, gotes chneht',   290
335   sprach der engel wider in,
       'brinc disen imbîz balde hin
       ze Babilône dâ Daniêl lît
       gevangen und im niemen gît
       deheiner slahte lîpnar.'   295
340   'jâ', sprach er, 'herre, wie chum ich dar? *Ende K*
       Babilôn diu burg und daz lant
       und Daniêl ist mir unerchant,
       wan ir dewederz ich nie gesach.'
       ê daz er daz wort vollesprach,   300
345   bî dem wirvellocke zuhte er in
       und sazte in in allen gâhen hin
       ze Babilône dâ Daniêl was
       bî den siben lewen und doch wol genas.
       als er Daniêlen vant,   305

330 Er *C*.   gerne *fehlt A*.   **331/332** *umgestellt B*.   **331** Ze seinen *I*.
332/333 Nach der werchlüte sitte   Dis was bi den zitent reht *AB (zu B s.*
331/332); vgl. AB zu 356–358.   **332** was do sit *F*.   **333** was *fehlt F*.   *Vor*
recht *ist* sit *durchgestrichen in C*.   **334** der (*fehlt AB*) warer (wåre *A*) gotes
kneht *FAB*.   **336** dit inbiz *F*, ditz mvez *I*, diß essen *B*.   balde *fehlt FCA*.
337 Da daniel žebilonė leit *C*.   wabilon *I*, babeloni *A*, babilonie *FB*.
338 gevangen *fehlt AB*.   im] dem *F*. engit *B*.   **339** Chainer *I*, Enhainer *A*.
340 Er sprach aube (ȯwe *AB*) *CAB*, Er sprach … *K*, *fehlt F*.   herre *fehlt B*,
herre mein *I*.   **341** I] Babilonie dat lant *F*, Babilonie (Wan babilonie *AB*) purg
(bùrge *A*) vnd lant *CAB*.   **342** Vnd daniel ist (sint *F*) *IF*, Sint mir paideu *C*,
Die sint mir laider (gar *B*) *AB*.   vnbekant *F*.   **343/344** *fehlen IC*.   **343** ich
ir enweders *A*, ich deweders *B*, deweders ich *F*.   **344** E dat er vol gesprach *F*.
Biz er dc wort ie *A*.   E· er *B*.   **345** wirfloche *I*, bieruloch *C*, wit vollocke *F*,
wirbel lokke *A*, wirbel *B*.   er in geuie *CA*, er in nam *B*.   greip *F*.   **346** Vnd
fůrte disen gůten mann *B*.   Er *C*.   satz (satte *F*) in allen gahen *IF*, sazet in al
gahens *C*, saste in in åller gåhi *A*.   hin *IF*] hie *CA*.   *Vgl. Leitzmann 276*.
347 Zewabylo *I*, Te (Ze *C*) babilonie *FC*, Zů der stat *A*, In den garten *B*.   da
daniel bas *korrigiert zu* da er danielen vant *C (von 347 nach 349 abgeirrt und*
dann verändert), do daniel in was *B*.   **348–352** *weggeschnitten in F*.   **348** *fehlt*
C (vgl. zu 347).   siben *fehlt AB*.   vil wol *A*, *fehlt B*.   **349/350** *AB*] *fehlt I*
(vgl. zu 351).   **349** *teilweise in C (vgl. zu 347)*.

350 'disen imbîz hât dir got gesant',
sprach der wîssage Abacuc.
noch sneller danne ein windes fluc
wart er hin wider gesetzet,
daz er nie wart geletzet 310
355 noch gesûmet an sînem snite.
nâch der wercliute site
schuof er in dannoch genuoc,
daz man in ze rehter zît truoc. 314

    Unser herre got begie 317
360 der selben wunder einez hie:
ez geviel an disem tage alsô
daz Jôhannes in Effesô 320
messe sanc und dâ sprach
daz gotes wort. nû wâ! er sach
365 einen engel der in gâhen bat.
er huop in schône von der stat
und sazte in samfte und âne chradem 325
wol geruoweten für daz gadem
dâ der engel chünigîn
370 was, und bat sich lâzen în.
als er sich dô nande,
unser vrouwe in wol bechande. 330
nû wart im vil gâhes ûf getân

---

350 Dis essen *A*.   351 *CAB*] Di speiz pracht im abacuc *I*.   352 dan *I*, den *C*. aines *C*.   353 hin *fehlt IF*.   354 Vnd wart doch nit *B*.   niht *A*. 355 gesavmet sich *I*.   dem snite *F*.   357 in *fehlt I*.   358 Daz er ez den berchlauten trueg *C*. Das er in es *AB*.   zů rechten zyten *B*.   *Nach* 358 *zwei Verse in AB:* Dis wc ain div schônstů (schnelleste *B*) wart (vart *B*) Div ie von manne (Die ieme *B*) gevarn wart; *in Pfeiffers Text V. 315/316; zur Konstruktion vgl. Iwein 334f.*   359 *Initiale FCB.*   Got unser herre *C*. der pegie *CA*. 361 Es kam des selben tages so *AB*.   an eim dage so *F*.   362 sand iohannes (Johans *A*) *CA*.   in] ze *AB*.   epheso *CAB*; *vor* Effeso *getilgtes* egipto *in A*. 363 Die messe *C*, Selbe *AB*.   dâ *C*] *fehlt IFAB*; *vgl. I zu 364.*   364 Da daz *I*. nû wâ *FCA*] wa *I*, vnd *B*.   366 balde *AB*.   367 Er *AB*.   samfte *C*] sachte *F*, schon *IAB*.   und *fehlt CAB*.   an cradem *F Leitzmann 276*, an schaden *I*, an allen saden *CAB*.   368 *A*] gerbten *C*, gervebet *IFB*.   gaden *IAB*.   369 dâ] Dar īne wc *AB*.   370 Da bat er sich (*fehlt B*) *AB*.   371/372 *fehlen IC*. 371 *F*] Vnd als er sich genande *AB*.   372 *F*] Zehant si in erkande *AB*. 373 nû wart im (im *nachgetragen*) *I*] Im bart *C*, Dv wart *F*, Div tỳr wart *AB*. vil *fehlt AB*.   balde *F*.

und mit grôzen vreuden în verlân
375 ein vriunt den si vil gerne sach.
von in beiden dâ geschach
ein grüezen harte minneclich.   335
si vreuten ûz der mâzen sich,
daz in sô liep was geschehen
380 daz si an ein ander solden sehen.
dem herren wart dâ chunt getân
allez daz dâ solde ergân,   340
als ir der engel hæte verjehen.
dar nâch lie si in sehen
385 den palmen und die wât.
'sich, disiu chleinôt hât
mir mîn sun gesendet her   345
und hât mir enboten daz er
mich selbe welle sehen,
390 ê mîn hinvart sül geschehen.'
der palme harte zierlich was,
der stam grüener danne ein gras   350
oder iht daz gelfe grüene hât.
sô des morgens ûf gât
395 der *liehte* stern vor tage fruo,

374 und *fehlt C.*   mit grôzen vreuden *IC*] er mit vrôden *AB*, allen gahen *F.*
ingelan *IA.*   **375** Wan si in starche (harte *B*) gᵉne sach *AB.*   Einen *I.*
376 beschach *A.*   **377** Einen grvz gar *I.*   geren *vor* gruezzen *durchgestrichen
in C.*   **378** Sich *B.*   ûz der mâzen *I*] auch der mazᵉ *C*, usser der masse *A*,
usser massen *B*, beide ein ander *F.*   **379** sô liep] div sâlde *AB.*   beschehen *A.*
were *F.*   **380** an *fehlt FAB.*   andrù *A.*   mûsten *B.*   **381** *Initiale F.*   Nu
wart dem here kunt getan *F.*   herren *fehlt C.*   **382** Als *A.*   **383/384** Als
(Also sy *B*) der engel wissen lie   Dar zů zaigte si im hie *AB.*   **383** Des ir *F.*
384 Dar tv *F.*   in du sechen *C.*   **385** Ainê *A.*   palm *IC*, palme *B.*   die
beizen bat *C*, dc (*über getilgtem* ain *A*) schewis (wiß *B*) gewât *AB; vgl. AB zu
283f.*   **386/387** Si spᵃch klainôde (diß *B*) hat ṁ mī sü gẽst (mir gesant Min sůn
B) Bi sinem botten her *AB; vgl. Leitzmann 277.*   **386** Si sprach dizze *C.*   dit
F.   **387** gesant *FC.*   **388** daz *fehlt B.*   **389** selber *B.*   wil *F.*   gesehen
FAB.   **390** E daz *C.*   schvl *I*, sul *C*, sal *F*, sôlù *A*, solle *B.*   beschehen *A.*
391 *Initiale B.*   harte zierlîch *FC Leitzmann 277*] also herleich *I*, vil be-
zaichenlichê (-lich *B*) *AB.*   **392** Der stam (schain *A*) noch gruener denne
(dañe *A*) *CA*, Rechte grůne als *B.*   dan *IF.*   ein *fehlt F.*   **393** Das rechte
gelffe *B.*   gelf varwe *I.*   **394** Ich main sbenne auf gat *C.*   Ich maine so *A.*
395 Daz liecht von dem tag vrve *I.*   der liehte stern] Der (Des *F*) moergen
stern *CFAB.*   vor tage *CA*] also *F*, des morgen *B.*

dâ gelîchet sich vil nâhen zuo
daz obez von dem glaste.   355
diu löuber an dem aste
widerstiezen menschen sehen,
400   sô starchez lieht gap ir brehen.   358
niemen gesach vor der zît   a
sô schœnen palmen noch sît.   b
    Nû wurdens under in zwein   359
ir dinges vlîziclîche enein.   360
405   si enwesten nieman vor der tür.
dâ quâmen ûzerhalben für
die einlef nôtgestallen
ûz den landen allen
dâ si wâren gesæt.   365
410   als ein wint der durch ein venster wæt   366
âne chrach und âne sûs   a
quâmen die herren an daz hûs   b
von geschihte zesamen   367
und gruozten sich in gotes namen.
415   nû wart bescheiden an der stunt
daz ir deheinem wære chunt,   370
war umbe si wæren gesament dar.

---

396 Da mag ich geleichen zue *C.*   Da geleichent *I,* Hie gelichent *F,* Da
gelichte *AB.*   **397/398** *umgestellt F.*   **397** Diß zwige *B.*   obez *I,* opt *F,* obz
C, obs *A*; ober *?*   mit sinem glaste (glate *A*) *FAB.*   **398** an] van *F.*   **399/400**
fehlen F.   **399** den mensen *C.*   **400** So faste *C,* So rehte *AB.*   gap *I*] wc *AB,*
fehlt C.   **401/402** *fehlen CAB.*   **401** It geschids niman *F.*   **402** schon *I.*
Nach **402** *in I ML 9246-51.*   **403** *Initiale FA.* Si buerden *C.*   **404** Alles
dinges in ein *B.*   fleizzechleichen *C.*   **405** en- *fehlt AB.*   niemen *I.*
406 Nv *F,* Idoch *C,* Do *AB.*   gesamenotõ sich *AB.*   vterhalp *FA,* ietbedern-
thalben *C, fehlt B.*   da fur *FCAB.*   **407** einlef *I*] twelf *FCAB.*   **408** Van
FCAB.   alle *I.*   **409** si in waren *F.*   geset *I,* gesiet *F,* zeset *C Leitzmann 277,*
zer sant *A,* gesant·*B.*   **410-414** *fehlen B; nach 409 in B:* Als ich uch det erkant.
410-413 *stattdessen in A:* Die kament ze hant   Für das hus alzesamen; *vgl. AB*
zu 215/216.   **410** ein wint der *C*] der wint *F,* ein svnne dev *I.*   wet *IC,* wiet
F.   **411** chrachen *C.*   **412** So chomen *C.*   an *C*] in *I,* fur *F (A vgl. zu*
410-413).   daz *fehlt F.   Nach* **412** *in I ML 9264-69.*   **413** von geschihte *C*]
So vrideleich *I,* Geistlich (*aus:* geschihteclîche *?*) *F.*   alle zesamen *C.*
414-417 *weggeschnitten in F.*   **414** Si *A.*   **415** Hie *C,* Do *A.*   vergehen *C,*
veriehen *AB.*   da ze stunt *AB.*   **416** chainem *I.*   **417** Durch wc *AB.*   sy *B.*
gesamenot *A,* chomen *CB.*

si sprâchen: 'bruoder Paule, nû ervar
war umbe wir sîn gesament hie.
420 daz ist immer und was ie
daz diu jungisten chint   375
dem vater aller liebest sint.
nû ervar uns, trûtgeselle,
waz unser herre welle.'
425 des antwurte in alsus
der niugeborn Paulus: 380
'got hât mir sîner genâden vil
erzeiget, dar umbe ich enwil
noch ensol deste fräveler sîn.
430 ich erchenne wol die schulde mîn.   385
ir sult mich sîn durch got erlân.
der minner wider in habe getân
oder lîhte nie niht getete,
dem enpfelhe wir dise bete.'
435 die herren wâren in gote vrô
daz sîn genâde an Paulô   390
mit solher diemuot erschein.
si wurden alle des enein
daz si mit ein ander bâten.
440 dô si daz gebet tâten

418 bruoder *fehlt F.* pavlle *I*, paulus *CB.* nû *fehlt CAB.* **419** War zve *I*, Durch wc *AB.* gesamenot sien *A.* **420** Es *F*, Band daz *C.* immer *IC*] nv *FAB.* ǎch ie *CA.* **421** Das iem⁵ *A.* **422** Den (*nachträglich zu* Dem *korrigiert*) *F.* div liebsten *A.* **423** nû *fehlt F.* **425** *Initiale F.* er in *F.* in *fehlt B.* **426** nev geparn *I*, nv̀geborner *A*, nùweborne *B*, neuporn prueder (prueder *mit Verweiszeichen nachgetragen*) *C*, niuborne *Leitzmann 277.* **427-430** *fehlen C.* **427** *Initiale A.* Er sp⁶ch got *A.* mir *fehlt B.* gnade *A.* **428** Ertou(c)et *F.* ich niht enwil *AB*, in wil *F.* **429** *AB*] Nach schol nicht dest⁵ freveleich⁵ sein *I*, Deste freveler nit sin *F.* **430** Joch erkenne ich *B.* **431** mich es *A*, es mich *B.* **432** Der mynre hat denn ich getan *B.* minre *FA*, min *C.* hat *FA.* **433** nie nicht leicht *I.* vil lihte *A.* nie *fehlt C.* **434** An den koment (kuṁet *B*) dirre bet *AB.* befele wir d(ie) bede *F*, enpfelhet diseu pet *C.* disev *I.* **435** *Initiale A.* wrdent *A.* **436** an *fehlt C.* **437** Also volleclich (-lichen *B*) schain *AB.* In soliger *F*, In so grozzer *C.* schein *F.* **438** *C(I)*] Nv wurden si vnder in in ein *F*, Si wrden vnd⁵ in (in in *B*) ain *AB. Nach* wardn *ist* deñ *übergeschrieben in I.* **439** Das si ivnsern Got (herren *B*) baten (betten *B*) *AB.* si in *C.* betten *F.* **440** *I(C)*] Mit truwen si dat tettē *F*, Vnd dc gemanlich (von hertzen *B*) taten (detten *B*) *AB.* vol taten *C.*

         ûf der erde enchriuzestal   395
         mit reinem herzen âne sal
         unz hin an ein drum
         per omnia saecula saeculorum,
445   dô gie Jôhannes dort her,
         die lieben vriunt enphienc er   400
         als der den andern gerne siht.
         si sprâchen: 'bruoder, weistû iht
         war umbe wir hie gesament sîn?'
450   'jâ, der engel chünigîn
         sol über drî tage vervarn,   405
         ir bivilde sul wir bewarn.
         alsô hât uns got enboten
         bî Gabriêle sînem boten.'
455   er wîste si an den stunden
         dâ si unser vrouwen funden.   410
         der antvanc wart dâ süeze;
         die minneclîchen grüeze
         giengen ze wehsel under in.
460   ze solher vreude ist mîn sin
         ze chranc, daz ich die rehte erbar;   415

441/442 Das er in kunt dete   Durch was er sy do gesamet hete *B.*   **441** erden *FC.*   ein crucestal *F*, chreuz stal *C*.   **442** Mit svezzem gepet *I*.   rainē *C*, rainen *A*.   âne sal *F Leitzmann 277*] ane schal *IA*, sal *C* (= schal?).   **443/444** *fehlen I, Text nach F Leitzmann 277*.   Du daz (dis *AB*) gepet ain ende nam Nu sechet ier (Nu sahen sù *A*, Sy sahen *B*) ba geganen chom *CAB*.   **443** Vnt in an ein drum *F*, Und ... in âne endes drum *Leitzmann*.   **445** *Initiale F*.   Sand (*fehlt AB*) iohannes zu in her (dort her *AB*) *CAB.*   **446** Sine *AB*.   lieben *fehlt B.*   gesellen *CAB.*   *Nach* 446 *in I ML 9274f.:* Got mvezt ier alle willechoṁ sein   Brveder vnd herren mein; *danach mit Verweiszeichen am Rand zu* 446 *nachgetragen:* er enpfi(e..) seu.   **448** frvnt *F*.   **449** War zv *I*, Durch wc *A*, Durch *B*.   gesamet *CB*, gesamenot *A*.   **450** Er sprah *FAB.*   jâ *fehlt F*, ia bol *C*.   **451** Div sol *A*.   vber den (an dem *AB*) driten tage hin (hînā *A*, von hynnā *B*) varen *CAB*.   **452** Der *CAB*.   beuilhte *A*, bogrebde *B*.   **453** *I*] Dat vntbot vns vnser here got *F*, Dis (Das *B*) hat ùns ùnsˢ herre enbottē *AB.*   hat er uns *C*.   **454** Sende gabriel was der bot *F*.   gabriel *FCB*, grabriel *I*, gabrieln *A*.   **455** *Initiale A*.   Er ủert seu *CA*, Sy gingen *B*.   **457–464** *in I ersetzt durch ML 9286-9325*.   **457** Da wart der entfanch *F*.   Ir *A*.   anfanch *C*, aneuank *A*, anvange *B*.   wart (waz *B*) vil sủsse *AB*.   **459** Die giengen *C*, Gegen *F*.   **460/461** Her zủ han ich ze (*fehlt B*) kranken sin   Das ich iv (ùch *aus* ich *korrigiert B*) ir vrỗde reht enbar *AB*.   **460** Ze solhen freuden da ist *C*.   **461** die *fehlt F*.   erbar *F*] eruar *C*.

wan einez weiz ich: dâ was gar
swaz ze vreude hœret
und niht daz vreude stœret.

465   **Nû** geschach in allen gâhen
daz si mitten under in sâhen   420
in menschlîcher persône
unsern herren, der si schône
gruozte und trôste sîne lide: *Beginn H*
470   'pax vobis, mit iu sî vride!'
daz was sîn ellîcher gruoz,   425
der tete si maniger sorgen buoz.
die herren dancten im alsus:
'gloriâ tibi Deus,
475   lop sî dir, herre got!
dîn genâde und dîn gebot   430
und dîn barmunge, herre trehtîn,
müeze ob uns allen sîn,

462 Want *F*, Band *C*, Wain *A*, Wann *B*.   dâ was gar *A*] v..bar da bas gar *C* (da *mit Verweiszeichen steht über teilweise ausradiertem* v.. = verbar), wale ver war *F*, dz was war *B*.   **463** ureuden *CB*, rehten vrôden *A*.   gehoert *C*.   **464** des *A*.   erstôret *B*.   **465** *Initiale B*.   nû *IF*] Dizze *C*, Do *AB*.   **466–470** *IF*] *dafür in CAB:* Daz si mensleichen (schinbârlichen *A*, schinberigen *B*) sahen Stan miten (ie mitten *A*, enmitten *B*) under in   Von himel v̄ser (vnsern *B*) trechtein (rechtin *B*)   Mit sônem gruez (Er grüßt sy *B*) des seit (dc ist *AB*) gebis Er sprach zu in pax vobis; *vgl. Leitzmann 278*.   *In C zwei weitere Verse:* Daz sprichet also ich ez versten chan   Meinen frid sult ier han.   **466** si in midden *F*.   **467** minnechleicher *I*.   **469–521** *H mit teilweise stark bearbeitetem Text*.
469–472 *in H:*

        Ire sorge mûst sich (zerk)li(be)n
        Sein gesinde begonde im (li)b(en)
        Got sprach sit allir sorgen frie
        Mein ewig^z fride mi(t e)ûch si(e).

469 Troste vnde grute sine lûte *F*.   seinev lid *I*.   **470** min frede *F*.   **471** Dis *A*.   allicher *A*, einziger *F*, entziger *I*, hailiger *C*, gewônlicher *B*.   **472** Er *C*, Vnd *AB*.   si *IC*] in *FAB*.   aller sorgen *A*.   **473/474** *IF*] Die iüg²n danckten alle sûs   Globet siest dû ihesus *H*.   Dannoch du er (Do er *A*) hie (*fehlt B*) in erd (in erde bi in *A*, by in uff erde *B*) bas   Si danchten (genadoton *AB*) im als ich ez las *CAB*.   **475** Gedancket sie dir sûzzer got *H*.   Gelobt und geert seist du *C*, Gelobt sigest du *A*.   **476** und *fehlt B*.   heiliger got *B*.   **477–482** *in F der Text nach 477* Din *bis* 482 ..ge *weggeschnitten*.   **477/478** *fehlen H*.   **477** und *fehlt FCB*.   geparmung *C*, erbermde *A*, gûte *B*.   **478** Deu muez *C*, Div gerûche *A*.   allen *I*] also *C*, iemer *B*, *fehlt A*.

alsô wir dir getrûwet hân.'
480 er sprach: 'nû sult ir iu lân
  mîn muoter enpfolhen sîn;   435
  und dise drî tage beitet mîn,
  sô chum ich selbe nâch ir
  und nim si schône zuo mir
485 als ich ir des schuldic bin.'
  mit der rede schiet er hin.   440
  Die herren leisten sîn gebot.
  dô erschein in unser herre got
  des tages als er in gehiez.
490 unser vrouwen er sich bereiten hiez.
  er sprach: 'muoter, nû var   445
  vrœlich und âne angest gar   446
  hin dâ dir vreude bereitet ist   a
  von anegenge unz an dise vrist.   b
495 mîn erweltiu, chum zuo mir!   447
  ich wil zieren mit dir
  mînen trôn, des bistû wert,

479 alsô *I*] Als *CAB*, Sie als *H*.   dier (*verbessert aus* dich) herre *C*.   haben *H*.
480/481 *in H drei Verse:*
    Got sprach· frûte ir scholt begᵉben
    Mariam die mûtir min
    Vnd lazzent sie eûch enpholen sin.
480 nû *fehlt B*.   ir súllt uch *B*.   bewolhē lā *AB*.   **481** Mine lieben (liebe *B*)
mûter (mûter myn *B*) sin *AB*.   **482** Vnd diz *I*, Die *C*, *fehlt H*.   zwene *AB*.
vnd beitet *H*.   peitet *IFC*, bitent *A*, beitent *B*.   **483** sô *IFC*] Sa *H̄*, An dem
dritten tage (*fehlt B*) *AB*.   selbe] selbir her *H*, hˢ *A*, *fehlt B*.   **484** *fehlt F*.
schône] selb *I*.   hin zû *B*, dan zû *H*.   **485/486** *in H:* Mit der rede fûr got hin
Die iûgᵉn hetten heiligen sin.   **485** ir des] von rehte *A*, ir wol *B*.   **486** hin *IH*]
von in *FCAB*.   **487** *Initiale FAB*.   Sie hilten alle gotes gebot *H*.   Dise *B*.
488 Nv *FC*.   *Nach* **488** *in B zwei Verse:* An dem dritten morgen frû   Do kam
er in aber zû.   **489** Das er sich schinberlichē (schinber *B*) sehē lies *AB*.
Andem driten tage *C*.   gehiez *aus* gehaize *verbessert C*, enthies *H*, g... *F*.
490 Sin mûtˢ *H*.   sich] si *F*.   lies *H*.   *Nach* **490** *in I ML 9326-37*.   **491/492**
var : gar] var vrolich : sicherleich *I (falsche Versabtrennung)*.   **491** Got *H*.
liebe mûter *B*, liebù mûtˢ min *A*, mueter mein *CH*.   nû *fehlt B*.
492 Fôeleichen *C*.   und âne] an alle *H*.   **493/494** *fehlen AB*.   **493** dar *H*.
vrovwe *I*.   berait *IH*.   **494** anegenge .../an dise *F*.   unz an dise] an disser *H*.
495 Minù *A*, Ein *F*.   aûzzirwelte *H*.   nu chum *CH*.   **496/497** *IF(H)*] Band
(*fehlt AB*) mein troen der (*fehlt AB*) ist mit dier   Bol gezieret (Gezieret wol
AB) des pist du bert *CAB*.   **496** Wan ich *H*.   **497** Mein *IH*.   himel trone *H*.

      der chünic dîner schœne gert.   450
      dîn tugent den himel zieren sol.
500   der phallenz zimt dîn sêle wol,
      diu niht bewollenes în lât
      und niuwan den reinen offen stât.'
      Unser vrouwe hæte an sich geleit   455
      daz snêwîze rêchleit
505   daz ir der engel brâhte.
      von ir bette si gâhte
      und viel enchriuzestal für in:
      'herre vater sun, ich bin   460
      dîn muoter und dîn hantgetât.
510   des dîn genâde begunnen hât,
      daz bestætige, herre, an mir.
      mîne sêle enpfilhe ich dir,
      und schaf ir, herre, solhe phlege   465
      daz ir iht griulîches an dem wege
515   erschîne den si varn sol.'
      'liebiu muoter, dû weist ez wol,   468
      dô ich selbe an dem chriuze erstarp   471

499-502 *fehlen IH.*   **499** den *F*] die *CAB.*   **500** pflanc *C*, pfaltze *B*, palast *F.*
gezimet deiner sel *C.*   dini *F.*   **501/502** *umgestellt in B.*   **501** Der *C*, Vnd *B.*
dar in *CAB.*   **502** Die den reinen *B*, Vnd niemen dann den rechten *C.*   nit
wan *F.*   **503/504** *Dafür in H vier Verse:*
              Maria waz da vil bereit
              Vil schire hette sie an geleit
              Heiliclichen alz es stat
              Ire engelische wat.
503 *Initiale FCBH.*   Vns⁵ h⁵re *AB.*   **504** Die snebeizen rechchlaid *C.*   daz]
Daz selb *IAB.*   sne wizzes *I*, schône wisse *A.*   rêchleit *(C)*] chlait *IFAB.*
505 Die *H*, Das (Des *B*) ôch *AB.*   ir *fehlt F.*   heilige engel *H.*   het gebracht
I.   **506** Von irem gebote vnd gedachte *H.*   Van dem *F.*   si du *CB.*   ga(t)../ *F*,
gahet *mit zwei Tilgungspunkten unter dem* e *C.*   *Nach* **506** *in I ML* 9342-49.
507 Si *CAH.*   **508** Si sprach *vorangestellt CABH.*   herre vater sun *IFC(A)*]
herre sûn *B*, sûn vnd⁵ h⁵re *H.*   vñ sun *A.*   **509** Deu *(korrigiert aus* dein)
mueter dein deu dein hantgetat *C.*   und *fehlt F.*   **510** des *IC*] Wes *FH*, Swas
A, Was *B.*   din wille *H.*   begangen *AB.*   **511** gestetige *F*, eruulle *C*, erzaige
AB.   herre *fehlt F.*   **512** dev enpfilch *I*, bevil *FAB.*   **513** Das du ir schaffest
AB.   und *IH*] Nv *F, fehlt C.*   schvf *F*, gib *H.*   herre *fehlt CAB.*   **514** ir
fehlt A.   ivbels *AB.*   an] uf *ABH.*   **515** Erschint *F.*   den si *IFC*] wan sie *H*,
da si hin *AB.*   **516** Er (Got *H*) sprah *vorangestellt FCABH.*   nu waist du *A.*
ez *I*] vil *C, fehlt FABH.*   **517/518** *nach* **519/520** *in AB.*   **517** Daz *C.*   selve
F, selber *I, fehlt CABH.*   starp *A.*

und dem menschen daz leben erwarp,   472
swie wol die valschen geiste mich   469
520 erchanden, si vergâhten sich.   470
si quâmen nâch gewinne dar,   *Ende H*   473
dô geviel ez in ze verlüste gar.
ir fürsten vie mîn götlich hant,   475
in daz abgründe ich in bant.
525 swaz nû der armen geiste vert,
die sint der chrefte gar behert
und vor mînem gewalte toup
als vor dem winde der stoup.   480
enruoche lâzen si sich sehen.
530 dir enmac niht schaden von in geschehen.
ich enpfilhe dîne sêle
der engel fürsten Michahêle,
der geleitet si mit den engelscharn,   485
sô muoz si mit gemache varn.
535 stant ûf und ginc an dîn bette wider,
mîn trûtgemahel, und lege dich nider,
ich wil dîn schônen dâ mite.
dû *en*stirbest niht nâch menschen site;   490

518 Vnd des menschen heil *H.*   Vnd den *B*, Dem *C*, Den *F*.   **519/520** *Dafür in H vier Verse:*

Ich waz den geisten wol bekant'
Sie sazzen zû min⁵ rechten hant
Vf dem fronē c^vce breit
Da ich vor en die mart⁵ leit.

519 Wi dese bose geiste *F.*   Wie *B*.   **520** Erchant *C*,   **521–524** *fehlen I*.
521 nach min⁵ sele *H*.   **522** Doh *C*.   viel *AB*.   ze schaden *ABC*.
523 vienc *FAB*.   mein gebalt erchant *C*.   **524** In die helle *CAB*.   ich *fehlt*
F.   **525** War *F*.   bosen geiste *F*.   **526** der *fehlt C*.   so gar *C*.   **527** wid⁵
minen gewalt *AB*.   **528** von *CB*.   ain staup *C*.   **529** *IA*] Nu enruech laz seu
dich sechen *C mit Initiale bzw. Majuskel.*   och (= ob, *fehlt B*) si sih late sen
FB.   **530** enmac *FB*] mach *ICA*.   nicht schad von in *I*, ingein schade van in
F, von in nicht *C*, nih arges von in *A*, von in nit arges *B*.   beschehē *AB*.
531–534 *fehlen I*.   **531** enbefele *F*, beuilhe *AB*.   **532** Dem engel gabriele *B*.
michaele *F*, michahel *C*, Gabriele *A*.   **533** pelaitet *CA*, leitet *B*.   den engel
scharen *F*, den engelischen sarn *C*, den (der *B*) himelschē scharn *AB*.
534 Da uon mûs (so múß *B*) si wol geuarn *AB*.   **535** *Initiale B*.   Liebiv (Uil
liebe *B*) mût⁵ nu (*fehlt B*) ga hin wid⁵ *AB*.   und *fehlt F*.   ginch *I*, ginge *C*,
ganch *F*.   **536** An din bette vnd leg dich nider *A*, Lege dich an din bette nyder
B.   mîn *und* und *fehlen C*.   **537** din *von jüngerer Hand nachgetragen F*.
538 en- *fehlt allen*.

der tôt getuot dir nimmer wê
540 nâch tôdes vleischlicher ê.'
unser vrouwe zuo ir bette gie,
den geist si von dem lîbe lie
sunder alle swernde swære   495
als si samfte entslâfen wære.
545 **Nû** unser vrouwe verscheiden ist,
ir sun, unser herre Christ,
der lêrte sîne holden
wie si si beruochen solden.   500
er sprach: 'als ir si begrabet
550 und allez reht begangen habet,
sô belîbet dannoch hie
zwô naht und bewachet sie;
des dritten morgens sô chum ich.   505
swes ir danne bittet mich
555 oder gerâtet, daz geschiht.'
nû ensûmten sich die herren niht,
ein bâre was dâ bereit,
dâ diu vrouwe wart ûf geleit,   510
dar über ein phelle tiure.
560 nû enlac doch diu gehiure

539 tot der tuet *I*, dot dvt *F*. **540** dez todes *I*; *vgl. Urst. 1116 u. 1656.* freislicher *F*. **541** Div vrowe *I*. **542** gest *I*. von dem lîbe *IC*] von mvnde *F (vgl. Leitzmann 278)*, schone (schiere *B*) von ir *AB*. **543/544** *in I ersetzt durch ML 9352-55.* **543** In åller der gebåre *AB*. sunder *F*] An *C*. *Vgl. Leitzmann 278.* **544** Als och *F*, Sam *C*, Also *B*. si *fehlt F*. samfte *fehlt AB*. **545** *Initiale A*. di frouwe *F*, sy *B*. alsus ûschaidñ *AB*. **546** ihesu crist *B*. **547** Lerde sine frinden *F*. **548** Was (Wie *B*) si ir tûn solden *AB*. sis *I*. begrafen *F*. *Nach 548 in I eingeschoben ML 9358-61.* **549** er sprach *fehlt I*. swenne *A*, wenn *B*. ir sei danne *I*. **550** allez *IF*] ier *C*, ir ir *AB*. **551** *IF*] So sult ier dannoch peleiben hie *C*, Dan noch sont ir bitein (bliben *B*) hie *AB*. **553** An dem dritten tage *AB*. tages *I*. sô *fehlt F*. **554** Vnd swez *I*, Wes *FB*. gebittet *F*. **555** oder gerâtet *I*].Vnde mir geradet *F*, Sbes ier gert *C*, Ald swc ir mûtent *A (vgl. Urst. 1152)*, Vnd wes ir bittent *B*. beschicht *A*. **556** Hie *C*. en- *fehlt ICA*. *Nach 556 in I ML 9364-67.* **557/558** *in I zwei redaktionelle Verse, teils ML 9368* = *Hinv.557 entsprechend:* In ein pore si legtens do Vnd waren alle vnfro. **557** *Initiale F*. Da wc ain (die *B*) båre wol (*fehlt B*) berait *AB*. vil perait *C*. **558** Dar auf deu frau bart geleit *C*. Da war (wart *B*) div vrŏwe *AB*. **559** Dar auf *IC*. phellen *F*; pfeller *A*, phellor *B*. **560** Auch *C*. en- *fehlt IFB*. doch diu] deu *C*, do *B*.

```
         niht einem tôten gelîch
         als nû bî unsern zîten ein lîch
         gerêwet und gerecket,                              515
         diu lîhte unsuoze smecket.
   565   die liute verhabent ir nasen dâ
         und entvunchent ir arômatâ,
         daz dirre süeze smac deme
         sîn bitter smecken beneme.                         520
         des alles was undurft hie,
   570   wand von ir reinem lîbe gie
         der aller süeziste wâz.
         er wære immer wol ungâz
         und vor aller nôt genesen                          525
         der in solhem smacke solde wesen.
   575   ir enwas ouch niht entwichen
         ir varwe noch erblichen
         ir nase, ir munt, ir chinne,
         ir wange, ir hiufel, ir tinne,                     530
         ir antlütze und ir lîp gar
   580   was wünneclîch und wol gevar.                       532
         an ir enschein niender ein teil                     a
         tôten bilde noch meil.                              b
```

561 dem *C*. **562** nû *fehlt CB*. ivnser zit *A*. unsern *I(A)B*] disen *FC*. ein
fehlt C. **563** Geravchet *I*, Geruwet *F*. gericket *F*, gestrecket *AB*. **564** *In
C der Vers* deu leucht vnd suezze smechet *durchgestrichen und ersetzt durch* deu
leich vn suez smechet. Dev doch vil leicht smechet *I*. nit sûte *F*. **565-568**
fehlen IB; vgl. Leitzmann 278 nach F. **565** *(F)*] Da uerhabent leut (Die lùte
behabent *A*) ier nasen euch (öch *A*) *CA*. verstop-/(e)nt *F*. **566** *(F)*] Si
enzundent mieren da pei vnd machent rauch *C*, Si zùndent mirrun vñ wiröch
A. entfinckent *F*. **567/568** *fehlen F*. **567** Das der *A*. **568** Sin ivbel *A*.
569 *Inititale F*. Des bas allez *C*, Des was *A*, Bynamen das was *B*. undurft *I*]
vnnot *F*, vil vnoet *C*, enhain (kein *B*) not *AB*. **570** Wan *I*, Bant *C*, *fehlt FAB*.
rainen *AB*. **571** Ain also sûzer was *AB*. **572** wol iemer *AB*. anaz *I*.
573 swâre *AB*. **574** solchen *I*. **575-582** *fehlen A*. **575-578** *fehlen I*.
575 was alle. **576** verblichen *B*. **577** *F Leitzmann 278*] Ier nas ier bange ier
munt *C*, Ir nase ir wangen ir kinne ir munt *B*. **578** *F Leitzmann 278*] Ier chin
ier haufel barn ier zu d⁵ stunt *C*, Ir hùffel warent do zû stunt *B*. **579** Ir
antlútz allezsamet gar *B*. Iz waz ier *I*. **580** Liecht vnd wunneclich geuar *B*.
was *fehlt IC*. vol *C*. **581/582** *fehlen B*. **581** en- *fehlt allen*. nirgen teil
F, ninder hain tail *C*. **582** toeten mail *C Leitzmann 278 mit Hinweis auf Urst*.
1656. **582a-d** *nur in F als eigener mit Initiale gekennzeichneter Abschnitt:*
               Da wart van engelen ein schal
               Dat in dat hvs entgegen hal
               Vnde van aromat ein smach
               Dem sih nit gelichen mach;
vgl. zu 567f. und 691f.

    Dô huop sich ein vil süezer strît   533
    under den herren âne nît,
585 welher den palmen trüege.   535
    nû dûhte si gefüege
    daz ez Paulus tæte.
    des werte er sich stæte.
    er sprach: 'leider! ich enmagen
590 von mînen schulden niht getragen.' 540
    des selben ouch sant Pêter jach.
    ze sant Jôhanne er dô sprach:
    'lieber vriunt Jôhannes,
    dû solt vil wol gedenchen des:
595 got hât mêr an dich geleit   545
    êren und sælicheit
    danne an unser deheinen.
    er behielt dich alsô reinen
    maget und enpfalch dir
600 sîn muoter maget und dich ir.   550
    und dâ wir alle sâzen
    mit im ze tische und âzen
    dâ er den antlâz begie,
    dich einen er dâ umbe vie

583 *Initiale FCAB.* Da hup ander selven tit *F.* Nv *I*, Hie *C.* ein *fehlt A.* g°sser *A.*   **584** âne nît] ein suter strit *F.* **585** Wele *A.* palm *IC.* **586** *F(AB)]* Nv (Du *C)* rieten ier genvege *IC.* Do *AB.* si alle *F.* **587** tâte *A*, tete *IC*, dete *FB.*   **588** Der erwerte sich der bede *F*, Des ântwürte in (*fehlt B)* der stâte *AB.* berte sich dˢ stete *C.* stete *I.* **589** leider *fehlt I.* ih mac(h) en *F*, ich enmage *und vom Korrektor nachgetragenes* sein *I*, ich en mag in *A.* **590** von *IF]* Voer *CAB.* *IC]* svnden *FAB.* **591** Das selbe *B.* ouch *fehlt FC.* sprach *B.* **592** iohannen *C*, iohannes *FB.* iach *B.* **593/594** *in F:* Dv solt wale gedenken Des vnde nit wenken. **593** *Initiale bzw. Majuskel C.* **594** vil *fehlt CAB.* **595** Dc got an dich ainen hat gelait *AB.* **596** Me eron *AB.* **597** Dan *IF*, Denne *A*, Dañ *B.* vnsern chainen *I*, vn(ser) en...gen *F.* ivns alre *A.* **599** und *IF]* da zu *CAB.* beval *FAB.* er dier *CAB.* **600** maget *fehlt B.* **601** Du waist wol da (das *B)* wir sassen *AB.* gesazzen *C.* **602** Bi *AB.* **603** Du *C*, Vnd *AB.* **604** einig *B.* dâ *I]* dih *F, fehlt CAB.* vmbe vienc *F*, zů im geuie *AB.*

605 und twanc dich an die brüste sîn.   555
dô wart der grôzen liebe schîn
die er dir truoc und immer treit.
dâ trunche dû die wîsheit
ûz sînes herzen brunnen.
610 des enwolde er niemen gunnen   560
ze wizzenne, daz erscheinte er dir.
ûf die genâde râte wir
und erteilen dir ez alle,
ob ez dir wol gevalle,
615 daz ez niemen billîcher tuo,   565
vil reiner bruoder, danne duo.
des palmen underwint dû dich.
Paulus, mîn bruoder, und ich
und dannoch unser gesellen
620 zwêne die wir dar zuo wellen,   570
wir tragen als man von rehte sol
unser viere die bâre wol.
swaz unser dannoch mêre sî,
die gên uns zühteclîchen bî.
625 tuot als er iu enpfolhen hât,   575
der dehein guot unvergolten lât.'

---

605 druckede *FCAB*. dich *fehlt F*.   prvst *IAB*.   **606** der grôzen liebe *IC*]
di life *F*, die liebù grosse *A*, dir grosse bůße *B*.   **607** dir] do (*ursprünglich* dv *?*)
F, *fehlt B*.   truege *C*.   **608** trvncht *I*, trincke *B*.   **609** ûz] Von *C*, *fehlt A*.
sinen *B*.   prunne *CB*.   **610** Des er niemen gunne *C*.   er niman wolde *F*.
wolt *IAB*.   ander niemen *I*.   **611** erscheint *F*, bezaichent *I*, erzaigt *CA*,
zeiget *B*.   **612** Liebͤ brůdͤ da (so *B*) von sprechͤt wir *AB*.   **613/614** *umgestellt*
AB.   **613** So *AB*.   dir ez *C*] ditz *I*, dir *F*, wir dir *AB*.   **614** ez *fehlt F*.
615 ez *fehlt F*.   niemans *B*.   tv *IFB*, tüe *C*.   **616** Liefer brvder *F*, Vil lieber
freunt *C*, Lieber iohannes *AB*.   dv *IFCB*.   **617** palm *IC*.   vnder wende
(binde *C*) dih *FC*.   **618** Mein prueder paul⁹ *C*.   vnde *F*.   **619** dannoch]
dannoch ander *I*, dañoch zwene *AB*, twein *F*, dar zue *C*.   **620** zwêne *IC*] *fehlt*
FAB.   dar zuo *fehlt I*, da *C* (*vgl. zu 619*).   er wellen *B*.   **621** Wir viere so
man ze rehte sol *AB*.   Di tragen so man *F*.   Die tragen *C*.   von rehte *fehlt*
C.   **622** So tragͤ wir *A*, Tragen *B*.   vier *IFC*.   **623** dan mer *C*, mere
dennoch *B*.   mêre *fehlt F*.   **624** Dient (Die gangen *B*) mit zùhtͤ da bi *AB*.
uns *fehlt F*.   **625** *I*] Hin als vns bevolen hat *F*, Vnd tuen als vns enpfolhen hat
C, Vñ laistͤt (leisten *B*) dc er ivns gebottͤ hat *AB*.   **626** Der nihtes ungelonet
lat *AB*.   chain *I*, ingein *F*.

Der strît hæte ende under in.
si huoben ûf und truogen hin
die bâre und sungen alsô:
630 'in exitû Israhêl de Egyptô.'   580
der salme ist mir ze swære
und lengete doch daz mære,
solde ich in rehte endecken
und sînen sin errecken.

635 doch gelîchet er uns der vart   585
daz wîlen Israhêl wart
erlediget ûz Egypten lant,
und daz diu selbe gotes hant
des niemen übertreit
640 er enmüeze von dirre arbeit   590
scheiden swar und swenne er wil.
des lîbes und des tôdes zil
gewalticlîche an im stât,
alsô daz ez niemen übergât.
645 **D**ô si alle her für   595
quâmen ûzerhalp der tür,

627 *Initiale FAB.* Sus hate d^s strit ain ende *AB.* *Nach 628 in I ML 9371-76:*
Di par mit dem leichnam gegen iosaphat
Dvrch ierusalem di stat
Die palm trveg der heilig man
Vor der par sand iohan
Si begvnden alle chlagen
Daz si di rainen auz scholden tragen.
629 Vnd in ier chlag si svngen also *I* (*vgl. zu 628*).   alsô *IF*] so *C,* alle do *AB.*
631 Dir *A.* psalme *B.* **632** lengerti *A.*   doch *IF*] auch *C,* sich *AB.*   dis *A.*
633/634 *fehlen F,* Solte bier den endleichen Vnd seinen sin bol (*danach endleic
durchgestrichen*) erchen *C.*   **633** rehte *I*] gar *AB.*   entechen *I.*   **634** volle
(wol *B*) reken *AB.*   **635** *Initiale B.* *I(C)*] Doch betùtet (dùtet *B*) er die vart
AB.   Idoch beteickent vns *F.*   die uart *CF.*   **636** Wie div israhelschù diet
wart *AB.*   israel *F.*   **637** Gelaitet *AB.*   ûz *I*] van *FCAB.*   Egỳpto *A.*
638 daz] wie *A, fehlt C.*   **639** Des selven niman *F,* Niemen so lieben *C,* So
lieben nieman *AB.*   überstreit *Pfeiffer.*   **640** emûsse *A,* mvzze *IB,* mvt *F,*
muez doch *C.*   dirrer *I.*   **641** *I*] swie vnde war *F,* sba und sben *C,* wenne vnd
war *B,* swenne *A.*   **642** *IF*] Daz leibes vnd toedes cil *C,* Von (Wann *B*) libes
vnd der (*fehlt B*) sele (selen *B*) zil *AB.*   **643** gebaltichleichen *CA.*   hat *F.*
644 So das er dùt vnd lat *B.*   Also dat nimmer *F.*   So daz daz *C.*   **645/646**
Nu kament sù (Nû das sy kamen *B*) vô der (fúr die *B*) tùre Ain lùzel (wenig *B*)
usserthalb da (her *B*) fùr *AB.*   **645** *Initiale FA.*   her *F*] do her *I,* bol hin *C.*
646 ietherthalben *C.*

si begunden hœhen ir gesanc.
dâ mite der engel stimme chlanc
in manigem süezen dône.
650 nû gesâhen si eine chrône 600
ob der bâre, diu was chlâr.
die gelîchet uns daz buoch für wâr
dem reize der umbe den mânen gât,
swenne er in vollem schîne stât.
655 Chrône aller tugende, 605
diu die chrône in ir jugende
chiusche und aller sælicheit
mit êren truoc und immer treit,
die chrœnet disiu chrône hie
660 mit einer chrône daz nie 610
deheines wercmannes hant
chunst ze solher chrône vant.
mit der chrône chrœnet,
über alle schœne schœnet
665 vater, sun unde trût 615
sîn muoter, tohter unde brût
herre, schephære und got.
die die milwen noch der rot,
schaben noch alter slîzet,

647 Si begvnden alle *I*, Do begunde sich *A*. heben einen sang *B*. 648 Der engel stim damit (dar und⁵ *AB*) *CAB*. Dar vnder *F*. 649 In vil sußem *B*. Mit *A*. suezm *C*. 650 *In I Versanfang ohne rubrizierte Majuskel:* si sahen. nû *FB*] Du *CA*. sachen *C*. gesagens *F*. 651 Ofer *F*. bare sweben *A*. vil chlar *C*. 652 Dem *I*. gelichte *A*. uns *fehlt AB*. 653 Teim creise *F*, Dem kraisse *AB*. get *IC*. 654 So *AB*, Wenn *F*. indem *C*. stet *IC*. 655/656 Dù (Die die *B*) krone in ir iugende Mit endehaft⁵ tugende *AB*. 655 *Initiale FAB*. BRonne *F*. 656 ir *I*] der *FC*. 657 *IF(C)*] Vnd mit ganz⁵ sâlkait *AB*. Mit cheus *C*. 658 zuchten *C*. 659 chronēt *I*. disiu chrône *IFC*] ivnser h⁻re *AB*. 660 noch nie *CAB*. 661 Chaines *I*, Enkaines *A*. mannes *F*. 662 *IF*] List ze sōlichem w̃che vant *AB*, An chunst solhez berch vand *C*. cronen *F*. 663-670 *fehlen B*. 663 dirre *FA*. cronen *F*. gechrōnet *CA* (*vgl. zu 665*). 664 Vnd vber *I*. gesoenet *CA*. 665 Hat (Ha *A*) vater *CA*. 666 Seine (*fehlt A*) tahter muet⁵ (mũt *A*) *CA*. 667 *Initiale F*. 668-670 *fehlen in F; dafür am Rand später vom alemannischen Korrektor nachgetragen mit Einfügungszeichen:* ellù dĩg sît nach dime gebot. 668 di milben *IC*, der milwe *A*. 669 Scha(b).. *Wortende im Falz I*, Saben *C, fehlt A*. dc alt⁵ *A*. ersleizzet *C*.

670 der glîz âne ende glîzet.   620
      an dirre chrône diu hie schein,
      dâne was golt noch edel gestein
      noch deheiner slahte gesmîde,
      phelle noch sîde,
675 chetene noch strangen.   625
      sine was an nihte gehangen,
      von ir selben si swebete
      ob der bâre, wand si lebete.
      daz wâren engelische schar,
680 die brâhten lieht von himel dar,   630
      dâ mite belûhten sie   a
      ir vrouwen ûf der erde hie.   b
      daz den engeln êwiclîche   631
      liuhtet in gotes rîche,
685 daz ist daz êwige lieht.
      des verteile uns, herre, niht!
      Der wec gie rehte für die stat   635
      ze Jerusalêm gegen Jôsaphat
      dâ si si wolden begraben.
690 nû wart ein michel nôt erhaben,
      dô dirre wünneclîche schal
      dort über alle die stat erhal   640

---

670 Ier schein *CA*.   **671** *Initiale A.* In *FB.* der krone *AB.* hie] do *B.* schien *F,* ersain *C.*   **672** dâne was *I*] Da bas *C,* Da lag niht *A,* Lag weder (werder *F*) *BF.* edel stein *B,* stain *A.*   **673/674** *fehlen B, umgestellt in CA.* **673** engeiner slahte *FA,* ander chain *I,* dhain *C.*   **674** Pellen *F,* Weder pfeller *A.* seiden *I.*   **675/676** *umgestellt in B.*   **675** An ketten noch an *B.* Kettennan *A.* strangen *FA*] trangen *C,* stangen *IB.* **676** -ne *fehlt FCAB.* an] ouch *B.* nihteu *C,* nicht *IFAB.*   **677** Obder par si si sbebte *C.* An ir *B.* **678** *F(I)*] Recht sam (alsam *B*) *CB,* Schone als *A.* wan *I,* sam *F.* *Vgl. zu 685/686.*   **679** Es waren (was *B*) nuwan (der *B*) engelschar *AB.* **681/682** *fehlen AB.* **682** Vnser *C.* erden *FC.*   **683** engel *I,* heiligen *FCAB.* **684** Levchtent *I.* indem (in *AB*) himelriche *FCAB.*   **685/686** Die swebten also schone Ob der bare glich einer krone *B; vgl. zu 677/678.*   **685** Das was *A.*   **686** Des vertailte seu unser herre nicht *C.* vns here got *F,* ûns ùns' trâhtin *A.* niecht *IA.*   **687–690** *fehlen I; vgl. zu 628.*   **687** *Initiale FCAB.* Dirre *A.* was *F.*   **688** Fùr *A.* gen *FA,* ze *B.* iosapfat *C.*   **689** Da man sei solte *C.* solten *B.*   **690** nû *F*] Hie *C,* Da *A,* Do *B.* michel don *A,* grote schal *F.*   **691/692** *fehlen FA.* **691** Do wúnneclicher schal *B.* chunnichleiche (*aus* bunichleiche *korrigiert*) *C.*   **692** dort *fehlt B.*

von den engeln und von den liuten.
'jâ, herre, waz mac diz bediuten',
695 sprâchen die juden, 'oder waz ist dâ?
diz sint süeziu canticâ!
der habe wir wênic ê vernomen.'   645
nû seite man in, dâ wæren chomen
Jêsus junger. 'waz werbent die?'
700 'Marîa ist tôt, die wellent sie
mit grôzen êren bestaten.'
'des ensol nieman gestaten',   650
sprâchen die tiuristen under in.
'man sol si vertigen alsô hin
705 daz si sîn immer gedenchen megen
und ir etlîchen legen
dar dâ er des tages lieht   655
nimmer in jâres vrist gesiht,
und werfen die bâre in ein hor.
710 nû wol dan!' sus huop sich vor
der bischof und der povel nâch.
in was freislîchen gâch.   660
den sînen er 'dar nâher!' rief
vaste, und gegen der bâre er lief

693 *1. u. 2.* den *fehlt CAB.* vn auch *C.* **694** jâ *fehlt F.* sal *FCA.* duden
FAB. **695** oder] Och *mit Majuskel F,* ald *A, fehlt B.* **696/697** Wir han sus
(so *B*) süze cantica Vil selten e (e males *B*) v²nomen *AB.* **696** gantica *I.*
697 Wier hawen ier *I.* Di *F.* wênic *I*] vil (*über durchgestrichenem* be
[= benic]) luzzel *C,* selden *F.* **698** Do *AB.* sagt *I,* seget *F,* sait *C.* dâ
wæren *F*] die werē *I,* da ber *CAB.* **699** willent *FAB.* **700** deu ist *C.*
701 begraven *F.* **702** Dat mohte wir nit fur gehebben *F.* Des (Dc *A*) sol in
CA. **703** die ivden *IAB.* **704** Dit sol wir *F.* Wan *A.* si so (*fehlt B*)
uertriben hin *AB.* geuertigen *C.* alsô *C*] von *I, fehlt F.* **705** si sîn *I*] sis *F,*
si es *A,* seu *CB.* mvgen *IA,* mogen *F,* mügen *C.* **706** und *IC*] Wir solen *F,*
Wan (Man *B*) sol *AB.* etleichen *IA,* etelichen *FB,* etsleichen *C.* **707/708** Do
in der sunne noch der tag Niemer an geschinen mag *B.* **707** dar dâ *C*] Da
hin da *I,* Dat *FA.* **708** *I*] In eime iare nit (niem² me *A*) gesiht (ensiecht *C*)
FCA. **709** Vnd die par prechen *C.* *I*] Vnde stoten *F,* Vñ ẃfen wir *A,*
Werffen in *B.* **710** nû wol dan *ICB*] Nu wol an *A, fehlt F.* sus] nu *A.*
711 pischolf *IC.* vnder dat volch *F.* das pouel *B.* **712** Im *B.* bart *C.*
IF] vil ernst leichen *CA,* vil ernst vnd vil *B.* **713** do naher *B,* dar nach *CA.*
rieffe *C.* **714** *I*] Vil harte starche er do lief *AB,* Vaste er gegen der bare liep *F,*
Gegen der par vaste lieffe *C.*

715 als ein tobesühtic man.
mit beiden handen viel er dran
und wolde si haben gestôzen nider.　　　665
des gehabten sich die herren wider,
wand ez si vil unhôhe wac
720 swaz er ungebære phlac.　　　668
iedoch stiez er manigen stôz,　　　a
des er ze jungist niht genôz.　　　b
er hæte ein unzühtic leben;　　　669
nû begunde er an der bâre chleben　　　670
725 als ein vogel ûf dem chloben
und vor gegihte starche toben.　　　672
sînem lîbe nie sô wê geschach,　　　a
wand in ez ängestlîchen brach.　　　b
diu nôt was doch sîn eines niht;　　　673
730 si hêten alle mit im die phliht
die mit im dar wâren chomen.　　　675
si teilten schaden unde fromen
gelîche, swaz er dâ gewan.
maniger von wildem fiure bran.　　　678
735 man sach dâ vil der chrumben ligen　　　a
und manigen den liehtes was verzigen.　　　b
ir brach diu vallende suht　　　679

715 Gegen dˢ bare als ain tobēdˢ man *AB.* vntuchtich *F.* **716** Er fiel mit beiden henden dran *F.* hende *C,* armen *B.* dar an *A,* an *C.* **717** Er *FC.* wolden *I.* han gezuket *AB.* **718** Da enthabtō sich *A,* Da hatten sy *B.* habten *C,* hildē *F.* **719-722** *fehlen B.* **719** Wan *I,* Won *A.* ez si *I*] es in *F,* seu *CA.* vil *fehlt F.* ringe *C.* **720** Dier (Sin *A*) vngeperde der er pflach *CA.* Wat *F.* vngeberde *F.* **721/722** *fehlen CA.* **721** *I*] Och gedede er vil manigen stot *F.* **723** *Initiale B.* Der *B.* vngeheurez *CAB.* **724** An der bare begund er *AB.* **725** als ein *I*] Sam ein *F,* Alsam dˢ *C,* Als der *AB.* andē *CAB.* **726** Von der gehihte begund eˢ *A.* van *FB.* vergicht *C.* vaste *F,* sere *B.* **727/728** *fehlen AB.* **728** Wan *I.* ez in *C,* es *F.* freislichen *F.* **729** doch *fehlt FAB.* einig *F.* **730** *I(F)*] muesten mit im haben *C,* müssen es alle haben *A,* müsten also haben *B.* die *nur I.* **732** Di *F.* **733** Ir not was manger hande *B.* wat *F.* da ere geban *C.* **734** *F(A)*] *fehlt I,* Genüge das wilde fúre verbrande *B,* Maniger von vergicht ban *C.* vō dem wildē *A.* **735/736** *fehlen AB.* **735** vil der *FC*] manigen *I.* doden *F.* **736** manigen *IF*] vil *C.* liecht *C.* was *fehlt F.* **737** *I*] Ir brach ōch *A,* Sie brah *FC,* Genüge brande *B.* vngenanteu *C,* starche *A.* svchte *I.*

harte vil mit ungenuht. 680
mit siechen lac daz velt bestreut.
740 sus wart getrœstet und gevreut
swaz liute mit der bâre gie.
noch stuont der bischof allez hie,
unz der arme wol enphant 685
daz er deweder sîn hant
745 mohte erledigen von dan.
dô rief er sant Pêter an.
er sprach: 'herre, erledige mich!
gedenche daz ich ernerte dich 690
und vriste dir den lîp   *Beginn H*   a
750 dort bî dem fiure, dâ daz wîp   b
diu der tür phlac und zwêne man 691
dich mit grimme riefen an,
dû wærest Jêsû undertân.
dô schuof ich daz man dich lie gân.
755 nû hilf mir mit dem lîbe hin.' 695
'daz tæte ich, woldest dû an in

738 Mit vil groter vntuht *F*, Do waz michel vngenûht *B*.   mit *fehlt I*.
vngenuchte *I*.   **739** Lag dc velt mit siechon *A*, Das velt mit siechen was *B*.
waz *I*.   **741** Waz *IB*.   lùtes *AB*.   peidˢ par *C*.   **742** pischolf *IC*.   pei der
par *vor* allez *C*.   **743** Vnz daz *C*.   mûding *B*.   wol] des *C*.   bevant *AB*.
744 er *fehlt C*.   entweder *I*, enwedˢ *A*, weder *F*.   **745** Nicht chvnd *I*.
erlôsen *AB*.   **746** rueft *C*.   sinte *F*, sancte *B*.   petern *AB*.   **747** er sprach
fehlt FB.   Here peter (petˢ *A*, petre *B*) *FAB*.   ledige *FB*, loese *C*.   **748** bie
ich *C*.   ich ôch *A*.   IA] entschuldigede *F*, perete *C*, loste *B*.   **749/750** *fehlen*
A.   Do ihs wart geuangen Dem du noch wer gegangen *B*.   Meister ret an
dinen lip *H mit dem ersten erhaltenen Vers vor 751*.   **749** *I(F)] fehlt C*.   dinen
lif *F*.   **750** *In C Reimpunkt nach* veuer *und dies vermutlich als Reim auf* tuer
verstanden wegen des Versausfalls 749.   **751** *I(FC)]* Du vaist wol da die zwene
man *A*, Do das wip vnd der man *B*, Vnd aûch noch zwene man *H*.   Die des
plach *F*.   diu *fehlt C*.   **752** Dich mit grim ri.fen an *in I am Rand mit*
Verweiszeichen nachgetragen.   Dich mit gescrei *F*, Die dich mit salle *C*, Vnd
das wip dich *A*, Mit nyde dich *B*, Die dich vaste *H*.   riefton *C*, sprach *F*,
schriten *H*.   **753** Si iahent du *AB*.   A] ihesvs *FCBH*, iesum *I*.   **754/755** *in*
H:
           Bie dem geschrei wolt ich nicht stan
           Ich schûef daz dû cheme hin
           Ich man dich an den selben sin.
754 Dv dede *F*.   **755** nû *fehlt C*.   och mir *F*.   **756** *Initiale und neues*
Reimpaar in H: DA sprach sant petir nû ŷnim Hetest dû rechten gloûben an
en.   *Initiale bzw. Majuskel C*.   tet *IC*, tede *F*, dete *B*, tât *A*.   ich gern *CA*.
woltent ir *B*.

    gelouben den ir dâ vienget
    und âne schulde hienget,
    den disiu vrouwe maget gebar.'
760 'jâ, herre, jâ geloube ichz gar,   700
    wan daz ez uns niht helfen sol.
    wir wizzen die wârheit alle wol:
    dô man in harte vil gesluoc
    und Pylâtus die hende twuoc,
765 – dâ enzôch er sînes tôdes sich –,   705
    dô riefe wir alle: »der gerich
    geschehe uns und unsern chinden!«
    daz wir leider nû wol vinden.
    wir haben uns selben sô gefluochet
770 daz unser dehein sælde ruochet.   710
    wie möhte des immer werden rât,
    der im selben sô verteilet hât?'
      Dô sprach der heilige man:
    'der fluoch erbet niemen an,
775 wan der stæte dar an bestât.   715
    swelh sæliger sich aber toufen lât

---

757 An den· den *H*. dâ *fehlt F*. uiengen *A*, vingent *B*. 758 an vnschvlde *I*, an das krútze *BH*. erhienget *C*, in hiengen *A*, hingent *B*. 759 magt wesent *I*. 760 *I*] Here ia· gelovfich ir gar *F*, Her ich gelaub ez gern gar *C*, Ja·h⁵rė· (Er sprach *AB*) daz gloûben ich gar *HAB*. ich iz *I*. 761/762 *umgestellt AB*. 761 Want *F*, Band *C*, Siet *H*. daz *fehlt H*. 762 Sa wizzen wir doch *H*. die wârheit *fehlt CH*. alle *fehlt F*. 763 ... man *F*. dô] Daz *C*. in] cristū *H*. harte vil] mit gaselan vil *A*, mit geyschlen *B*, sa sere *H*. schlůg *BH*. 764 und *fehlt H*. die] sine *H*. 765 Er zoich zů sines todes schicht *H*. Do *FAB*. entslůg *A*, entschuldigt *B*. 766 Er schrei diz vnschůldeg gericht *H*. Da rief wier *I*, Dv riepen wir *FAB*, Bier rieffe auch *C*. alle] das *B*. der gerich *FAB*] geleich *IC*. an ⱱns *ABH*. an ivnserē *AH*. 767 Richet got *H*. 768 Als *H*. leider nû *IC*] nv leider *F*, nu *AB*, das noch *H*. bevinden *FABH*. 769 Wer im also ẛ flůchet *H*. selve *F*, selb *C*. sô *fehlt F*. ·verflůchet *FCAB*. 770 Kein salde sein geruchet *H*. chain *I*, ingein *F*, enhain *A*. gervcket *FC*. 771 mag *H*. des *IF*] sein *CH*, ioch des *A*, des ioch *B*. immer *fehlt B*. 772 sih *FAB*. *FA*] selber *I*, selb *CB*, *fehlt H*. sô] also *H*, *fehlt FC*. verteikit *F*, ůflůchet *ABH*. 773 *Initiale AB*. Da *IH*. der selbe *B*, sant petir d⁵ *H*. heiliger *F*. 774 Der .../ erfet *F*. der erbet *IH*. klebot *AB*. 775 Want *A*, An *I*, Nuer *C*. ǒch stâte *A*. stæte *fehlt H*. do jnne *B*, in vngelaûben *H*. stat *FCH*. 776 Der abir zů d⁵ taûffe get *H*. Swelich *IF*, Sbelher *C*, Wer *B*. sæliger *fehlt C*. sich aber *I*] sih ǒch *F*, ǒch sich *A*, sich *CB*.

und erchennet got nâch unser ê,
dem enschadet dehein erbesünde mê.'
'genâde, herre, ich bin bereit.
780 ich geloube die heiligen christenheit.
der mir sîn hülfe, ich toufte mich.'
'meinst dûz alsô?' 'daz tuon ich,
jâ mit rehten triuwen,
und muoz mich immer riuwen
785 daz ichz sô lange hân verlân.'
'dîn riuwe sol dich wol vervân',
sprach sant Pêter aber dô,
'sît ich dich, bruoder, alsô
in guoter andâht vinde,
790 dîniu bant ich dir enbinde
dâ mite dû gebunden wære.
wis aller dîner swære
ledic unde wol gesunt
und ginc enwec an dirre stunt
795 dort für dâ Jôhannes gât.

720

725

730

735

777 Der glaubet an die neũwen e *H.*   got er kennet *B.*   nâch] in *AB.*
778 en- *FH*] *fehlt IABC.*   sadent *C.*   chain *I,* ingein *F,* enhaine *A,* aũch
keine *H,* sein *C.*   niemere *C.*   nicht me *I.*   779 *Initiale H.*   Er sprach *AB.*
genâde *fehlt AH.*   Herre mein *H.*   780 die *I*] andi *F,* bol
die *CAB,* der *H.*   heiligen *fehlt CAB.*   781 Swer *I.*   sîn *fehlt FBH,* es *A.*
hilfet *AB.*   tỏfe *AB.*   782 Begerst dủ des *H.*   alsô *IFC*] so *AB, fehlt H.*
Nach 782 *in H zwei Verse eingeschoben:* Sprach sant petir dˢ heilige man   Der
Jude rief en abir an.   783 Ich ger dˢ taũffe mit ganczzen treũwẽ *H.*   mit] oh
an *F.*   784 Ez *CH.*   immer] an mein ende *H.*   785 ichz] ih *F,* ich die taũffe
H.   also lan(c) *F,* ie *H.*   gelan *ABH.*   786 Got sol din gnade han *B.*   Deu
C, Die *H.*   ruwen *F.*   787 aber] zủ im *H.*   788 *In H drei Verse, der zweite
mit Initiale:*

Des waz dˢ Jủden byschof vro
Sant petir sprach brủdˢ mein
Dủ scholt stet am glaũben sein.

Sint *F.*   789 gueten reuen *C,* ganzˢ rủwe *AB,* dˢ andacht *H.*   ich dich vinde
H.   790 Dine hant *FB,* Von den banden *H.*   dir *fehlt I,* dich *H.*   791 Da dủ
vor mit *H.*   792 Nu bis *C,* Biß *B,* Gang ledig (*aus 793/4*) *H.*   793/794 *fehlen
H.*   793 Lidic *AB.*   794 und *fehlt FB.*   ginch *I,* ge *C,* ganch *FAB.*   enwec]
hin fùr *AB.*   in *B.*   795-798 *in H verkürzt auf drei Verse:*

Hin da Joh'es daz zwig treit
Daz nim mit rechtˢ demủtekeit
Daz zwig dủ von dem hˢren nim

Damit bricht H ab.   795/796 *umgestellt AB:* Den balmen den iohannes hat
Da er vor der bare gat.   795 Hin uuer *C,* Dort fur hin *F.*

den palmen den er dâ hât
und in vor der bâre treit,
den nim und büeze disen ir leit   *Ende H*   738
die dort von unsers herren chraft   a
800 mit maniger nôt ligent behaft.   b
die dâ gelouben an got   739
und gerne leisten sîn gebot,   740
die bestrîch dâ mite und sint genesen;
und die dir widerbrüchic wesen,   *Ende F*
805 der enrüere fürnamens einen niht,
sô gesihest dû wol waz in geschiht.'
des was der jude vil bereit.   745
er tete als im was für geleit.   746
er nam den palmen und gie   749
810 dort zuo den siechen dâ die   750
lâgen in maniger ungehabe.
er rihte si ir irretuomes abe
und wîste si an der sælden spor.
er sprach in den gelouben vor.
815 swelher denne nâch im sprach   755
und den er in guoter andâht sach,

796 palm *C*, palm ast *I*.   **797** und in *IAB*] Den er (er *über der Zeile nachge-tragen*) *C*, *Versbeginn bis* vor *in F unleserlich.*   in den handen *AB*.   **799/800** nur in *I*.   **801** dâ *fehlt C*.   gelôbent *AB*.   **802** reht erkennent *AB*. ervollen *F*, gehalten *C*.   **803** ruere *C*.   und sint *I*] vnde sin *FC*, so sint si *AB*. **804** und *fehlt CAB*.   dir *IF*] dier aver *C*, abˢ *A*, *fehlt B*.   widerbrüchic] wider bravchich *I*, bider (*davor* bidht *getilgt*) pruchich *C*, wider brúht.. *F*, widerbrühtec *Leitzmann 279*, da widˢ wellent *A*, nicht gloubig wôllent *B*.   *Mit* ..sen (= wesen) *bricht F ab*.   **805** Die *B*.   ruer *C*.   fürnamens einen niht *I*] ainen (*fehlt B*) da mit nicht *CAB*.   **806** Du gesihest wol *B*.   sichst *C*.   in] den *C*. **807** Der iude bas des *C*.   bischôf *AB*.   **808** vor gesait *AB*.   **809/810** *in AB zu vier Versen erweitert:*
    Ze sant iohanne er do kam
    Den balmen er im vssˢ dẽ hẽdẽ (vs der hant *B*) nā
    Niht langˢ er do lie (er enlie *B*)
    Zû den sinen er do gie.
809 di palm *I*, den palm *C*.   **810** Hin *C*.   **811** Da die (sy *B*) lagen mit ungehabe *AB*.   **812** richtet *C*, wiste *AB*.   siechtumbes *B*.   **813/814** *umgestellt C*.   **813** Er rueft *C*.   rihte si vf *AB*.   **814** V̄d sprach *C*.   **815/816** *fehlen C*.   **815** Sweler in den nach sprach *A*.   Swelicher *I*, Wolher *B*.   den *I*.   **816** Vñ eˢ in *A*.   und *fehlt B*.   ten *I*.   mit (in *B*) ganzˢ rùwe *AB*.

zehant als er den bestreich,
diu nôt im von dem herzen entweich.
sus machte er si in churzer stunt
820 âne fümfe gar gesunt,   760
die versmæhten sîne lêre.
des engulten si vil sêre:
si lâgen gâhes endes tôt.
sus was verendet ir nôt.
825 Dô die juden diu mære   765
wie ez disen ergangen wære
die dâ sô gâhes ersturben,
und wie jene daz leben erwurben
und wie ez ir bischof ergie,
830 vernâmen, dô begunden sie   770
sich von dem wege rucken
und in die winchel smucken.
si wincten unde burgen sich:
'birc dû dich dâ, hie birg ich mich.
835 wir haben übel gevarn.   775
dar under sul wir doch bewarn
daz wir des immer verjehen
swaz hie wunders sî geschehen.'   778
diz was nâch ir alten site   a

817 Sazehant *C, fehlt AB.* den *I]* seu *C,* dē da mitte *AB.* 818 suht *AB.* vondem leibe *C,* da ze stunt *A,* do zů hant *B.* baich *C.* 819 Er machet si alle da ze stunt *AB.* Also erloest *C.* Svst *I.* 820 An frvme *I.* gar *I]* wol *CAB.* 821 Di auer *I.* uersprachen *A.* 822 Di engvlten sein *I.* 823 Die *C.* des gehen endes *CB,* des gâhes todes *A.* ir] diseu *C.* 825 *Initiale AB.* Als do *A,* Als *B.* hort.. (*am Rand mit Verweiszeichen nachgetragen*) di mere *I,* vernomen die mere *B,* diseu mere *C.* 826 Geaisten bie *C.* ez *fehlt C.* disen *I]* den *CA, fehlt B.* 827 Das die *B.* da so gahes endes *I,* so gach *C,* so gâhes *A,* gehes *B.* 828 Vnd die andern die *C.* jene *AB]* dis *I.* lebende *B.* 829 ir] dem *C.* pischolf *IC.* 830 *A]* Vnd vernamen *I,* Penamen *C,* Alzůhant *B.* dô *IA]* die *C, fehlt B.* 831/832 *umgestellt AB.* 831 Vñ vō *AB.* dukken *A.* 832 Sich in *AB.* 833 Si winkton an (ein *B*) ander tŏgenliche *AB.* beichten (*nach durchgestrichenem* binchnchten) *C.* 834 V⁹birge *A.* dâ *fehlt A.* hie] so *A.* 835 hant vil ivbel *AB.* getan *C.* 836 Nu sont wir *A,* Doch sullen wir *B.* doch] doch dc wol *A,* daz vil wol *B.* 837 des *fehlt CAB.* niemer *A.* 838 Der wnd⁵ die hie sint beschehē (geschehen *B*) *AB.* 839–844 *nur in I.* 839 noch *I.*

840 dâ si sich ê verworhten mite.   b
     diu selbe leme schadet in noch,   c
     daz si der wârheit doch,   d
     swie vil si ir mit den ougen sehent,   e
     ir danches nimmer verjehent.   f
845 **I**r schallen was gar gelegen.   779
     die der bâre solden phlegen,   780
     die sungen swaz si wolden
     und truogen als si solden
     zuo dem grabe ir vrouwen,
850 daz ê was gehouwen
     mit grôzem vlîze in einen stein,   785
     dâ aller menschen dehein
     vor nie wart în geleit,
     dâ wart mit grôzer schœnheit
855 bestatet der engel chünigin
     und wol bewa*htet* unz an in,   790
     als in gebôt unde riet
     unser herre, dô er von in schiet.
     Diu wahte werte, als ich iu sage,
860 zwô naht und zwêne tage.
     des dritten morgens fruo,   795
     dô quam in aber unser herre zuo
     und lie sich schînlîchen sehen.
     er sprach: 'nû sult ir mir bejehen
865 und lât mich hœren iuwern rât,
     sît menschen reht begangen hât   800

---

844 si nimmer *I*.   **845-858** *in I ersetzt durch ML 9472-9509*.   **845** *Initiale
AB*.   Sus (NV *B*) wc ir *AB*.   guden wol gelegen *B*.   **846** di bare *B*.
847 swaz] do swc *A*, baz *CB*.   **848** trurotō *A*.   **849** ir *AB*] vnser *C*.   **850** Da
A.   **851** vleizzem *und Reimpunkt C*.   **852** enkain *A*.   **853** Da vor *AB*.
wart nie *B*.   **854** Suß *B*.   **856** peba...t *C* (pewahret *Pfeiffer; an der durch
ausgelaufene Tinte undeutlich gewordenen Stelle* pewaret *oder* pebachet = be-
wacht *möglich nach Fechter*) *C*, behalten *AB*.   **857/858** Als in (*fehlt B*) ùnser
herregot riet (in riet *B*) Vnd gebot do (in do *B*) er *AB*.   **859** *Initiale AB*.   die
wert *B*.   **861** An dem *AB*.   morgen *A*, tage *B*.   vil vrue *C*.   **862** dô *fehlt
AB*.   **863** Als er da vor (ouch e *B*) hate getan *AB*.   Er *C*.   seinperleichē *C*.
864 ier alle (alle *nachgetragen*) *C*.   mich wissen lan *AB*.   vergehen *C*.
865 *I*] Euern billen vnd euren rat *C*.   Vnd rehte hŏren *AB*.   **866** mennis-
leichez *C*, menschlich *AB*.

        mîn liebiu muoter, waz ich nuo   *Beginn G*
        mit ir nâch mînen êren tuo
        und daz iu wol gevalle.'
870 die herren swigen alle
        wan eine Symon Pêtrus,   805
        der sprach für die andern alsus:
        'herre, alwaltender Christ,
        in dîner hant beslozzen ist
875 dirre werlde umberinc,
        himel und elliu diu dinc   810
        diu dar inne sint bevangen,
        daz niemen chunde erlangen   *Ende G*
        die hœhe noch ergründen nider
880 die wîte für unde wider,
        die lenge her unde dar.   815
        dû weist ouch die gedanche gar
        des menschen, ê si geschehen.
        wes möhte wir dar umbe jehen
885 oder war zuo töhte unser rât,
        sît dîn fürgedanc verendet hât   820
        swaz ie geschach oder geschehen sol.

867 ich dar zů tů *A*.   nv *IG*, tue *C*.   **868** tuo] nu *C*, nů *A*.   **869** Vñ wc ŏch *A*.   und *fehlt C*.   das es uch *B*.   euch allen *C*.   wol alle *I*.   **871** Wan symon vnd petrus *I*.   Nuer *C*.   ain⁵ *A*.   sand peter *durch Einfügungen geändert in* sand simon peter⁹ *C*.   **872** Di sprachen *I*.   sus *C*.   **873** *Initiale G*.   herre] Owe *C*.   almechtiger *I*, vatter Jhū *B*.   *Nach 873 zwei Verse in B:* Ich weiß wol das du gewaltig bist   Vber allez das die welt hat *B*.   **874** ist] stat *B*.   **875** Dirrer *I*.   **876** Dˢ himel *A*.   dar zů alle ding *B*.   diu *fehlt C*.   **877** Deu du hast peuangen *C*.   da entzwischan *AB*.   gevangen *I*.   **878** Deu *CG*.   chan *C*, mŏhte *A*, mag *B*.   **879** Mit hoh *I*.   gegründen *AB*, die tiefe *C*.   **880** nŏch *AB*.   **881** nŏch *AB*.   **883** e daz *CAB*.   beschehen *A*.   **884** Was *B*.   solton *AB*.   wir hˢ v̊bˢ iehen *A*, wir dir nů veriehen *B*.   **885** wc tŏch *AB*.   tovcht *I*.   **886** voergedanche *C*.   voll ende *B*.   **887–890** *IC*] *stattdessen in A acht, in B vier Verse; zunächst*

      in AB: Swc man siht ald niht gesehen mak
               Vinstri lieht naht vnde tak;
      in A: Gar in dinem gebotte stat
               Vnd swc der vieron sich begat
               Div elementa sint genant
               Dis stat (*davor getilgt* Die stant) gar in dinˢ hant;
      in AB: Vnd hast es (Dez hastu *B*) alles gewalt
               Din gewalt ist so mångvalt.

Vgl. dazu 'Kindheit Jesu' V.2507–2509 mit Lesarten, ferner Hoffmann, Bibl. Nr. 52, S.450f.   **887** Allez daz da ie *C*.

           dar zuo weist dû, herre, wol   822

           manige grôze heilicheit   a

890   die dû an dise vrouwen hâst geleit.   b

           waz wart den êren ie gelîch,   825

           dô dû herre untôtlîch

           und unlîdic wære,   *Beginn G*

           daz dû si ze sagerære

895   dîner heilicheit erchür,

           dô dû durch die beslozzen tür   830

           quæme in ir wîngarten,

           vor und nâch versparten,

           dar ê nie man dehein vart

900   ûz noch în erloubet wart?

           dô wart der zorn hin geleit   835

           zwischen uns und dîner gotheit,

           den mit ir ungehôrsam

           Êve, unser muoter, und Âdam   *Ende G*

905   an uns mit erbe brâhten,

           dô si dîn gebot versmâhten   840

           durch des alten vîendes rât,

           den ir wuocher sît erwürget hât

           an dem angel den er slihte,

910   dô er an daz chriuze zihte.

           der vil reine lîchnam,   845

889 Vil manegeu *C*. **891-924** *fehlen A*. **891** Das *B*. iegelich *B*. **892** Do *C*, Da *I*, Das *B*. **893** *B*] vnledich *I*, vnliebleich *C*, vnzællich *G*. **894** Vnd sy *B*. sag'ere *I*, sagrere *C*, sagrære *G*, segere *B*. **895** heimlichkeite kúr *B*. **896** dô dû *G*] Da dv *I*, Vnd *CB*. verslozzen *C*. die *fehlt I*. **897** wunnegarten *I*. **898** Voer unach *C*. noch *I*. **899/900** *fehlen B*. **899** Daz e *I*, Da e *C*, Dar *G*. nieman *C*. **901** Da *CG*. **902** uns *CG*] dem menschen *I*, dir *B*. **903/904** Den vnser mueter eua vnd adã Mit ier vngehorsam *C*. **903** Dev *I*. mit] mir *G*. ir] vnser *B*. **904** Vnser mŏter Eve (eua *B*) *GB*. **905** Vns an prachten *C*. **907** Nach *C*. rat *in C über durchgestrichenem* haz. **908** Den sitt din werck erwúrcket hat *B*. **909** verslant *CB*. **910** da er in (dich *B*) hangunt (*fehlt B*) andem chreuz uant *CB*. **911-924** *stattdessen in B die vier Verse = Pfeiffer 845-848:*
                    Der angel was din gotheit
                    Das korder was din menscheit
                    Die du herre an dich neme
                    Do du herre durch vns in erde keme.

911-915 *fehlen C, nur in I*.

von dem dîn hôhiu diemuot nam
den lîp der sich durch unsern tôt
ze tœten an daz chriuze gebôt   848
915 und sich selben chuhte wider   a
und nâch der urstende sider   b
hât alle hœhe überstigen, -   849
solde der tiure merz hie geligen,   850
vûlen in der erde
920 eneben unser swachem werde,
daz missezæme dînem namen.
und ich wæne des sich müezen schamen
swaz heiligen dâ ze himel ist,   855
dâ si vrouwe und dû herre bist.
925 sît dûz wilt und wesen sol,
sô zimt ez ir und stât dir wol,
swâ der chünic gechrœnet sî,
daz im diu chüniginne bî   860
gezieret mit der chrône gê,
930 neben im sitze unde stê
ze himel dâ si chüniginne ist
und dû cheiser aller chünige bist,
daz si dâ bî dir belîbe.   865
geruoche dem edelen lîbe
935 die reinen sêle wider geben
und heiz si mit ein ander leben
mit dir in dînem rîche   870
mit vreuden êwiclîche,   869

912 den *I.*   914 Zetot/ten *I.*   916/917 *Ein Vers in C:* Vnd nach der vrstende
alle hoehe hat vberstigen.   918 der tiwer mertz *I,* dier teuer merce *C.*   ligen
C.   919 Voellen *I.*   erden *C.*   920 Geleich vnserm sbachen berden *C.*
922 Vnd ben sich muesten *C.*   925 *Initiale B.*   Seit ez ist v̂d berden sol *C.*
vñ es *AB.*   926 gezimt vnd stat ier *C.*   eret es dich *AB.*   dv̂t wol *B.*   *Vgl.*
980 und App. nach 966.   929 Ze der seite mit ier chrone ge *I.*   mit] noch *B.*
930 Baidl̓ sizze *AB.*   931 Da ze *C.*   vnd do sy *B.*   932 Vnd (chuni
durchgestrichen) du chunech pist *C,* Vnd v̂b⁵ alle (Vnd du aller *B*) kùnge kaiser
bist *AB.*   934 Nu geruech *C.*   disem *AB.*   weibe *I.*   936 und *fehlt AB.*
ein] an *A.*   937/938 *In C ein Vers:* Imer indeinem reiche.   *In AB:* Ieme (Do
sy *B*) ewekliche Bi dir in dinem riche.   *Danach noch zwei Verse in B:* Bliben
iemer mere Des hastu gegen ir ere.

daz si uns ze dir gehelfen mege
940　und mit ir güete hin lege
swaz iemen wider dich getuo.
dâ enist uns niemen bezzer zuo.'
Der guote rât und diu bete　　　　　　875
geviel im wol und tete
945　des in die herren bâten,
wan siz mit triuwen tâten.
er gebôt in daz si næmen abe
den obern stein von dem grabe.　　　　880
dô der fürder wart genomen,
950　dô hiez er balde wider chomen
die sêle zuo dem lîchnamen
und gap si schône zesamen
und trôste si, daz si wære　　　　　　885
vor tœtlîcher swære
955　und vor allem sêre
sunder angest immer mêre.
Dô diu vrouwe den tôt
âne lîbes und âne sêle nôt　　　　　　890
sô wünneclîchen überwant
960　und ir von got wart erchant
daz si nimmer mêr ersturbe
noch vreude an ir verdurbe,
der êren vreute si sich.　　　　　　895
si sprach: 'herre sun, nû hâst dû dich

---

939 Da *A*.　hin zu *C*.　**940** gelege *AB*.　**941** Swa *A*, So *B*.　**942** en- *fehlt*
CAB.　**943/944** *In C ein Vers:* Der rat geuiel im due bol.　**943** *Initiale CAB*.
diu *fehlt I*.　**944** Behagete *AB*.　wan er tet *AB*.　**946** Band si daz *C*.
947 in *fehlt I*.　**948** obern *fehlt I*.　von] ab *A*.　**949** Der wart (was *B*) vil
drates (schier *B*) ab (dan *B*) genomē *AB*.　fvder *I*, ab *C*.　**950** soen *C*, schiere
A, drate *B*.　**951** lichamen *AB*.　**952** Er *CAB*.　schône *fehlt C*, baide *AB*.
953 trosten sei *I*, lobte ir *A*, gelobte *B*.　weren *I*.　**954** totleichen sweren *I*.
955 allem *fehlt B*.　h͞ze sere *AB*.　**956** Svnder an angest *I*, An angest *CAB*.
957 *Initiale CAB*.　Nu *C*.　unser fraue *CAB*.　**958** *zweites* âne *fehlt B*.
959 -leich *CB*.　**960** von got *IC*] dar zů *AB*.　**961** mêr *fehlt A*.　**962** sålde
AB.　**963** vrovten *I*.　**964/965** *In C umgestellt:* Vil groezleichen hast du mich
Sprach si herre ge eret.　**964** sprachen *I*.　sun *fehlt I*.　mich *AB*.

965 vil grôzlîchen geêret
und dîn lop an mir gemêret. 898
des sî genâde geseit 903
dir drin in einicheit,
dir einem drîvaltic: 905
970 genædic, wîse, gewaltic 906
vater, sun, heiliger geist; a
aller güete volleist, b
nû hâst dû wol an mir getân. c
mit vreude ich überwunden hân d
975 swaz mir leides ie geschach. e
mîn jâmer und mîn ungemach f
ist mir mit êren hingeleit; g
daz ich in dîner einicheit h
mit dir âne ende wesen sol, i
980 daz êret dich und tuot mir wol.' k
Nû wizzet wol daz ein man 909
der rîch ist und bedenchen chan 910
gotes êre und dâ mite
der werlde prîs, und den site
985 als ez danne under den liuten stât

---

965 Starchlichen *AB*. 966 und *fehlt CB*. *Nach* 966 *in AB vier Verse =*
Pfeiffer 899-902:

    Sit dc ich ewekliche
    Bi dir in dinem riche
    Hinnan für iemᵉ (*fehlt B*) wesen (bliben *B*) sol
    Das eret dich vñ tũt mir wol.

Die entsprechenden Verse in IC erst 978-980. 967 Des muez sein gesait *C*.
968 inenicheit *nach durchgestrichenem* inewicheit *I*, in ainer rainchait *C*, in
ainᵉ ainkait *A*, in einer ewickeit *B*. 969 einem *IC]* ainen *A*, ein *B*.
drivalticheit *IC*. 970 Wis genådig als (vnd *B*) gewaltig *AB*. Genade *I*. bis
und gebaltich *C*. wiz *I*. *Nach* 970 *zwei Verse in AB = Pfeiffer 907/908:*
Aller (Alß *B*) diner hantgetat Dù din reht begangen (gebot behalten *B*) hat.
971-980 *fehlen AB, vgl. App. nach V. 966.* 971/972 *nur in I*. 973 Du hast
uil bol zu mier *C*. 974 Mit lieb *C*. 976 Mit laid vnd mit *C*. 977 mit
[u]reuden *danach durchgestrichen* penom *C*. 978-980 *vgl. zu 966.* 978 Seit
C. dîner] der *mit übergeschriebenem* iner, *das durchgestrichen zu sein scheint*
C. ebichait *C*. 981-1024 *fehlen I*. 981 *Initiale CA(vierzeilig)B*. Ir *AB*.
982 erkennen *AB*. 983 hulde vñ ŏch *AB*. 984 den] ŏch ir *A*, ir *B*.
985/986 *fehlen C*. 985 vnder der welte *B*.

ze rehte haltet unde lât,
der ist gote und der werlde wert. 915
solhiu zuht rehter sælden gert.
der hât er immer sînen teil
990 und doch ze jungist daz heil
dâ sælden nimmer ende wirt,
dâ wünne bernde wünne birt. 920
daz schœnste und daz beste leben
daz got der werlde hât gegeben,
995 daz ist êlicher hîrât.
swelh sæliger den ze rehte hât,
der ist hie und dort genesen. 925
genuoge wænent daz si wesen
mit rehter ê; des sint si niht.
1000 sweder gemahele sîne phliht
mit valscher triuwe mischet,
daz sint die den dâ erlischet 930
daz lieht in der vinster
und die dâ zuo der winster
1005 vil jæmerlîchen gestânt
hie vor, sô die andern hin în gânt
die solher witze waltent 935
daz si sich wol behaltent.
    Nû lâze wir die rede hie
1010 und grîfen wider an die
dâ wir si liezen ê.
hie wil ein degen ze rehter ê 940

986 Der zurechte *B.* 987 den leuten *C.* 988 Swc eron rehte rehtù sålde gert *A.* Was ere vnd rechter *B.* 989-992 *fehlen C.* 989 er *fehlt B.* 990 iungste *A,* jûngst *B.* 992 wunnebernde *AB.* wirt *A.* 993-995 *Vgl. Gregorius* 2222-24. 993 Wan das sûssesste leben *A,* Das aller súß zeste zeleben *B.* Daz ist daz *C.* 994 geben *C.* 995 eleicheu (-che *A*) heirat *CA,* elicher rat *B.* 996 Sbelcher die *C,* Swelch sålige den *A,* Wer seliger den *B.* 997 und *fehlt A.* 999 des] die *A.* si] des *AB.* 1000 Sber der *C,* Weder *B.* 1001 valser lieb *C,* valschen trùwen *A.* myschent *B.* 1002 dâ *fehlt AB.* erlischent *B.* 1003 vinstri *A.* 1004 Dc sint die *A.* dâ *fehlt AB.* vinster *C,* uinstri *A.* 1005 iemercleichen gestent *C.* -lich *B.* 1006 So iene mit vrôden fùr sich gant *AB.* gent *C.* 1007 sålde *A,* selden *B.* 1008 sich wol *C*] ir e *AB.* 1009 *Initiale CAB.* lassen dise *AB.* 1011 Die wir vor dirre *AB.* 1012 wilich *B.* siner e *AB.*

maget sîne muoter nemen.
des hîrâtes mac im wol gezemen
1015 der âne sünde mitewist
der mägede sun und vater ist.
wir *en*suln ez niht fürbaz schieben   945
von disen zwein gelieben,
wir suln iu sagen *war* si sîn.
1020 ez wart ouch an ir verte schîn:
si enhêten ros noch wagen
noch niht daz si mohte getragen,   950
die himel neigten sich gegen in,   *Beginn G*
si fuoren in den lüften hin.
1025 dô quam mit grôzer hers chraft   *Beginn E*
elliu himelischiu herschaft
zir vrouwen antvange.   955
man hôrte von ir gesange   956
manige süeze wîse.   a
1030 si begiengen in dem paradîse   b
ein wünneclîche heimvart.   957
der helle ouch enzucket wart
manic ellender gast.

1013 Aineu (Ein *B*) maget *CB*.   ze siner *durch Tilgungspunkte geändert in* sine
A.   **1014** Deu heirat *C*, Des rates *A*, Des huß rates *B*.   in *C*.   **1015** mit wist
A, mit ein ander ist *C*, nitt enwúst *B*.   **1016** der megede *B*] d⁵ prueder *C*,
Mågde *A*.   **1017-1019** *in B:* Wir ensúlln das hie nicht vertagen Wir sollen uch
von den elichen sagen Wer sy weren vnd wer sy sin.   **1017** en- (*B*)] *fehlt CA*.
1019 war *L. Kunze, Studien zu K.v.H. Diss. Göttingen 1920, S. 46*] ber (= wer)
CAB.   sint *A*.   **1020** Es wc von himel (von h. *fehlt B*) ὑnser trâhtint (trechtin
B) *AB*.   **1021/1022** *stattdessen in B die Verse:*
                     Vnd sin mûter die reine maget
                     Von der man grosse gnade saget
                     Die namē ein ander zu der e
                     Also das sy iemer me
                     By ein ander wolten sin.
1021 heten *C*.   wed⁵ ros *A*.   **1022** Noch slitten der si sôlte tragen *A*.
1023 gein *GAB*.   **1024** *fehlt B; vgl. zu 1021/22.*   Si vuerten seu *C*, Vnd
fûrent *A*.   **1025** *Initiale E*.   Vnd komen *B*.   Iz *I*, Nu *E*, Hie *G*.   **1027** Zv
ier *IAB*, Zu d⁵ *C*.   **1028** Mit lobe vnd mit gesange *AB*.   an *C*.   **1029/1030**
nur in I.   **1031** Da wart wunneclich div hain vart *A*, Wunnickliche wart die
hienvart *B*.   **1032** ouch *I*] da *C*, ovch da *EG*, ab⁵ da *A*, *fehlt B*.   **1033** Vil
maneger (manech *EG*) *CEG*.   gaist *A*.

	ir sloz, ir rigel, ir porte brast	960
1035	als ir ouch wîlen ê geschâch,	
	dô si got selbe brach	*Ende G*
	und manige sêle erlôste.	
	sus quam er in aber ze trôste	
	ze der vrouwen heimverte.	965
1040	ir winchel er be*h*erte.	
	die schergen vluhen von ir phlege,	
	si burgen sich ab dem wege	
	vor dem gewaltigen der dâ quam,	
	der in guot und êre nam.	970
1045	dô niuwete sich ir alter val.	
	der sêle wuof, der engel schal	
	rihten sich zesamen dâ	
	und sungen epitalamicâ.	
	daz bediutet hôhiu brûtliet.	975
1050	als er die armen dô beriet,	
	sô berât er uns immer mêre	*Beginn G*
	durch sîner muoter êre.	
	Dô diz allez was geschehen	
	und si hêten gesehen	980

1034 Ir port ir schloß ir rigel *B*.   ier poert ier rigel *CEA*.   **1035** ir *fehlt CEG*.
ouch *fehlt CB*.   wîlen] da uor *AB*.   ê *fehlt IA*.   **1036** v̈nser hͤre *A*.   selber
I.   auf prach *CEGB*.   **1037/1038** *umgestellt in C*.   **1037** Du er *C*.
1038 Nu *AB*.   **1039** Mit sinͤ mͨter hinvert *AB*.   Zv der *I*, Mit vnser *CE*.
haimvert *I*.   **1040** Die *C*.   er ir (in *B*) abͤ *AB*.   beherte *Lexer, Mhd.*
Handwb. 1,155] bechert *IA*, pecherte *CE*, enkerte *B*.   **1041** flvchen alle *I*.
võ (ab *B*) dem wege *AB*.   **1042** Vnd *EAB*.   hie ab wege *I*.   ab] von *C*.
uaste võ ir phlege *AB*.   **1043** Du der gebaltig quam *C*, Vollen gewaltig er dar
kam *B*.   Vñ vor *A*.   **1044** Vnd in *B*.   **1045** Du ſﬂebt (*Vorlage wahrscheinlich*
newt *Fechter*) *C*.   ir *fehlt E*.   **1046** Der selan ain vil michel zal *AB*.   wuof]
ſ꜀f *E*.   **1047** Die samten sich ze samde da *C*.   Di rihten *E*.   sich vf der engel
sla *AB*.   **1048/1049** *Vgl. Reinbot 1009f*.   **1048** Si *CB*, Die *A*.   ir Epitalamica
E, ir sͧzen cantica *A*, ephitalanica *B*.   **1049** diutet *EB*.   hôhiu *fehlt I*.
1050 andͤn *A*.   **1051** Also *AB*.   berettet *I*, berote *B*.   uns] sev *I*, *fehlt B*.
1053-1182 *fehlen CE*.   **1053-1058** *stattdessen in A:*

           Ob dis alsus ergie
           Vñ sich die zwelfbotten hie
           Von ain andͤ schaiden wolten
           Als si von rehte solten.

1053 *Initiale GAB*.   **1054** Vñ daz *G*.

1055 dise wünneclîche hinvart   a
     und ouch in erloubet wart   b
     ze varne swar si wolden,   981
     dô si sich scheiden solden
     und ieglîcher urloup nam,
1060 wâ! dort her îlende quam
     der nôtgestallen einer.   985
     noch was ir deheiner   *Ende G*
     gescheiden von dem andern dâ.
     'wis willechomen, Thômâ!'
1065 sprâchen die herren alle.
     mit einem süezen schalle   990
     wart er enphangen von in:
     'sag an, war wære dû hin?
     wie hâst dû dich versûmet!
1070 unser vrouwe hât gerûmet
     dise werlt und ist heim gevarn.   995
     mit wünneclîcher engel scharn
     ist si dâ hin geleitet.
     ouch habe wir si bereitet
1075 nâch menschen site in daz grap.
     unser herre uns die genâde gap: 1000
     dô si dar inne gelac
     alsô unz an den dritten tac,
     dô chuhte er si, daz sâhe wir,
1080 und fuor selbe mit ir
     ze vrônhimelrîche.   1005
     dû wærest billîche

1055 Diz *I*, Die *B*.   wnnechlichen *GB*.   *B*] hinevart *I*, heimvart *G*, hinuart *B*.   **1056** Vñ daz *G*.   **1057** swo *I*, war *B*.   **1059** ieslicher *G*.   genam *G*.   **1060** wâ *I*] Von *G*, Nu wa *A*, Nû sahen sy wo *B*.   her *fehlt B*.   eilen *I*.   **1061** not gestalten *I*.   **1062** Dannoch *AB*.   enhainer *A*, keyner *B*.   **1063** Von ain and^s geschaiden da *A*.   anderm *I*.   **1064** Biß *B*.   toma *I*.   **1065** si do *A*.   **1066** richen *B*.   **1067** Enpfiengen sù in *A*.   er *fehlt B*.   **1068** Si sp^{a}chẽ saga war *A*.   wo *B*.   **1069** Du hast dich ùbel uersumet *A*. Wo *B*.   **1071** hin *A*.   **1072** wunneclichẽ engeln *A*.   **1074** Wir haton si *AB*.   **1075** menschlichem *A*.   reht *AB*.   **1077/1078** *in I:* Daz wier in bei vns sahen andem dritten tag   Ob dem grab do si inne lag.   **1078** Als er unz *AB*.   **1079** erkihte *AB*.   **1081** Ze vron himelreiche *I*, In vrone himelriche *A*, Zů fronem himelriche *B*.

gewesen ze ir bivilde.
dû bist uns gar ze wilde;
1085 swâ wir sîn, dâ*ne* bist dû niht.
diz gelîchet der geschiht,   1010
diu dir wîlen ê geschach,
dô er uns den zwîvel brach
sîner heiligen urstende.
1090 sîten und hende
und füeze mit den wunden   1015
vrisch und ungebunden,
die sâhe wir und erchanden in.
er sprach: »nû seht daz ich ez bin.«
1095 des wâre wir innerclîchen vrô.
nû herre, wâ wære dû dô?   1020
dir geschach dô rehte als nuo;
dar nâch schiere quæme duo.
dô wart dir alles des verjehen
1100 des wir dâ hêten gesehen.
des gelouptest uns dû niht umb ein hâr.'   1025
er sprach: 'ir saget mir wâr,
leider! ich bin vil laz.
doch vreute mich sîn genâde baz;
1105 er ist genædiger danne ir sît.
ir wizzet wol, in churzer zît   1030
dô ich in mit iu allen sach
und er zuo mir einem sprach:
»Thômâ, tuo dîn zwîvel hin

1083 by ir liche *B*. 1084 *fehlt B*. ùnst *A*. 1085 sint *A*. do *IB*, da *A*.
1086 Dis *A*, Das *B*. gelichet sich wol *AB*. 1087 wîlen ê *I*] ŏch hie vor *AB*.
1089 Nach siner urstende *A*. 1091 und *fehlt AB*. den *fehlt B*.
1092 vnuerbunden *AB*. 1093 Sahent *A*. 1094 nû seht] gelŏbent *A*.
1095 Dis gelŏbten wir vñ warēt vro *A*. waz wier *I*, woren wir *B*. jnne-
clichen *B*. 1096 nû *fehlt A*, Jo *B*. wâre eht *A*. 1097 beschach *A*. do
fehlt I. als ŏch *A*. nŭ *B*. 1098 Vil schiere do *B*. vil schiere *A*.
1099 Vnd wart *AB*. 1100 Das *A*. dâ *fehlt B*. 1101 Das *A*. gloubettestu
vns *B*. gelavwest *I*. uns *fehlt A*. 1103 Ich bin laid⁵ mir (mir leider *B*) *AB*.
1104 Do frŏwte *B*. vrevt *I*, vrŏwet *A*. 1105 dan *I*, deñ *B*. 1106 dar nach
in *AB*. 1107 *fehlt I*. dô *B*] Das *A*. vor ù *A*. 1108 Vnd dc *A*. aingen
A, einig *B*. 1109 Toma *I*, Thoman *A*, Thomas *B*. den *A*, dinen *B*.

1110	und sich daz ich ez selbe bin,		
	recke dînen vinger her«, –		1035
	dô greif ich dâ im mit dem sper		
	diu sîte was durchstochen,		
	mit nageln durchbrochen		
1115	hende und füeze.		
	sîn genâde was sô süeze		1040
	daz er mich si grîfen liez		
	und mich güetlîchen hiez	*Ende B*	1042
	daz ich nû geloubic wære		a
1120	und den zwîvel gar verbære.		b
	des vreute ich mich und sprach alsus:		1043
	»dominus meus et deus meus,		
	dû bist mîn herre und mîn got.»		1045
	sît leiste ich sîn gebot		
1125	unz an dise stunde		
	sô ich aller beste chunde.		
	ouch hæte er alle mîne wege		
	sô genæodiclîche in sîner phlege,		1050
	swar ich chêrte, daz mir nie		
1130	ze deheinen dingen missegie;		
	ich worhte swaz ich wolde.		
	nû dô mîn vrouwe solde		
	vervarn, als ir mir nû dâ saget		1055
	und mîn sûmunge chlaget,		
1135	swie sêre ich mich dâ ze ir grabe		
	nâch iuwer rede gesûmet habe,		
	ich hôrte manigen süezen dôn		
	ûzer dem berge ze Syôn		1060

1110 Gelöbe das *A*. selber *I, fehlt AB.* 1111–1120 *fehlen A.* 1111 Reche *I*, Reiche *B.* 1112 Du griff do mit *B.* 1114 Vnd mitt *B.* 1117 si] sich *B.* 1118 *In B der Vers nur als Kustode erhalten, alles Weitere fehlt wegen Blattverlust.* 1119/1120 *nur in I.* 1120 ver were *I.* 1121 Dis gelöbt ich im vñ *A.* 1124 Ie sit *A.* 1125 Vnz her *A.* 1128 -leich *I*, -lich *A.* 1129 ie kerte *A.* 1130 An *A.* chainen *I*, dekainen *A.* 1131 waz *I.* 1132 v̀nser *A.* 1133 mir *A*] vns *I.* mir hant gesaget *A.* 1134 mine sumige klagent *A.* sûmunge *Haupt, ZfdA 15 (1872), 468*] savmpnvge *I.* 1135 sêre *fehlt A.* hie zů ir gabe *A.* daʒ ier *I.* 1136 v̀weron worten ůsumet *A.* 1137 ·Do horte ich döch vil mengē *A.* 1138 Vsser dem berge de mònte syon *A*, Indem tal ze iosaphat also schon *I.*

und sach wünne überchraft,
1140   dô diu himelischiu herschaft
der engel chüniginne enphie.
dise gürtel si ir enphallen lie,
dâ mite ich ez bewæren sol.   1065
Pêter, dû erchennest si wol;
1145   ez ist die dâ dû si mite
begurtest nâch der tôten site.
si lebet nû schône und hât sîn rât,
wan si sich gechleidet hât   1070
mit engelischer wæte.
1150   diu ist immer niuwe und stæte.'   1072
    Dô die herren diz alle vernâmen   a
und gar an ein ende quâmen   b
daz er in die wârheit   1073
mit urchünde hæte geseit,
1155   si sâhen vaste ein ander an   1075
und sprâchen: 'wie got disen man
von uns hât gesundert,
wie er mit im wundert,
waz er im êren hât beschert!
1160   swaz er tuot und swie er vert,   1080
er chumt uns ze allen zîten für.
dâ bî männeclich spür
und sehe der wârheit ein zil,
swen got fürdern wil,
1165   dem er ganzer êren gan,   1085
daz sich der niht versûmen chan.
des sî gesegent sîn name.
der sô wilden herzen zame,

1139 gesach da *A.*   wunnen *I.*   1141 Der himel *I.*   1142 Disen *A.*
1143 erzügen *A.*   1144 Peter *I.*   in *A.*   1145 ist dᵉ *A.*   1148 Vnser hᵉre si
beklaidet hat *A.*   1151/1152 *fehlen A.*   1153 Do *mit Initiale am Ab-
schnittsanfang A.*   1155 vast an ein ander *I,* alle an andᵉ *A.*   1156 Si *I.*
1157 vns andᵉan *A.*   1158 Vnd wie *A.*   1159 sålde *A.*   1160 odᵉ *A.*
1161 So kumet er ivns doch *A.*   1162 Vnd wer er gewesen vor der tuer *I.*
månlichen *A.*   1163 und sehe *A*] Dez wer genvech er ist *I.*   1164 fuedern *I.*
1165 Vñ dem *A.*   sålde *A.*   1167 gesegenot iemᵉ *A.*   1168 Der macht so
wildev hertze zam *I.*

dem sich biegent elliu chnie
1170 ze himel und in erde hie,   1090
dem alle zungen lobes jehent,   a
de*n* reine*r* herze*n* *o*ugen sehent,   b
dem niemen niht verheln mac,   c
vor dem der êwige tac   d
1175 der von deheiner naht zergât   e
mit ganzem schîn âne ende stât,   f
dem bevelhe wir uns   1091
in des vater und in des suns
und in des heiligen geistes namen.
1180 der uns brâhte hie zesamen,
daz der unser geleite sî,   1095
des helfen uns die namen drî.'
  Die zwelf hûsgenôze
die wurden nâch ir lôze
1185 gesetzet wider in diu lant
dar ieglicher ê was hin gesant.   1100
daz geschach in sô churzer vrist
als ein ouge gelochen ist
oder wider ûf geblicket hât.
1190 daz schuof er von dem dâ geschriben stât,
als uns Davîd machet chunt: 1105
'dixit et facta sunt,
er sprach und was getân.'
er gebôt ouch diz und muose ergân.   *Ende I*

1169 Gen dem sich beiagen *A.*   1170 und] in helle *A.*   1171–1176 *fehlen A.*
1173 Der rainen *I.*   inovgen *I.*   1175 chainer *I.*   1177 beuelhent *A.*
1178/1179 in *fehlt jedesmal A.*   1179 in *nachgetragen I.*   1180 Vnd vns
brachten *I.*   11$\overset{.}{8}$1 Dc er ŏch *A.*   *Nach 1182 in I ML 9566–69 und zwei
Zusatzverse eingeschoben.*   1183 *Initiale CEA.*   zwelif havs genozzen *I.*
1184 lozzen *I.*   1185 Hin bid^s gesezzet *C,* Wid^s gesezzet *A.*   ier lant *I.*
1186 Dar si ŏch e warent zersant *A.*   ier iesleicher *C.*   ieslicher was ê *E.*
hin *fehlt CE.*   1187 Vnd beschach dc *A.*   Diz *E.*   also *E.*   1188 gelovchen
I, zue geslagen *CEA.*   1189 Vnd *A.*   1190 Dis *A.*   gesuef *C.*   schvef er
(der *E) IE.*   dâ *fehlt CA.*   geschriben *fehlt I.*   1191 ovch vns *E.*   d^s h^{t}re
dauid *A.*   1192 Ipse dixit *A.*   1193 Dis sprach er *A.*   sprach ez vnde (*fehlt
C) was EC.*   1194 E er *C.*   und *IE] fehlt C,* dc *A.*   mvest *IC.*

1195 **H**ie ist diz buoch verendet.
unser vrouwe hât gelendet 1110
zuo dem himelischen stade
dâ jâmer, sêre und schade
âne ende nimmer mêr geswirt,
1200 swelh sæliger dâ gesinde wirt. *Ende C*
nû hilf uns, genædigiu vrouwe, 1115
die mit dem himelischen touwe
der heilige geist alsô begôz 1117
des al diu werlt wol genôz. 1123
1205 von dînem reinem lîbe vlôz 1121
ein brunnader alsô grôz, 1122
sît dich genâden nie verdrôz, 1124
sô mache uns, vrouwe, der genôz 1127
1209 die bûwent Abrahâmes schôz. *Ende EA* 1128
AMEN

1195 *Initiale CEA.* Sust *A.* daz *C.* mår *A.* **1197** himelisschem *E.*
1198 vnd chlage *C.* **1199** mêr *fehlt C.* **1200** Bol im der da *C.* **1201–1209**
in C stattdessen zwei Schlußverse: Der sei arm odᵉ reich Dar bunset alle ge-
leich. AMEN. **1201** hailige *A.* *Nach* 1203 *in A drei Verse:*
    Vnd dŏch ir insigel nie entschloz
    Do er ze mũtᵉ si erkos
    Dis was v̀ns ain vil sålic los.
1204 *in A nach* 1205/1206. **1204**ållù *A.* **1205** Von ir *A.* rainen *A.*
1206 brunnen adᵉ *A.* **1207** dich nu *A.* *Nach* 1207 *in A zwei Verse:*
    So erlose v̀ns vrŏwe den klos
    Der vŏ des tieuels rachen dos.
1208 Vñ mache v̀ns aller der genos *A.* **1209** Die da *A.* *Nach* 1209 *in A:*
    Ald die ie ze himel kamen
    Dis werde war. Amen. amẽ.
in E nach AMEN *der Schreiberspruch:* Sancti spiritus assit nobis gratia.

Diu urstende

    Chum herre heiliger geist   103, 1
ze helfe, wan dû wol weist
mînen willen und mîn chraft,
daz ich niht sô redehaft
5 noch sinnes alsô wîse bin   5
daz ich disen begin
âne dich verenden müge,
daz er wîsen liuten tüge
ze erhœren und in wol behage,
10 swenne ich daz werc ze liehte trage   10
und ich ez an der strâze
sehen und hœren lâze,
daz ich ez sô besniten habe
daz mir iemen iht dar abe
15 mit pumz oder mit mezzer   15
schabe und *mir* bezzer
in dem margine dâ bî
des in dem blate vergezzen sî.
    Habe ich angest dar zuo
20 und ob ich ez mit sorgen tuo,   20
niemen guoter mir daz sol
vervâhen anders denne wol.
ich fürhte als ein verbrantez chint,
wande nû bî disen zîten sint
25 die liute sô chünstic   25
und sô genuoge *überünstic,*
daz niemen niht erdenchen chan
dâne welle ir ieglîcher an
sîne chunst lâzen sehen
30 und deheiner meisterschefte jehen,   30

Überschrift Daz bůch heizzet deu vrstende *V.*   **1** *9-zeilige Initiale V.*
6 anbegin *Schr.*   **9** Zer hœren *V,* ze hœren *Lei.*   in *Ha,* in *korr. aus* im *V.*
16 mir *Ha*] mit *V.*   **19/20** dar zv : tϑ *V.*   **19** *Initiale Ba, fehlt VSi.*
25 alsô *Schr.*   **26** genuoge sô *Lei.*   überünstic *Lei*] vberbrvchich *V,* wider-
brühtic *erwägt Fe 95 (vgl. Hinv. 804),* vberbrvstich *Ha,* überbrünstic *Lexer*
2,1610, urbunstic *Ba.*

ê si geslahen ir valsch dar zuo.
des entrûwe ich mich nuo
mit mînen sinnen niht bewarn;
ez ist mir ê widervarn.
35 **Umbe** sô getânen haz   103,35
bin ich *un*willic unde laz
iezuo gewesen lange vrist,
un*z m*ir vil nâhen entwichen ist
diu chunst mit der gewonheit,
40 und ouch etwâ von arbeit   40
der ich nû wil gedagen.
sold ich mîn leit besunder chlagen,
sô würde der rede gar ze vil.
ûf genâde ich aber wil
45 gotes und guoter liute   45
ein latînisch buoch ze diute
gerne bringen, ob ich chan.
dâ hân ich gelesen an
sô geistlîchiu mære,
50 daz michel schade wære,   50
ob si sich solden verligen
und alsô *wæren* verswigen.
  Nû hœr*et* rehte waz ich las:
ein jude, hiez Enêas,
55 der ma*r*hte vil des dâ geschach,   55
dô man an dem chriuze sach
tôten unser aller trôst.
mit des tôde wart erlôst
Âdam und alle sîn afterchumft;
60 und sîn tôt die sigenu*m*ft   60
an dem êwige*n* tôde nam.
swaz mære *er* sît vernam
von sîner urstende und wie

31/32 dar zv : nv *V*.   35 *Initiale Wü, fehlt VSi.*   36 unwillic *Lei*] im willich
V.   38 unz mir *Fe 92*] Vntz ez mir *V*.   44 *Initiale Si.*   52 wæren] wæiten *V*,
sîn *Lei*.   53 *Initiale V.*   hore *V*.   55 marhte *Lei*] machte *V*, suochte *Fe 92*.
60 sigenuft *V*.   61 an dem *Ha*] Adem *V*.   ewigem *V*; *vgl. Wilhelm zu Serv.33*.
62 Swaz ander mære *Schr.*   er *Fe 92*] ich *V*.

dicke er sich dar nâch sehen lie   103,64
65 unz ze sîner ûfvart   104, 1
und wie ouch di*z* bewæret wart,
daz tete er allez geschriben;
des sint diu mære her beliben.

Reiniu und liebiu gotes chint,   5
70 nû hœret waz disiu mære sint
diu von dem selben guoten man
uns für wâr sint chomen an,
sô mir daz buoch verjehen hât.   *Beginn MsWs*
dô sich der ungetriuwe rât   10
75 der juden enden solde,
und Christ e*r*vollen wolde.
swaz die heiligen wîssagen
ie gelîche bî ir tagen
von im hêten geseit: *Ende MsWs* 15
80 wie er ze Jerusalêm reit
ûf einem esel unde wie
grôz menige im engegen gie
mit lobe und ouch mit sange,
mit süezem *ant*vange   20
85 sîner chümfte si sich vreuten,
im ze êren si nider streuten
ir aller beste gewant.
swaz palme *man* bî dem wege vant
und boume geloubet,   25
90 die wurden des beroubet,
unz im bestreut sîn învart
mit maniger slahte loube wart.
Als der herre Cayfas,   *Beginn WMsWs*
der des jâres bischof was,   30
95 disiu mære be*v*ant,

66 div *V*.   **69** *Initiale fehlt V*.   **73** Alz mir die schrift *MsWs*.   **75** Der
verworchten iuden *MsWs*.   **76** Vnd christ auch nu *MsWs*.   ervollen *Ha*]
envollen *V*, erfüllen *MsWs*.   **77** swaz *MsWs Fe 89*] Daz *V*; *vgl. 697*.   die
LeiMsWs] *fehlt V*.   **78** Ir iegleicher pei seinen tagen *MsWs*.   legleich *V*.
79 heten chunt getan *MsWs*.   **84** amptfange *V*, antpfange *Ha*, antphange *Spr*.
88 man bî wege *Lei*, bei dem wege *V*.   **93** *Initiale VW+*.   Do nu *MsWs*.
95 Ditz mar von dem volk bevand (vernam *MsWs*) *W+*.   bevant *HaW*]
benant *V*.

die juden wurden *besant*
die der ê mit im phlâgen.
er begunde si râtes vrâgen,
waz sie dar umbe dûhte guot.   104,35
100   si sprâchen: 'dirre mensche tuot
solhiu zeichen der nie man
bî unsern zîten *mêr* began.
chumt er sîn mit dem lîbe hin,
diu werlt geloubet gar an in.   40
105   sô denne die Rômære
gevreischen*t* die niuwen mære,
sicherlîche, die choment mit her.
wider die sî wir âne wer.
waz touc diu rede mêre?   45
110   si nement uns guot und êre.'
'Tuot sô zägelîchen niht!
swaz geschehen sol, daz geschiht,'
sprach Cayfas der wîse;
'eines râtes ich iu*ch* bewîse,   50
115   der *uns* wærlîche gefrumt
und uns ze besten staten chumt.
niht anders ich erdenchen chan,
wand ez ist guot daz ein man
êr alterseine vervar,   55
120   denne disiu werlt gar
sô wunderlîchen zergê

96-98 *in MsWs nur ein Vers:* Zu in er do gegangen chom.   96 Also die *W.*
besant *Fe 92 W*] geschant *V.*   97 im *fehlt W.*   98 rat *W.*   99 Da von ist ez
v̂nz niht gût *MsWs.*   100 sprach *W.*   101 Solich *W.*   der *VW*] die *MsWs.*
102 mêr *W +*] nie *V.*   103 dem *fehlt W.*   leben *W +.*   104 vil gar *MsWs.*
105 dann *W +.*   106 gevreischent *Lei*] gevræischent *V,* v̂nemment *W +.*
disiv mâr *W +,* die niumære *Schr.*   107 So choment si auf vnz mit *Ms.*   here
V.   108 wider die] Da wider *Ms.*   gar an wer *W +.*   109 hulft *W +.*
110 benement *W.*   gut leib vnd er *MsWs.*   111 *Initiale W, fehlt VMsWs.*
so gar zâgleich *W +.*   112 sein sol *W +.*   114 einen rât *oder* iuch wîse *Schr.*
iv *V,* ew *W +.*   115/116 Der vns wol (*fehlt Ws*) zu dem pesten chumt Vnt vns
sicherlichen frumt *WWs,* Der vnz sol zu dem pesten chumen Vnd vnz sicher-
leichen frumen *Ms.*   115 der uns *Lei(W +)*] uns *fehlt V.*   117 betrachten
W +.   118 Wan pezzer ist daz *W +.*   119-122 *dafür in W + EN 415-421.*

daz ir iht lebendic bestê.
daz bedenchen, ob wir megen.
und swie wir *ez* ane gelegen, 104,60
125 er*n* sol nimmer genesen!
nû râtet wie wir *sicher* wesen
vor gerihte umbe sînen tôt.
dâ ist uns wîser lêre nôt.'
Vür die zît immer mêre 65
130 berieten si sich sêre
wie si im benæmen daz leben.
'waz welt ir mir ze lône geben?'
sprach der arme Jûdas,
der sîner junger einer was, 70
135 'ich zeig in iu, *daz* ir im tuot
âne angest swaz iu*ch* dunchet guot.'
des wâren jene harte vrô.
si behiezen ime dô
drîzic phenninge. 75
140 daz arme gedinge,
daz dienete er vil tiure.
dô der ungehiure
sînen herren verriet,
ein zeichen er in beschiet: 80
145 'den ich dâ chüsse, daz ist er.
nû schaffet daz man in vor her
bringe mit gewarheit
und mir mîne miete sint bereit.'

123 Daz betrachten *WWs*, Daz sůll wir trachten *Ms*. 124–127 Nu ratet wie
wir ez an legen Daz wir vō dē gericht vmb seinē tot *W (vgl. zu 128)*, Nu ratt wie
wir ez an legen Daz wir achten vmb seinen tot *MsWs*. 124 wir ez *SprW+*]
wir *V*. 125 Er *V*. niemêre *Spr*. 126 sicher *Schr(W)*] schier *V*.
128 Sicher sein dez ist *W*, Dez ist *MsWs*. weis *W*. 129–134 *fehlen W*.
129–131 Also rieten si auf sein leben *MsWs*. 129 *Initiale fehlt V*.
133 Sprach do *MsWs*. 134 Der auch gotez iunger waz *MsWs*. 135 daz *W+*
Fe 89] da *V*. 136 Sprach er waz *MsWs*. iuch *MsWs*] iv *VW*. 137 die
juden fro *W+*. 138/139 Vnd gaben im dreizzig pfennig do *W+*. 138 im *V*.
140–142 Judas dᵉ vil vngehivr Dient daz arm geding tivr *W+*. 143 Dar vmb
er seinen herren vᵉriet *W+*. 144 Solichiv zaichen *W+*. 146 vor *fehlt*
W+. 148 Dez waren im die iuden berait *W+; vgl. 170*. mîte *V*. sint] sîn
Schr.

  Owê, verworhter Jûdas,   85
150 daz ein zeichen ê des vrides was,
  wie verchêrestû daz nuo!   104,87
  müedinc, jâ hâstuo   105, 1
  der triuwen in dem herzen niht,
  als man dich gebâren siht?
155 waz valsches in dir bûwet,
  der dir wol getrûwet   5
  und von sînem tische gâst,
  daz dû den verchoufet hâst!
  Noch lebet dîn ungetriuwer rât,
160 wand ez von dir gelernet hât
  maniger der ez vil wol chan.   10
  si grüezent unde lachent an
  und triutent rehte als ir chint
  dem si rehte rede vîent sint.
165 dûne bist ez nû niht eine;
  vil maniger als unreine   15
  und noch valscher danne duo
  wonet mit uns in der werlde ñuo.
  den sî ouch daz für wâr geseit:
170 in ist der selbe lôn bereit.
  Hœret waz si nû tâten.   20
  si gebuten unde bâten
  ir schalche mit Jûda varn
  und vlîziclîche bewarn
175 daz er würde gevangen.
  si quâmen dar mit stangen,   25
  mit swerten und mit spiezen.

149-170 *fehlen W +.* **149** *Initiale fehlt V.* **151/152** nů : hastu *V.*
159 *Initiale fehlt V.* **164** rehte vîent *Lei,* rehter rede vîent *Schr.*
167/168 dů : nů *V.* **171-173** *in W + (vgl. 148):* Vnd schuofen ir schalk (Ir
schelk schůfen si *MsWs*) dar zů Swenn daz war spat oder frů Daz si mit Juda
dar *(fehlt MsWs)* solten varn. **171** *Initiale V.* **174** vleizchlich *V.*
wunnder vleizziklich *W,* vil fleizzikleich *MsWs.* **176-182** *dafür in MsWs:*
Mit ståben vnd mit stangen Mit cholben groz vnd langen Auch trůgen si
vakel vñ latern Wan si in wolten vahen (Da mit si in vahen wolten *Ws*) gern.
176 Mit stæben vnd mit stangen Mit grozzen vnd mit langen *W.* **177** Mit
helmporten vnd *W.*

sumelîche *si* hiezen
vachel und laterne tragen,
180 ob er sich wolde entsagen,
daz si in mit *liehten* funden   105,30
und bræhten in gebunden.
daz gebuten und bâten sie.
der reine daz geschehen lie.
185   Er lie sich vinden âne wer,
dô daz wüetende her   35
alsô dort quam mit schalle her.
Jûdas bat in daz er
in wolde chüssen; daz geschach.
190 dô Symon Pêtrus daz gesach,
daz diu vîentlîche schar   40
ûf solhiu dinc was chomen dar
daz si *in* wolden vâhen,
er zuhte in allen gâhen
195 ein swert daz er bî sîten truoc.
daz ôre er einem abe sluoc.   45
daz gesach der heilant.
er huop ez ûf mit der hant
und heiltez jenem wider an.
200 er sprach ze dem heilige*n* man:
'Symon, lâ dîn vehten sîn,   50
stôz dîn swert wider în.
wold ich mich rihten ze wer,
mir sante mîn vater *ein* grôz her
205 der engel, die si slüegen
und deheine wîs vertrüegen   55

178 Svmeliche die *V,* Smæleich si mit in *W.*   179 Vakeln *W.*   180 sich in *Lei.*   181 liechten *W*] listen *V.*   182 bræhten *BaW*] brachten *V.* 183/184 *fehlen W+.*   185-187 Zu (Hin zů *MsWs*) drang vast (do *MsWs*) daz wůtund her   Mit schall vnd mit manig᷎ w᷎ *W+.*   185 *Initiale fehlt V.* 186 ẘtunde *V.*   188/189 *fehlen W+.*   188 bat in dô daz *Schr.* 190/191 Do sant pet᷎ sach die schar *W,* Petrus sah wol daz die schar *MsWs.* 192 Durch vbel waz *W+.*   193 in *Lei*] *fehlt V,* seinen maist᷎ *WMs,* jesus *Ws.* 194/195 Sein sw᷎t zukt er in gahen *W+.*   194 er *Ha(W+)*] Ir *V.* 196-202 *ersetzt W+.*   200 hæligem *V.*   203 rihten *V*] han gesetzt *W+.* 204 Mein vat᷎ hiet mir gesant ein her *W+.*   ein *Schr(W+)*] *fehlt V.*   ein *oder* grôzez *Schr.*   205-208 *ersetzt in W+.*

daz si mich iender ruorten
oder nâch ir willen fuorten.'
In churzer wîle *daz* geschach,
210 daz man der sînen niemen sach,
wan der vîende dôz   105,60
und ir gebrähte was sô grôz
daz si niht trûten genesen.
dâ si wânden sicher wesen,
215 ir ieglîcher dâ hin vlôch.
in swachem werde man zôch   65
al der werlde herren.
dô sleich hin nâch vil verren
Pêter unz an Annas tor.
220 dâ vant er Jôhannen vor,
der was chomen ê dâ hin.   70
der juden genuoge erchanden in
und ouch Cayfas der bischof.
âne angest gienc er an den hof
225 und hiez ouch in dar în *ver*lân.
sus giengens zuo dem fiure stân   75
und wermt*en* sich, wan ez was chalt.
ir sorge diu was manicvalt
und wolden doch ein ende sehen
230 waz *im* solde geschehen.

207 inder *V*.   **209** *Initiale V.*   daz *SchrW*] *fehlt V*, dar nach *MsWs*.
210 Daz man die iung⁵ pei im nicht sach *W+*.   seinen *korr. aus* seinem *V*.
211/212 Der veint (iuden *MsWs*) gepracht (praht *MsWs*) waz (waz do *Ms*) so
groz Alz vngehivr waz (Vnd alz vngefůg *MsWs*) ir doz *W+*.   **213** si *V*] die
junger *W+*.   nindert *Ws*.   **214** Pei dem si doch sicher mochtē wesen *W+*.
dâ *Ha*] daz *V*.   **215** *ersetzt MsWs*.   dâ hin *V*] von im *W*.   **216** In swach⁵
wird man in hin (*fehlt Ws*) zoch *W+*.   **217** *ersetzt W*, Gen jerusalem zoch
man den herren (herr *Ms*) *WsMs*.   **218** Peter der (Petrus *MsWs*) slaich in (im
MsWs) nach verr (vil verr *Ms*, vil verren *Ws*) *W+*.   **219** Vntz ainez (Vntz an
dez *MsWs*) ewarten tor *W+*.   **220** Johannem (Johannes *MsWs*) vand er sten
da vor *W+*.   **221** Wann er ê dar chomen waz *W+*.   **222-224** Dˢ pischof
(Caiphas *MsWs*) Johannez wol erchant Dez gie er in angst (er an angsten *Ms*,
er ein an angsten *Ws*) ze hant *W+*.   **225** Vnd wart petˢ dar inn verlan *W*,
Petrus (Peter *Ws*) sah in vast an *MsWs*.   verlân *SprW*] lan *V*.   **226** Ped si zu
dem fivr begunden stan *W*, Zu dem fewr begunden si (begund er *Ws*) stan
MsWs.   **227** wermten *BaWMs*] wermt *V*, wermet *Ws* (*vgl. Vgl. zu 226*).
228 diu was] waz vil *W+*.   **229** Wan si wolten *MsWs*.   doch ein *V*] sein *W*,
daz *MsWs*.   **230** im *Fe 87*] irem maistˢ *W+*, *fehlt V*, dâ *BaSpr*; *vgl. zu 193*.

dô wart Pêter drîe stunt 80
vermeldet. 'mir ist unchunt,'
sprach er als ofte, 'wer *er* ist.'
daz gerou in in churzer vrist
235 und beweinte ez vil sêre
und getete ez nimmer mêre. 85
 Manigen grôzen ungelimpf, 105,86
manigen ungefüegen schimpf, 106, 1
mêr unwirde danne ie man
240 erdâhte oder noch erdenchen chan
sâhen si mit im begân:
si hiezen in gegen *dem* fiure stân, 5
diu ougen si im verhiengen,
zeinzigen si dar giengen,
245 ûf den hals in ieglîcher sluoc.
wie güetlîche er daz vertruoc
und swaz si im anders tâten! 10
si *h*iezen in denne râten:
'Christ, dû solt uns wîssagen:
250 wer ist der dich hât geslagen?'
dâ*ne* sprach er nihtes niht wider.
si chnieten für in nider 15
und riefen ir ein michel teil:
'der juden chünic, wis heil!'
255 under diu ougen si im spîten,
als manigen wîs *si in* verphîten,

231-236 *ersetzen* W+. 233 *zweites* er Ha] *fehlt* V. also offte V.
237 *Initiale* W, *fehlt* VMsWs. Vil manigen MsWs. vngelimf V. 238 Vnd
manigē W+. schimf V. 239 Aller (Vnd aller MsWs) vnwird der (die Ws)
ieman W+. 240 noch *fehlt* W+. 241 Mit Jesum si da began W. Die sah
man da mit MsWs. 242 gegen dem W(Schr)] gegen V, zu dem MsWs.
244 Zæinzigen V, Ze aintzigen W, Ze ainzig MsWs. dar VW] dar nach Ms,
zu im Ws. 246 Vil senftigchleich W+. 248 Daz hiezzen si in eraten MsWs.
hiezen *Lei*W+] behiezzen V. denne V] daz W. erraten W. 249 Christ V]
Vnt (Si MsWs) sprachen W+. 251 Jesus sprach Ms. Da V, Do WWs.
nihtes niht V] nicht da W+. 252 Für in chnieten si do nider Ws. 253 und
riefen ir VW] Ir do MsWs. 254 sei mit hail Ms, pis mit hail Ws. 255 spîten
Ba] speibten V, speiten W, spiben MsWs. 256 Vil manigen spot si mit im
triben MsWs. So manig weis si in verpfeiten W. si in *fehlt* V. ꝟ phîten V.

daz ez nieman volsagen mac,   106,20
und triben daz unz an den tac.
Ê ez volleclîche würde lieht,
260 dône chunden die argen schalche niht
der rehten zît enbîten.
ez bâten die mortgîten   25
Pylâtum den rihtære
daz er fruo bereit wære,
265 zuo der schrangen quæme
und ir rede vernæme.
si wolden einen bringen dar   30
gevangen, der hæte in gar
reht und ê verchêret
270 und *si* irretuom gelêret.
dô diz Pylâtus vernam,
zuo der schrangen er balde quam,   35
ir willen er geschehen liez.
nâch sînem rehte er tragen hiez
275 vor im sehs baniere.
nû quâm*en* ouch jene schiere
mit der vîentlîchen schar.   40
si brâhten in gevangen dar.
dô si in dô dort hin zugen,
280 die schefte sich zuo der erde bugen
dâ diu zeichen ane hiengen.

257 *ersetzt MsWs.*   **258** Ditz triben si die langen nacht *MsWs.*   **259** *Initiale VMsWs, fehlt W.*   E daz ez *MsWs.*   ward *Ws.*   **260** Do chůnden (mochten *MsWs*) *W+*.   argen *W+ Fe 89*] armen *V.*   **261** Recht (Rechtez *MsWs*) gericht zeit nicht enpeitē *W+*.   **262** die fursten weiten *W+*.   **263** Annas vnd caiphaş pilatū (pilatus *MsWs*) *W+*.   **264** vil frue *W+*.   bereit *VW*] warttent *Ms,* auf *Ws.*   **265** Vnd in die schrann enzeit (zeit *MsWs*) chåm *W+*.   **266** rede *V*] chlag offenlich *W,* chlag do *MsWs.*   **267** einen *V*] jesum *W+*.   **268/269** Geuangen dˢ hiet (hiet in *Ms*) irew recht gar   Vnd ir e zˢstŏrt vnd verchert *W+*.   **270** si *W+*] ir *V,* ir *streicht Ba.*   vil verr gelert *W.*   **271** *Initiale W+*.   Do pilatus die red *W+*.   **272** Vil pald er ze der schrann (schrannen *MsWs*) chom *W+*.   **273** Dˢ juden *W+*.   **274** Nach seinˢ gewonhait er (er do *MsWs*) hiez *W+*.   **275/276** baniere : schiere *Ba*] banir : schir *V.*   **275** Tragen vor im *W+*.   sehs *V*] sein *W+*.   banir *W,* panier *MsWs.*   **276** quâmen] chom *V,* chomen *W+*.   ouch jene *V*] dar die iuden *W+,* ouch jener *Lei.*   **277** Mit manigˢ *W+*.   **278** Prachten si *MsWs.*   jesum *W,* jesus *MsWs.*   **279–284** *ersetzen W+*.   **280** erden *V.*

si nigen und enphiengen 106,45
aller dinge schephære.
diz was den juden swære.
285 si zigen mit grôzer ungedult,
ez wære der tragære schult
und si hæten ez gerne getân. 50
'daz welle wir iu*ch s*ehen lân,'
sprâchen jene, 'nû schaffet her
290 der iuwern sehse die diu sper
haben mit grôzer chrefte.
behalten si die schefte, 55
daz si sich niene biegen,
sô wolde wir iuch betriegen.
295 ob aber si sich neigen
und *al* der werlt erzeigen
wer dirre guot man sî, 60
sô lât uns arcwânes vrî.'
Sehse schieden sich her dan,
300 der ieglîchem wart ein van
ze sînen triuwen gegeben.
den *en*half niht allez ir streben, 65
swie sêre si sich habten wider,
die schefte zugen si nider,
305 daz si gestrecket lâgen.

285 si zigen *V*] Die iuden *W+* ; *in V* zigen *geändert aus* zugen *Schr Fe 79.*
grôzer *fehlt W.* vndult *WWs.* 286 Die wanten ez wâr ir selb⁵s (ir selbez *Ws,*
der chnecht *Ms*) schuld *W+.* ez *HaW+*] Er *V.* trager *V.* 287 Si heten ez
WMs, Vnd hieten ez *Ws.* si *streicht Ba.* gerne] willichlich *W+.* 288 iuch
sehen *BaW+*] iv gesehen *V.* 289 Sprach die panir vnd schefft her *W.* jene
V] die chnecht *MsWs.* 290 Ander zwelf *MsWs,* Der warn zwelif *W*; zwölf
auch nach Gund.1534 u.1555. die] div *mit aus einem andern Buchstaben
korrigiertem* v *V.* daz sper *W.* 291 Habent mit allen iren chrefften *W.*
mit aller ier chrefft *MsWs.* 292 Ist daz si habent die schefft *W+.*
293 niene *V*] nicht vnd⁶ in *W+.* 295 Ist daz sich ab⁶ neigent *W,* Ist aber daz
si sich (sich aber *Ws*) naigent *MsWs.* 296 al *BaMsWs*] aller *VW.* erzaigent
W, sich erzaigent *Ws,* sich erzagent *Ms.* 297 wer *W+*] Wær *V.* d' gůt herr
W+. 298 pôses arquanes *W+.* 299-302 Die zwelif man mit irr (Die zwelf
begunden *MsWs*) wid⁵streben Den die vanen auf ir triv (Den die van *MsWs*)
wurden geben (gegeben *MsWs*) *W+.* 299 *Initiale V.* 302 half *V.*
303 Swie vast *WWs.* 304 So zugen si die schâfft nider *MsWs.* si da nider *W.*
305 si da *W.* gestrecht *V,* gestracht *W,* gestrakt *MsWs.* lagen all geleich *W,*
lagen geleich *MsWs.* *Nach* 305 *in W+ : Gund.1558-60 und* Die schefft vnd
die man nid⁵ lagen.

dô huop sich aber ein bâgen;
swaz si wunders sâhen, 70
si striten unde jâhen
daz er mit zouberlisten
310 sîn leben wolde vristen
und ir geriht*e l*engen;
des *en*sold im nieman hengen. 75
den rihtære si steuten,
ze dem cheiser si im dreuten,
315 si sprâchen: 'ob er genist,
des cheisers vriunt dû niene bist.
er gihet daz er chünic sî. 80
dâ gedenche dîn gewarheit bî.'
Von dirre starchen rüege,
320 daz si in sô ungefüege
und sô vîentlîche ane lugen,
sô vil unbildes ûf in zugen, 106,85
sô wânde der rihtære 107, 1
daz er schuldic wære.
325 er hiez in vaste binden
ze einer siul und niht erwinden
unz man in sêre gesluoc. 5
dâ mit dûhtes in genuoc
und wold in danne lâzen.
330 nû riefen die verwâzen
niuwan man sold in hâhen.
dô diz genuoge sâhen 10
beide juden und heiden,
ir begunden sich scheiden
335 sumelîche von der phlihte.
nû stuont dâ vor gerihte

306 Nu *W+*. pagen *V*, nives pagen *W+*. **307** Do die iuden daz wund⁵ sahen *W+*. **308** striten wid⁵ *W+*. **309** Daz jesus *W+*. **310** also wolt *W*, wolt also *Ws*. **311** ir *fehlt W*. lengen Ha] da mit lengen *W+*, wolden lengen *V*. **312** en- *fehlt VW+*. hengen *fehlt W*. **313-330** *ersetzen W+*. **319** *Initiale fehlt V*. diser *V*. **331** Dar vmb sol man *W+*. **332** Vnd do daz genůg nu sahen *Ws*, Als daz nu genug sachen *WMs*. **333** beide *W+*] *fehlt V*. **334** Do begunden si *MsWs*. ir] Si *VW*. **335** Sůmleich cherten von *W+*. **336** nů] Ůf *mit Initiale U wegen des Akrostichons Si*, Do *W*. dâ *VWs*] do *WMs*.

ein man, der offenlîche sprach: 107,15
'nû hœret, herren, waz ich sach!
si hânt sîn selbe mêr gesehen,
340 ob si der wârheit wellent jehen,
die die *lüge hie ûf in* bringent,
nâch sînem tôd*e r*ingent.   20

U*erwâzen sîn si* dar umbe!
manic blinde, manic chrumbe,
345 wa*zz*ersühtic und behaft,
die genuzzen sîner chraft;   25
miselsieche und vergihte,
sunder erzenîe phlihte
mit worten er si heilte.
350 von fümf brôten er teilte
fümf tûsent menschen genuoc,
daz man dannoch von in truoc   30
tischrûme zwelf chörbe vol.
ouch schein an Lazarô wol
355 sîn genâde wie der genas,
der in dem grabe erstunchen was.

R*eden* swaz in gevalle!   35
wir sâhen mit grôzem schalle
ir und and*er* juden chint,
360 des noch niht siben tage sint,
daz si im engegen giengen,
alsus mit gesange enphiengen: 40

337 offenleichen *W+*.   **338** Hôrt ir herren *W+*.   **340** wellent der warhait *WWs*.   **341** *W+*] Die di livte in hie bringent *V*; *für* die di livte *in V vermuten* die liute die *BaLei oder nur* die *Ba*.   **342** Vnd nach *W+*.   ringent *BaW+*] si ringent *V*.   **343** *W+Ba*] Ver waztens si in dar vmbe *V*, Verwâzet sîns darumbe *Si*.   *Initiale fehlt V, Initiale auch hier möglich (statt 336) Si*.   **344** Manik plinden vnd chrumb *W+*.   **345/346** *fehlen W+*.   **345** Wallersvchtic *V*, Wassersvchtic *Ha*.   **347** Mûselsûchtig *W+*.   vnd mit v. *Ms*.   vergiht *Ba*.   **348** Sunder aller ertznei *WWs*, An aller ertznei *Ms*.   erznie *V*.   **350** er auch *W+*.   **351** so genûg *W+*.   **352** von ir *W*.   **353** Von (Von dem *MsWs*) tisch *W+*.   Tisch rûme *V*, tischkrûme *Lexer 2,1443*.   chorbe *V*.   **354** lazâro *V*, Lazaro *WWs*, Lazare *Ms*.   **355** wie er *W*, daz er *MsWs*.   **357** *Initiale V*. Nu reden si *W+*.   iu *Lei*.   **359** ir *V*] In *W*, Iu *Ms*, Daz volk *Ws*.   ander *WMs*] andriv *V*, der *Ws*.   **362** Mit lob sang si in enpfiengen *W+*.   sange *Ba*.

»chünic der Israhêle,
trôst lîbes und sêle,
365   dîn lop in dem himel ist,
dû gesegenter uns bist
in gotes namen ze heile chomen.«'   107,45
'sag an, wie hâstû daz vernomen?'
sprâchen die juden zehant,
370   'dir ist Ebræisch unbechant.'
'dô frâgte ich es an der stunde
der die sprâche chunde,   50
waz si sungen, der seite mirz
und dannoch mêre: *daz* irz
375   an iuwer prophecîe leset.
swie chriege ir an dem strîte weset,
ir wizzet wol daz Christ   55
– sweder erz oder ein ander ist –
erbärmic und genædic chumt.
380   daz iu wênic gefrumt,
wand er von iu gefüeret wirt
als ein schâf daz man schirt   60
und zuo der vleischbanc ziuhet.
die marter ez niene schiuhet,
385   ez lîdet swîgende den tôt.
daz bezeichent sîne nôt
– dâ von iu Jeremîas seit –,   65
der der werlde sünde treit.'

363 Vnd sungen chúnik von jsrahel *W +*.   364 der sel *MsWs*.   365 Dem *W*.
in dem *W +*] inden *V*.   366 Gesegenter (Gesegent *MsWs*) du nu (nu immer
MsWs) pist *W +*.   dû *Ha(W +)*] Do *V*.   367 Du pist únz nu ze hail *MsWs*.
vns zehail *W*.   369 da zehand *MsWs*.   370 Wan dir ist die sprach *W*, Die
sprach ist dir *MsWs*.   371 Er sprach do vragt *W +*.   es *V*] sein *WMs, fehlt
Ws*.   stunde *BaW +*] stunden *V*.   372 Den die sprach waren (waz do *Ws*)
chunt *W +*.   373 die sagten *MsWs*.   mir ez *W +*.   374 mer *VW +*.   daz
W +] denne *V*, wande *Spr*.   ir dez *W +*.   375 An ewrn propheten *W +*.
lest *V*.   376 Swie streit chrieg ir weset *W +*.   378 Weder *W +*.
379 erbærmic *Ha*] Erbæmech *V*, Pärmh'tzig *W +*.   380 wênic *V*] doch vil
lútzel *W +*.   381 Wan *W +*.   382 beschirt *W +*.   384 nicht *W +*.   fleucht
MsWs.   385 Sweigent leit ez *Ms*.   Swæigunde *V*.   386 christus (christez
Ws) not *W +*.   387 iu *fehlt W +*.   388 der *VW +*] Daz er *Schr*.   aller werlt

'Tuo dar zuo swaz dû wil,'
390 sprâchen jene, 'dû*ne* maht niht vil
uns geschaden noch gefromen.
wir sîn her alsô chomen   70
und wellen wider in bringen
daz er mit übelen dingen
395 sînen lîp hât verworht.
er swachet gar unervorht
unser ê und ir gebot   75
und *giht*, sîn vater sî got.
sold uns daz niht wesen zorn?
400 er ist von huore geborn;
Marîa was sîn chone niht
des man im ze vater giht.   80
Jôsêp was ein alter man,
sô daz wir zwîvelen dar an
405 ob si von im gebære.
swer halt sîn vater wære,
ern quam von guoter arte nie.   85
nû merche selbe rehte wie
möhte er von *g*ote chomen sîn: 107,87
410 ez wart manic tûsent chindelîn   108, 1

W, all der werlt *MsWs*.   alain trait *W+*.   *Nach* **388** *in W vier, in Ms acht
und in Ws sechs redaktionelle Zusatzverse;*
        MsWs: Der wirt von in erhangen
                Nu disew red waz ergangen
    WMsWs: Die iuden in an sahen mit grimm
                Si getorsten im ir vnminn
                Offenwar (Nicht. *MsWs*) erzaigen vor dem richter
                Gegen im waz doch (da *Ms*, do *Ws*) ir hertz swar
        Ms: Vnd ir mût vil gar vnlind
              Nu hôrt von dem pôsen gesind.
Es folgt in W+ dann der Abschnitt 529ff.   **389–392** *ersetzt W+.*
389 *Initiale fehlt V.*   **390** dv *V.*   **393** Auf in mit recht pringen *W+.*
394 vnrechten *W+.*   **396** an voricht *W+.*   **397** daz g. *MsWs.*   **398** Er
W+.   giht Ba*W+*] seit *Spr, fehlt V.*   daz sein *W.*   **399/400** *umgestellt und
in anderem Kontext in W+:* [Do sprachen die iuden du pist] Von vns daz wizz
(wizz wir *MsWs*) geporn Sol vns daz nicht wesen zorn.   **401** sîn *V*] Josephs
W, Josephen *MsWs.*   **403** alt *W+.*   **405** Ob si in (im *Ws*) gepar von im ie
W+.   **406** *fehlt W+.*   **407** ern *V*] Er *W+.*   *Nach* **407** Ir hˀren die ez
horten (hôrnt *Ms,* hôrn *Ws*) ie (hie *MsWs*) *W+.*   **408** nû Lei*W+*] Vnt *V.*
merkt *W+.*   **409** Wie moecht *W.*   gote *W+* Fe 89] gute *V.*

ze sîner gebürte verlörn.
dar an der chünic sîn*en* zorn
rach, dô er sîn niene vant.
dô entran er in Egypte*n* lant.   108, 5
415 nû sich dû, nû wer riet im daz
wan der, der in noch fürbaz
in sîn*em* dienes*t* *v*riste.
dâ lernete er zouberliste;
dâ mit hât er *sît* betrogen   10
420 und in irretuom gezogen
manigen man unde wîp.
dar umbe muoz er den lîp
mit rehter urteil verliesen,
den tôt mit schanden chiesen.'   15
425 'Habet ir nû genuoc gereit
und unbildes vil ûf in geleit?'
sprach der herre Nychodêmus;
diu schrift nennet in alsus.
der was ein fürste under in   20
430 und was etwanne hin
nahtes zuo Jêsû chomen
und hæte von im ˏvernomen
wie man in gote geborn wirt,
sô der touf *in* wider gebirt,   25
435 der ê von sünden was geborn.

---

411 purd *Ms.*   **412** der chünic] kunig herodes *W*, herodes *MsWs.*   sînen
BaW +] sein *V.*   **413** niht enuand *MsWs,* nicht vant *W.*   **414** dô *HaW* +] Da
V.   egypte *V.*   **415/416** *fehlen W* + .   **417** sînem *W* +] sein *V.*   vriste *Ha*]
wil friste *V,* er in vrist *W* + , vil friste *Klibansky 12.*   **418** Dar inne *W* + .
419 er manigen hat *W* + .   sît *BaSpr*] siv *V.*   **420** in seinen *W,* in den *MsWs.*
421 Vil manigen *W* + .   **422** seinen leib *W* + .   **423** vliesen *BaWs.*
424 Vnd den *W* + .   schand *Ws.*   **425** *Inititale VW* + .   vil nu geret (geregt
Ms) W + .   **426** und *streicht Schr.*   vil vnpilleichs *MsWs.*   vil *streicht Ba.*
gelegt *WMs,* gelet *Ws.*   **427** Sprach Nicodemus wider si *W* + ; *427 und 449
zusammengezogen, denn 429–448 wird in W* + *schon nach 258 eingeschaltet.*
428 *fehlt W* + .   **429** Ein furst der waz *W,* Der ein fûrst waz *MsWs.*
430 *Der Vers in V über der Spalte nachgetragen.*   da hin *MsWs.*   **431** Dez
nachtes *W* + .   Jesus *Ms,* Jesum *Ws.*   **432** wol von *MsWs.*   **434** sô in *Lei.*
die tâuff *W* + .   in *(Lei)*] *fehlt V,* dem (den *MsWs*) menschen *W* + .   widˢpirt
W + .   **435** Dˢ waz (wår *Ms,* da ist *Ws*) von sûnden *W* + .

'swer die geburt niht hât verchorn
und *hât ôt* zuo der phliht,
der enchumt ze gotes rîche niht,
des nieman teil*n*ümftic wirt   108,30
440 wan er, den anderstunt gebirt
wa*zz*er und der heilige geist.
an dem stât ez aller meist,
swer êwiclîche genesen sol.'
Nychodêmo behagete wol   35
445 sîn vil süeziu lêre,
sô daz er immer mêre
der juden geselleschaft vlôch
und sich gar von ir râte zôch.
    Alsus sprach er wider sie,   40
450 wand er ez durch vorhte niene lie,
und strâftes under ir ougen:
'nûne muget ir niht verlougen,
ir habet iuch sêre überdâht.
und swer iu ze ôren hât brâht   45
455 die lügelîchen mære
daz Jôsêp niene wære
Marîen êlîcher man,
ich sag iu wie er si gewan:
im eine*n* geviel daz lôz;   50
460 manic hundert zwîer wâren blôz
und daz sîn was geloubet.

436 erchorn *W*+. 437 hât ôt] habet *V*, hat *MsWs*, *fehlt W*. zuo der *V*] zuo
der sünde *Spr*, ze diser pûrd nicht *W*+. 438 kumt *W*+. gericht *W*+.
439 teilnümftic *BMZ II/1,373a Lei*] tæilchvmftic *V*, tailhaftig *W*+.
440 Niẜr dˢ dem *W*+. 441 wazzer *Ba*] Waz er *V*, Daz wazzˢ *W*+. 442 ez
V] div gepurd *W*+. 443 Wer *Schr*, Da mit man *W*+. ewichlich *VW*,
ewikleichen *MsWs*. 444 Nicodemus *Ws*. geuiel also wol *W*+.
445 Vnsers hˀren Jesus christus (jesu *Ms*, christi *Ws*) ler *W*+. 446 Daz er
furbaz *W*+. nimmer *W*. 447 geschåfft *MsWs*. 448 gar *fehlt MsWs*.
irē *WWs*, dem *Ms*. 449 *fehlt W*+; *vgl. zu 427*. *Initiale fehlt V*.
450 wand *fehlt MsWs*. durch chain voricht er daz lie *W*+. nine *V*.
451 Er sprach vnder ir aller *W*+. 452 Nu *W*+. ir *fehlt W*. gelaugen
MsWs, gelauben *W*. 453 ew *W*. 454 iu ze ôren *V*] in zorn *W*+.
455 Disew *W*+. luglichen *V*, lugleichew *MsWs*, lůgenleichiv *W*.
456 nicht *W*+. 458 wie ez ist (sei *Ws*) getan *MsWs*. sei *VW*. 459 einem
V, ain *W*, alain *MsWs*. 460 zweir *V*, zwei *W*+. 461 wol gelaubet *W*+.

ob ir des niht geloubet,
sô stânt hie zwelf biderbe man,
den schînet zuht und alter an   108,55
465 und sint sô gelouphaft,
daz rehtiu gemehelschaft
zwischen in beiden geschach
und daz vil manic ouge sach.
bischofe, êwarten, *levîten*,   60
470 die *zuo* den selben zîten
lêre und gerihtes phlâgen,
geruochet ir sie ze vrâgen,
si verswîgent iu*ch* der wârheit niht
und sagent iu noch die geschiht,   65
475 die ir lîhte ungerne hœret,
wan ez iuwern gelouben stœret.'
   'Tobet iemen durch dich,'
sprâchen jene, 'daz er sich
zuo dir setzet in den strît?   70
480 sô der mit dir gelît,
daz dû im noch dir maht gefromen
und irs niht wider muget chomen,
daz sint afterriuwe.
dû soldest dîn triuwe   75
485 baz an uns behalten hân
und unsern êren bî gestân.
dir *engehelfe* des dîn Christ

462 daz *W +*. **463** pid² *W +*. **464** Dem *W*. **465** sint *VW +*] seint *Spr*
(Kontraktion aus sagent*)*. also *W +*. **466** der eleich *W +*. gemæhelschaft
V, gemachelschaft *W +*. **468** daz = daz ez *?*. **469** êwarten *wahrscheinlich*
zu streichen Ba. levîten *HaBa*] livten *V*, vnd leuiten *W +*. **470/471** *als*
Parenthese des Dichters aufzufassen Ba. **470** ze *VWs.* disen selben *Ms.*
472 Gesuochet *Ba.* sie *V*] sein *W +*. ze *zu streichen oder* gevrâgen *Ba.*
473 iv *V*, fehlt *W +*. **474** ewch *Ws.* **475** lîhte *fehlt MsWs*, vng²n leicht *W*.
476 Wan si *Ws.* ivren *V*. **477** *Initiale VW +*. Ret (Ist *MsWs*) iemant nu
(nu iemant *Ws*) wider (vmb *MsWs*) dich *W +*. **478** die iuden *W +*. daz er
VW] der *MsWs.* **480** Nu sich daz er mit dir icht leit *MsWs.* leit *W*.
481 Do du dir nicht macht noch im *W*, Da du dir noch im niht macht *MsWs.*
482 Ob ir sein wolt (dann wolt *Ms*, woltt dann *Ws*) wid² chomen *W +*.
483 bedåutt *Ms*, werdent *Ws.* affter triv *W*. **484** wol dein *MsWs.*
485 An vnz paz *MsWs.* **486** bestan *WMs.* **487** Dein red hilffet dez nicht
christ *W +*. gehilfet *V*, en(ge)hilfet *Ba.*

dem dû sô bî gestanden bist,
ob dû uns der rede niht erlâst   80
490 die *dû dich an* genomen hâst,
dir geschehe daz ouch im geschiht.
dû hâst ein arme zuoversiht.'
  Der drô si manige tâten.
daz dûhte Pylâten   85
495 an i*n* ein grôziu missetât.   108,86
er sprach: 'swer vor gerihte stât,   109, 1
der sol ze rehte sprechen,
sîn zuht durch nieman brechen.
dem ander*n* sol hie nieman dreun
500 noch mit scharphen worten steun.   5
ob Nychodêmo gestât,
als er sich vermezzen hât,
sîn *geziuge* des er dâ giht,
sô wæne ich irn muget im niht
505 den lîp an gewinnen.   10
habet ir daz ze *un*minnen,
daz man ze rehte sprichet,
daz gerihte hie nieman brichet
mit übeler urteil wan ir.
510 Jêsû, dem *en*wirt von mir   15
dar umbe niht verteilet,
daz er hilfet unde heilet.

488 `sô *fehlt* W+.   gestentig W.   **489** Ob du dein red nit enlast *Ms.*
490 die du dich an *Ba*W+] Die dir V. **491** So gescheh dir *Ws.*   auch daz W,
daz *Ms,* waz *Ws.*   **492** arm V, armew W+.   **493** *Initiale* W, *fehlt* V*MsWs.*
Vnd die dro die si taten *MsWs.*   **494** den richt⁵ pilaten W, do pilaten *MsWs.*
495 an in *Lei*WW*s*] An im V, Sein *Ms.*   **496** wer W+.   **498** Vnd sein W+.
499/500 Nieman sol da Ꝟbel nicht (nicht *fehlt* *MsWs*) reden Noch dhain dro
red (dro nicht *MsWs*) geben W+.   **499** andern *Wilhelm zu Serv.33*] anderm V.
dꝛon V.   **500** stovn V.   **501** Wirt Nichodemo dez gegeben stat W+.
503 Sein (Vnd sein *MsWs*) gezivch (gezewgen *MsWs*) pringen (pringt *MsWs*)
alz er gicht W+.   geziuge (W+)] gelinge V, gedinge *Ba.*   **504** ir W+.
505 mit recht an W+.   **506** ir] iu *Ba.*   unminnen W+] minnen V.
508 hie *fehlt* W+.   zerprichet W+.   **509** Mit Ꝟbꝫigem gepræcht W+.
nivr ir W.   **510** Iesus *MsWs.* ·· wirt VW+.   **512** siechen (den siechen
MsWs) hilfft W+.

Irn vindet ander sache
diu in schuldic mache,
515 er geniset der ansprâche wol. 109,20
daz gerihte nieman tœten sol
der niht übeles entuot.
er *entete* ouch nie niht wan guot,
sô hie die meiste menige giht.'
520 'wære er ein übeltæte niht, 25
wirn hæten dir in niht brâht',
sprâchen jene, 'im versmâht
samztage und swaz wir mê
*hôch*zît begân und ê,
525 die hât er alle hin geleit. 30
sô valsche lêre er vor treit,
daz er grôzen schaden machet
und reinez leben swachet.'
Zehant ein jude her für trat,
530 den rihtære er tiure bat 35
daz er den chraden toupte
und im ze reden erloupte.
'rede swaz dir gevalle',
sprach er, 'si müezen alle
535 swîgen unz dû gereist. 40
ich hœre gerne waz dû seist.'
den schergen hiez er schrîen;
eigen unde frîen
juden unde heiden

513 *Initiale fehlt V.* Ir vindet dann *W* + . **514** in noch *W* + . **517** chain ⸗bel (⸗ber *Ws*) tut *W* + . **518** entete] getete *Ba*, geret *V*, tet *W* + . nie niht *V*] nicht ie *W*, nie *Ms*, ie *Ws*. dann *W*. **519** gihet *V*. **520** ⸗bel tæter *W* + . **521** Wir *W* + . **522** die juden *W* + . im *V*] in *W*, wan im *MsWs*. **523** Der sabot (sabat *Ws*) *MsWs*. swaz ie *W*, waz man ie *Ms*, swaz man ie *Ws*. **524** Hochzeit nach vnser e begie *W* + . hôchzît *Lei W* +] Noch zeit *V*. **525** alliv *W*, all *MsWs*. **526** Alz *W*. vor ⸗nz *MsWs*. **528** reinez *V*] vnser *W* + . ser swacht *Ws*. *Nach* 528 *folgt 331-388 in W* + . **529** *Initiale VW* + . **530** tiwer *V*, vil tivr *W* + . **531** ir chredem *W*, irn chradem *MsWs*. taubet *W* + . **532** erlaubet *W* + . **533** waz *W* + . **534** er *V*] pilatus *W* + . **535** Still sweigen *WMs*. unz *V*] daz *W*, pis *Ms*, pist *Ws*. **536** Er hôret *W*, Wan ich hôr *MsWs*. swaz *W*. **537** schrein *V*. **538** eigen *WWs*] Eigene *V*, Den aigen *Ms*. unde *V*] alz vil alz *WWs*, vnd den *Ms*. **539/540** *fehlen W* + .

540 hiez er gebieten beiden   109,45
daz si geswîgen alle, unz er
rehte vernæme waz *d*er
seltsæmes wolde sagen.
die liute muosen alle dagen,
545 und wart ein michel stille.   50
daz was des juden wille.
     Bî gotes hulden swuor er dô.
er sprach: 'herre, ich was alsô
vergiht wol aht und *drîzic* jâr,
550 daz ich sô tiure als umbe ein hâr   55
mir *selben en*mohte gefromen
noch von der stat niender chomen
niuwan als man mich truoc.
schiere hôrte ich genuoc
555 zeichen von im sagen.   60
dô bat ich mich dâ hin tragen.
ûf genâde daz geschach.
doch muose man mich durch ein dach
hin abe zuo im lâzen,
560 wan daz hûs was u*n*mâzen   65
von siechen bedrungen,
die dâ nâch heile rungen.
swelhen er an geblihte
oder der an in gezihte,

---

540 gibieten *V*.   **541** geswigen unz dazzer (: wazzer) *Ba*.   swigen *W*+.   alle
fehlt W+.   **542** Vernaem recht *W*+.   der *W*+] er *V*.   **543** wolt nu *MsWs*.
544 Daz volk mŭst nu still dagen *Ms*, Still mŭsten si all gedagen *Ws*.   all still
W.   **545** Ez *W*, Da von *MsWs*.   **546** Ditz *MsWs*.   der iuden *W*+.
547 *Initiale fehlt V*.   er *fehlt W*.   **548** waiz *W*.   **549** Vergichtig *W*+.
wol *fehlt W*+.   drîzic *W*+] zwæinc *V; vgl. Joh. 5,5*.   **550** tiwer *V*, tiŭr *W*,
tewr *MsWs*.   umbe *fehlt W*+.   **551** mit salben *V (vgl. zu 661)*, selben niht
Ws, selber nicht *W*, selb nicht *Ms*.   **552** von stat *MsWs*.   **553** Nivr wann
man *W*+.   **554** vil vnd genŭg *W*+.   **555** wunderzeichen *oder* gesagen *Schr*
(*weil dreihebige Verse für K. undenkbar seien*).   Von jesus zaichen *Ms*.   im *V*
Fe] jesu *W*, jesus *Ms*, jesum *Ws*.   aŭch da hin *W*+.
557 sein genad *W*+.   **558** Do *W*+.   **559** fur in *W*+.   **560** ummazzen *V*,
an mazzen *MsWs*.   **561** Mit *Ms*.   betwungen *W*, da betwungen *MsWs*.
562 dâ *fehlt W*+.   irs leibez hail *W*, irm gesunt *Ms*, gesunt *Ws*.   **563** an
plikt *Ws*, erplikt *WMs*.   **564** der an in *VW*] do an in *Ms*, in an *Ws*.   zikt
W+.

565 dem wart sîn genâde chunt.　　　　　　　　　109,70
er machte mich ouch gesunt;
er hiez mich schône ûf stân,
mîn bette nemen unde gân
ze mînem hûse; daz tete ich.'
570 dô sprach ein wîp: 'er nerte ouch mich　　　75
von einer griulîchen suht.
nand ich si, daz wære ein unzuht.
mir was ôt ängestlîchen wê.
ich enwesse waz ich tæte mê,
575 wan ich*n* mohte niht gedringen.　　　　　　80
dô sleich ich ûf gedingen
und smouc mich hinder ein tür
und dâhte, swenne er dâ für
gât, sô*ne* nimt des nieman war,
580 sô rüer ich touge*n*lîchen dar　　　　　　　85
die vasen sînes gewandes an.　　　　　　　109,86
daz geschach, und gie ich gesunt von dan.'　110, 1
Ûf stuont einer unde sprach:
'hœret ouch waz mir geschach.
585 ich was chrump als ein sichel,
mir was ein hover michel　　　　　　　　　　5
dâ ze den schultern ûz gebogen,
hals und ahsel nider gezogen,
und st*iu*rte mich, sô ich gie,

566 auch mich *MsWs*, ouch *fehlt W*. 　　**567/568** Mein pet nemen vnd gen
Hiez er mich vnd auf sten *W*, Mein pett hiez er mich auf (*fehlt Ws*) nemen
(nemen vñ gen *Ws*) Vnd auch (do *Ws*) gesunt auf sten *MsWs*. 　**569** daz tete
ich *V*] gesunt gie ich *W*, gie do ich *MsWs*. 　　**570** hailt *W+*. 　　ouch *fehlt W*.
571 grozzen *W+*. 　　**572** si] sei *V*, die *W+*. 　　ein *fehlt MsWs*. 　　**573** ôt *fehlt*
W+. 　　**574** Ich west nicht welich tat me *WMs*, Daz ich dick schrai owe *Ws*.
Ichen wesse *V*. 　　**575** Nicht ich mŏcht *W*, Nicht mocht ich *Ms*, Nicht mocht
ich zu im *Ws*. 　　ich *V*. 　　**576** Doch swaig *W+*. 　　den gedingen *W+*.
577 smucht *W+*. 　　**578** Ich gedacht so er doch (*fehlt MsWs*) hᵉfur *W+*.
579 so *VW+*. 　　des *V*] sein *MsWs*, sein doch *W*. 　　**580** tougenlîchen *Ws*]
tovgelîchen *V*, taugenleich *Ms*, tugentlichen *W*. 　　**582** Do daz geschach gesunt
gie ich *W+*. 　　**583** Ovf *mit Initiale O statt am Innenrand vorgemerktem und*
nachträglich zwischen O und ſ *eingeschobenem* v *V*, Auf *mit Initiale W+*.
ainer do *MsWs*. 　　**584** Nu hŏrt *MsWs*. 　　auch hie *WWs*. 　　**586** Wir *W*.
587 dâ ze *Spr*] Dazt *V*, Datz *W*, Ze *MsWs*. 　　ûz *V*] auf *W+*. 　　**588** achgseln *W*.
589 Ich *W+*. 　　stiurte *MsWs*] störte *V*, steiurat *W*, stürte *Ba*, stŏute *Ha*. 　　sô
V] swenn *W*, wenn *MsWs*.

590 mit beiden handen ûf diu chnie,
niuwan ze füezen ich sach. 110,10
swaz mir anderswâ geschach,
daz was mir vil unchunt.
er machte mich ouch gesunt.
595 ich wart schône gereht,
hals, *ahselbein und rücke* sleht. 15
alsô bin ich genesen.'
'ich was ouch lange blint gewesen,'
sprach einer, 'von chintheite.
600 als man mir dô seite
daz siechen vil von im genas, 20
dô quam ouch ich dâ er was
und ruofte in an umbe lieht.
dô*ne* tete er mir anders niht
605 wan daz er speicheln twar
ûf der erde und mir dar 25
daz hor mit dem vinger streich,
daz was linde unde weich,
und hiez mich ez waschen abe. .
610 nû chieset ob ich ougen habe!'
'jâ,' sprâchen si, 'dû gesihest. 30
daz aber dûs von im gihest,
daz gevellet uns niht wol.
der rihtære uns ervarn sol
615 welhes tages daz geschæhe,
daz er sich wüesche und gesæhe 35
und er die speichel*n* zertreip

591 Nimmer zu den *W+*. **592** Swelh⁵ slacht mir geschach *W+*. **593** vil] gar *MsWs*. **594** Jesus *Ws*. ouch] do *Ws*. **595** Daz ich wart schôn vnd gereht *MsWs*. **596** ahselbein und rücke] achsel ruke vñ bæin *V*, achgsel fûzz vñ pin nu *W*, achsel fûz ward mir *Ms*, achsel ward mir *Ws*. **597** *Initiale W.* ich von im *W+*. **599** *In MsWs erweitert:* Sprah ainer hiez Cedonius Nu hort mein red von Jesus Datz (Ditz *Ws*) het ich her von chinthait. **600** Vnd do man mir von Jesus sait *MsWs*. **602** ich auch *W+*. da er da *W*. **603** rief *W*. **604** Do tet *VW+*. mir *fehlt W+*. **605** ein spaichel *W+*. **608** Der prezzt mir zehant entwaich *MsWs*. **609** ez do *Ws*. **612** Daz du sein aber *W+*. **615** An welhem tag *W+*. geschach *W+*. **616** Daz man dich gesehent sah *MsWs*, Daz er dich wusch vnd du gesâcht *W*. wsche *V*. **617/618** *fehlen MsWs*. **617** er *fehlt W*. spæichel *VW*. zertreip *BaW*] v⁴træip *V*.

und im daz hor in diu ougen *r*eip.'
'daz geschach an einem samztage.'
620 'nû hœret an sîn selbes sage
als dirre hie ze stæte giht: 110,40
ern schônet deheiner *hôch*zît niht.
diu schrift uns daz lêret:
der die samztage niht êret,
625 der tuo sêre wider got.
diu rede was ie sîn spot   45
und worhte swaz er wolde,
sô man vîeren solde.
      Chan ieman daz geschœnen,
630 der sich vlîzet wie er gehœnen
unser ê und unser schrift mege,   50
reht und êre hin gelege?
daz tuot er und tete ez ie.
nû stân*t* der ouch genuoge hie
635 die sô *un*bescheidenlîchen tobent,
daz si im sîn u*n*bilde lobent   55
und stætent sînen irretuom:
Jôsêben und Nychodêmum,
zwêne hôhe werde man
640 - *d*â vant man volleclîchen an
zuht, rât und ganze lêre,   60
Israhêl hæte ir êre -,

618 Vnd daz hor dir *W*.   reip *BaLeiW*] træip *V*.   **619** Daz waz *MsWs*.
620 Ir hôrt von *W*, Nu horst du von *MsWs*.   selberz *MsWs*.   **621** diser *W+*.
ze stæt *W*, ze stete *V*, nu vor dir *MsWs*.   **622** So schont er der hochzeit nicht
W, Der hochzeit schont er niht *MsWs*.   ceit *V*.   **623** geschrift *W+*.
624 Wer *MsWs*.   den samptzag *W*, den sabat *MsWs*.   niht êret] entert *Ws*.
625 tut *W+*.   **626** Die *VW*, Vnser *MsWs*.   was *VWMs*] diu was *Schr*, ist *Ws*.
ie *V*] e *W*, im *MsWs*.   ein spot *MsWs*.   **627** Er *Ws*.   waz *W+*.   **628** man
pilleich veiren *W+*.   **629** *Initiale V*.   Wer solt dez nu schonen *MsWs*.
nieman *W*.   **630** Dêr = Daz er *BaSpr*.   gehawen *W*.   **631** Mûg (*fehlt Ws*)
vnser e vnd vnser meng *MsWs*.   vnd vns mûget *W*.   **632** Ditz man im niht
mer verheng *MsWs*.   hin leget *W*.   **633** Alz ich han gesprochen ie *MsWs*.
634 So *W+*.   stânt] sten *V*, stent *W*, stet *MsWs*.   auch der *W+*.   genûg
W+.   **635** sô *fehlt W+*.   unbescheidenlîchen] beschædenlichen *V*, bezaich-
leichen *W*, nach seinen zaichen *MsWs*.   **636** Daz si sein *W*, Vnd sein *MsWs*.
vmbilde *V*.   **637** bestâtent *W+*.   irretum *V*, îrrtum *W*, irrtum *MsWs*.
638 Josephen *WMs*, Joseph *Ws*.   **639** Die zwen *Ms*, Ditz zwen *Ws*.
641 grozziv ler *W+*.   **642** ir paider er *W*, ir grozz er *Ms*.

die hât er beide betrogen
und hât *sît* an sich gezogen
645 der l*uo*te einen chreftigen magen.
daz *en*muge wir lenger niht vertragen.   65
wâ sint nû die daz habent ge*s*ehen,
daz gemehelschaft sî geschehen
und Jêsus ein êchint sî?'
650 Nychodêmus sprach: 'die sint hie bî.   70
sine wellent sich der rede schamen,
ich sage iu *ir* ieg*l*îches namen:
Zacharias und Asterius,
Anthônius und Jacobus,
655 Samuêl und Aymes,   75
Bermach und Fînees,
Crispus und Zâras,
Agippus und Jûdas.
    Habt ir die ich *hân* genant
660 gemerchet? waz in sî bechant,   80
daz heizet iu *si s*elben sagen.
ich wæne daz si iuch iht verdagen
die wârheit durch deheine drô.'
Pylâtus frâgte sie dô   110,83
665 waz in dar umbe wære chunt.   111, 1
si sprâchen alle als ein munt:

644 Vnd habent sich (Daz si sich habent *MsWs*) an in gezogen *W+*.   sît
HaBaSpr] siv *V*.   **645** Vnd dar zu ir pesten (pest *MsWs*) magen *W+*.   luote]
lovte *V*.   **646** en- *fehlt VW+*.   **647** gesehen *HaW+*] geschehen *V*.
648 Do *Ws*.   gemæhelschaft *VW*, gemahelschaft *MsWs*.   da sei *W*.
649 Vnd daz *MsWs*.   **650** die *V*] si *WWs*, fehlt *Ms*.   **651** Si *W+*.   nicht
schamen *W+*.   **652** ir ieglîches *W+*] iesliches *V*.   **653–656** *in W zu zwei*
Versen zusammengezogen mit vier Namen pro Zeile und und *ist immer weg-*
gelassen.   **653** Zacharias *VW+*] Lazarus (*Var.* Eliezer) *Ev.Nic. II,4.*
Arsterius *MsWs*.   **655** Aymes *V*] Aremes *W+*, Annes (*Var.:* Anmes, Annes,
Acmes) *Ev.Nic. II,4.*   **656** Barmach *MsWs*, Isaac (*Var.Hs.C:* Damael) *Ev.Nic.*
II,4.   Fines *W*.   **657/658** *die vier Namen in W+ in einer Zeile und danach*
der Zusatzvers Die all erzivgent daz.   **657** Zâras *V*] Satus *W+*, Azaras [*griech.*
Zeras) *Ev.Nic. II,4.*   und *fehlt W+*.   **658** Agappus *W+*, Agrippa *Ev.Nic.*
II,4.   und *fehlt W*.   **659** *Initale fehlt V*.   hân *SchrW+*] *fehlt V*.   **660** in
VMsWs] ez *W*.   **661** iu si *MsWs*] iv *V*, ir ew *W*.   selben *Ha*] salben *V*, selb*s*
WMs, selb *Ws*.   **662** wân nicht *W+*.   si iuch *VWs*] si ez *W*, sis *Ms*.   iht
fehlt W+.   **664** si all do *W+*.   **666** Do sprachen si *Ms*.   als ein *V*] auz einē
W+.

'er missaget iu niht.
ez ist allez wâr des er dâ giht.
wir sagen iu dennoch mêre: 111, 5
670 si verwürchent sælde und êre.
si wizzen wol daz von Sabâ,
von Tharsô und von Arabiâ
drîe chünige quâmen gevarn
in zwelf tagen ûf tromedarn,   10
675 *die* ze sîner wiegen gâhten
und im ze êren brâhten
golt, wîrouch und m*i*rren.
ern lie*z* ouch sie niht irren:
ein stern vor in dâ erschein,   15
680 sie wîste ein engel wider heim.
wes zîhent si in dar an
daz der griulîche man
diu chint martern hiez
und daz er in genesen liez?   20
685 daz mein*te* daz er im enphlôch
und sich in Egyptum zôch.
     Gedæhten sis, si funden dâ
geschriben in Jeremîâ:
»ein stimme wart gehœret   25
690 in Ramâ, d*iu* vreude stœret,
weinen und wüefen
und jæmerlîchez rüefen,

667 er] Nicodemus *W+*. 668 dez er gicht *Ws*, daz man gicht *WMs*.
669 ewch *Ws*. 671 sabba *W*. 672 tharse *W*, Tarse *Ws*, Tarsis *Ms*. von
fehlt Ms. arabya *V*, herabia *W*. 673 Die kûnig *W+* ; die *vielleicht
Korrektur nach Ps. 72,10 Fe 90.* 674 tromedaren (gevaren:) *V*, dromodaren
W, dromontarn *MsWs*. 675 die *LeiW+*] Dv *V*. ze *Lei*] zv *VW+*.
677 weiroch *V*, weirach *W+*. mierren *VW*. 678/679 Ein stern lie si niht
irren Der in do erschein *MsWs*. 678 Er hiez *W*. liezze *V*. 679 do von in
W. 680 Ein engel weist si *MsWs*. 681 Waz *W+*. zaichent *W*, bezaichent
Ws, bezewgent *Ms*. sei *Ws*. in *fehlt MsWs*. 682 der] der kûnich ein *W*,
Herodes der *MsWs*. 683 Die vnschuldigen chint *W+*. 684 in *VWWs*]
jesum *Ms*. genesen *V*] ledig *W+*. 685 meinte *Spr*] meinet *VW*, ist *MsWs*.
686 Egipten *W*, Egipto *MsWs*. 687 *Initiale V*. si sein vinden *Ms*. sis *V*] si
sein *WWs*. 689 die wart *W+*. 690 In rom *W*. die dᵉ juden fraᵛd zᵉstôrt
W+. diu] die *VW+*, *streicht Ba.* 691/692 ẃffen : rͦffen *V*.
692 iæmerleichen *WWs*, iâmrikleichen *Ms*.

Rachêl erbärmiclîchen chlagen
daz ir süne sint erslagen
111,30
695 und maniger muoter ir chint,
den ouch diu *benomen* sint.«
swaz die heiligen wîssagen
vor manigen jâren und tagen
chümftiger dinge schr*i*ben,
35
700 der ist wênic beliben
si *ens*în an im volbrâht.'
jene sprâchen: 'wir hân gedâht
da*z i*uwer rede swachet
und ungenæme machet:
40
705 iuwer lantreht ist enwiht,
mit iu erziuget niemen niht.'
'wâ von?' '*dâ* sît ir proselîtes.'
'nû bewîset uns ouch des
waz daz wort bediute.'
45
710 'proselîtes sint die liute
die nâch der ê sint
besniten *und doch* der heiden chint.
sine hânt mit uns niht vollez reht.'
'hœret durch got und seht
50
715 wie manigen wîs si wenchent
und sich an sælden chrenchent,
daz bezzer wære verborn.
wir*n* sîn von heiden niht geborn.
wir erziugen wol hie
55

693 Rachêl *V*] Vnd rachelen *W*, Vnd *MsWs*.   erbarmchlichen *V*, erbarmec-lîchez *Lei*, pårmklichē *W*, iåmrikleichen *Ms*, iåmerleichen *Ws*.   694 warn *W+*.   695 manig mût⁵ vmb ir *W+*.   696 benomen *W+*] bæidiv vient *V*; die heiden vient *erwägt Fe 89*.   699 schreiben *V*, habent geschribē *W+*. 701 sein *V*, sint *W+*.   702 jene *V*] Ene *mit* E-*Initiale Si*, Die iuden *W+*. 703/704 *fehlen W+*.   703 Daz er *V*.   705 *Initiale Wü*. Ewrew *Ms*.   ist gar *WWs*, sind *Ms*.   706 Da mit *W+*.   707 Wande ir sît *Spr*.   da *fehlt V*. 708 ouch *fehlt W+*.   709 ditz *Ms*.   710 warn *W+*.   711 der jůdischen e *W+*.   712 und doch *W+*] vnder *V*, unde *Ba*.   chint] sind *Ms*.   713 Si *W+*.   nicht recht *W*, chain recht *MsWs*.   714 Nu hôrt *MsWs*.   716 Vnd waz si lůg erdenchent *W+*.   717 verlorn *MsWs*.   718 Wir *VW+*. *Nach* 718 *in MsWs:* Sprachen die gezewgen   Ir mûzzt hie pårleich lewgen. 719 Daz erzewg wir *MsWs*.   vil wol *W+*.

720 daz dehein unser chünne nie
heid*en* wart noch heid*en* chint.
alle unser vorder*n* sint
von Israhêl*e* bechomen.'
dô daz hête*n* vernomen   111,60
725 die gotes widerwinnen,
si quâmen von ir sinnen
in eine starche tobesuht.
si vergâzen êre und zuht.
Ich gelîche si anders niht   65
730 wan als dâ man hunde siht
vehten mit swî*n*en,
rohen und grînen,
treten und winchelsehen,
in zorne fiur*în* ougen *sch*ehen,   70
735 grisgrammen und limmen.
mit griulîchen stimmen
drungen si in der schrangen entwer.
'wâ ist nû *sîn* vater? ob er
in vor dem tôde welle ernern,   75
740 sô chome! und die uns in hiute wern,
die vâhet swâ man si sehe,
daz den ir reht ouch geschehe!'   *Ende WMsWs*
Mir hât daz buoch alsô verjehen:
dô Pylâtus muose sehen   80
745 disen zuhtlôsen chraden,
er vorhte dannoch mêr schaden,
daz si im næmen daz leben.

720 vnsers chûnnes aines *W* +. **721** *Schr W* +] Heide wart noch hæides chint
V. **722** alle *W*] *fehlt V*, Wan all *Ms Ws*.   vorderen *Ba*, vorder *V*, vodern
W +. **723** Geporn vnd von *Ms Ws*.   Israhêle *Ba*] israhel *VW* +.   chomen
W +. **724** Alz ditz *W*, Vnd do ditz *Ws*, Vnd ditz *Ms*.   hêten *Ba W* +] hete *V*.
726 iren *W* +. **729** *Initiale fehlt VWüSi*. **730** als *fehlt W* +.   die hunt
Ms Ws. **731** swinnen *V*, den sweinen *W* +. **732** rohen *BMZ II,1,760a,34*
(Haupt) Lei] Roben *V*, Zannen *W* +, Toben *Ha*.   grînen *V*. **734** In (Vnd mit
Ws) den geswinden (swinden *Ws*) augen prehen *W* +.   fiurîn ougen schehen
Ba] fiwerniwe ovgen sehen *V*. **737** schrann *W* +.   in die schrangen twer
Spr. **738** sîn *Ba W* +] *fehlt V*. **739** von *W* +. **740** die in (*oder* dien) uns
hiute *Ba*.   die vns hivt erw²n *W*, die ⸗nz (⸗nz ez *Ws*) wellen erwern (wern *Ws*)
Ms Ws.   weren *V*. **741** erseh *Ms Ws*. **742** auch hie *W Ws*. **743** *Initiale V*.
747 unsûbern *Schr*.

er sprach: 'ich wil iu in geben.
tuot im swaz iu gevalle.'   85
750 si viengen in mit schalle   111,86
und fuorten in ze Golgathâ.   112, 1
daz chriuze was bereitet dâ.
dâ zwihten si in mit nagelen an.
ietwederhalp sîn wart ein man
755 erhangen durch gerihte.   5
dem einem sîn sælde *sch*ihte
daz er in genâden bat.
der selbe ouch allrêst trat
in des paradîses tür.
760 dâ was ê jæmerlîche für   10
unser vater Âdam getriben.
sîn afterchumft *was* hie beliben
sô lange, daz diu porte wart
mit gotes tôde wider enspart.
765 **A**ls uns diu wâre schrift seit,   15
dô sich des sunes menscheit
dem vater opherte in den tôt,
dô muose erbiben durch nôt
diu erde, daz si*ch* mûre chluben,
770 die *molte* in aschen wîs stuben,   20
die umbehange sich zarten;
diu greber sich ûf sparten,
man sach die tôten ûf stân,
in der stat offenlîche gân.
775 diu sunne ir liehten schîn verchôs,   25
der tac ouch sîn chraft verlôs,
im gesigete ein starchiu vinster an.
manic wîp unde man
die noch ze velde wâren,

---

756 sîn *tilgt Ba.*   schihte *Ba*] sichte *V.*   **762** was (*oder* ist) *Ba*] *fehlt V.*
763 unz daz *Ba.*   **765** *Initiale fehlt V.*   **767** ophert *V.*   **769** sich *Spr*] si *V,*
sîn *Ba; vgl. Haw.121* sich dy hochen perig chluben.   **770** die molte *(Haw.)*]
Die movre *V,* Die velse *Spr nach Mt.27,52.*   zestuben *Spr.*   *Vgl. Haw.122*
Das dy molten inn lufften stuben.   **771** zarrten *V.*   **775/776** *Vgl.*
Haw.123/124 Dy sünn irn scheinn verlas   Das man den tag vil chäum erchas.
777 In *V.*

780 diene chunden niht gebâren,   112,30
    ir dehein den andern sach.
    dirre wider den sprach:
    'hic homo iustus erat.'
    sus giengens redende in der stat:
785 'dirre mensche was reht.'   35
    Pylâtus sprach: 'ir herren, seht!
    wie welt ir iuch beschœnen nuo?
    diz zeichen meldet iezuo
    sîn unschulde und iuwern haz.'
790 'wir suln ez iu bescheiden baz',   40
    sprâchen diu juden, 'nû sît gewis,
    ez ist niuwan eclypsis.
    der mâne ist für die sunne chomen
    und hât ir den schîn genomen.
795 irn sult ez niht für wunder jehen,   45
    ez mac ze rehte wol geschehen.'
        Centuriô, dô er sach
    daz der dinge vil geschach,
    – dem wâren, als wir uns enstân,
800 hundert rîter undertân –,   50
    er sprach: 'nû schînet wol an
    disem sæligen man,
    er was zewâre gotes suon.'
    'ir sult die rede fürder tuon',
805 sprâchen die juden *wider* in.   55
    nû quam ouch Jôsêp hin,
    ein edel decuriô
    von Aramathî, er *w*arp alsô
    daz im der rihtære gap
810 den tôten. in sîn niuwez grap,   60
    daz *er* im selben hæte bereit,

780 Diene wessen wie gebâren *Spr.*   Dine *V.*   **782** gesprach *Schr.*
787/788 nv : iezv *V.*   **788** diz *Ba*] Div *V.*   **789** iwren *V.*   **795** Ir *V.*
797 *Initiale V.*   **801** schînet *HaLei*] schænet *V,* schouwet *Schr.*   **802** Disen
Schr.   sæligem *V; vgl. Wilhelm zu Serv.33.*   **803/804** sun : tun *V.*
805 wider *Fe 92f.*] vnder *V.*   **806** dâ hin *Spr.*   **808** aramathie *V.*   er warp
Ba] erwarp *V.*   **811** er *Ba*] *fehlt V.*

dâ schuof er in în geleit;
ez was geworht in einen stein.
er wart gebunden in ein
815 harte tiure rêgewant. 65
dâ wurde*n* hunde*rt* phunt gebrant
mixtûre mirre und alôes.
ern lie dâ niht gebresten des
*m*an dâ ze rehte solde haben 70
820 dâ man juden *wolde* begraben. 69
er *hæte* im getân, chunde er, baz.
des wurden *im* die juden gehaz.
    Hœret waz si nû tâten:
si quâmen für Pylâten
825 und sprâchen: 'herre, wir hân vernomen 75
daz uns ze schaden mac chomen,
wes di*rre* trügenære jach
und ze sînen jungern sprach:
»ich wil über drî tage erstân
830 und in Galylêa für iu gân.» 80
nû heizet uns daz grap bewarn.
wir sorgen daz si her varn
nahtes und in fürder tragen
und der werlde danne sagen
835 für wâr, er sî erstanden. 85
sô wirt in allen landen 112,86
der irretuom *merre*, 113, 1
der junger danne der *erre*.'
'schaffet selbe und tuot',
840 sprach er, 'swaz iu*ch* dunchet guot.
ich hân den juden den gewalt gegeben 5
und wil sîn âne müe leben,
ob er erstât oder niht.

---

816 wurdent hunder *V*.   817 und *V*] *et* ?.   819/820 *umgestellt in V; die Umstellung rückgängig gemacht und* Des *819 gestrichen Fe 93.*   819 Des man *V*.   dâ *streicht Ba.*   820 wolde *Fe 93*] solte *V*.   821 hæte *HaLei] fehlt V; vgl. Greg.1272.*   Er getæte *im SprBa.*   822 im *Lei] fehlt V.*   823 *Initiale fehlt V.*   827 diser *V*.   837 merre *Ha*] mere *V*.   838 erre *Ha*] ere *V*.   839 Schafft *V*.   840 iv *V*.   841 den juden *V*] iu *Spr*.   842 mve *V*, muo *Bo*.

swaz iu mêr oder im geschiht,
845 hüetet als iu gewizzen sî.
mîne rîter sint hie bî;   113,10
swes ir die muget erbiten,
daz lâze ich sîn mit guoten siten.'
     Ein rât dûhte si guot:
850 daz er würde behuot,
gâben si phenninge   15
den rîtern mit gedinge
daz si in des grabes phlægen
und dâ bî gewâfent lægen
855 unz hin an den dritten tac.
si sprâchen: 'ob *man* in mac   20
behüeten niuwan die zît
und er dannoch dâ lît,
sô wizzet daz er hât gelogen
860 und liute vil betrogen
die der urstende beiten.   25
die sul ouch wir bereiten
als man trügenære sol.
sô helfe iu got und hüetet wol!'
865 'nû tuot ir iuwers dinges war',
sprâchen jene, 'und sît gar   30
âne angest, wir entuon alsô.'
si giengen hin mit grôzer drô.
swaz si dâ liute funden
870 die niht verlougen chunden
sine wæren mit Jêsû gewesen,   35
der *en*solde einer niht genesen.
Jôsêp ouch dâ gevangen wart
und in ein gewelbe verspart,
875 daz vinster und veste was.
daz er des ersten genas,   40
daz meinte daz ez was spâte.

---

848 laz *V.*   **849** *Initiale V.*   Sîn rât *BaBo.*   si] siv *VBo.*   **853** phlægen *Ba*]
phlagen *VBo.*   **854** lægen *Ba*] lagen *VBo.*   **856** man *Ba*] *fehlt V.*   **858** gelît
Schr.   **872** solt *V.*

nû wurden si ze râte
daz si in behalten solden
880 und martern swie si wolden,
dar nâch als sie dûhte guot.
si schuofen daz er wart behuot
mit wahtæren vor der tür.
si spienen chetene dâ für
885 und îsnîne rigele.
si leiten ir insigele
durch gewarheit dar an.
Cayphas truoc die slüzzel dan.
Tac und naht giengen hin.
890 des dritten morgens seit man in
daz Christ erstanden wære.
diu rede was in swære.
si quâmen schiere dar
und sprâchen zuo den rîtern: 'war
895 ist dirre trügenære chomen,
oder wer hât in iu genomen?
ist er verstoln oder wie?'
'nein er.' 'sô wære er noch hie.'
'ern ist hie niht und doch niht verstoln.'
900 'nû wizzet, ezn wirt niht verholn
swaz ir mit im habt getân.
ir soldet in behüetet hân!'
'zwâre wir enmohten baz.'
'wie hât sich gefüeget daz
905 er in dem grabe niht enlît?
wir wænen daz ir gemietet sît,
daz ir ez liezet geschehen.'
'wir getorsten nie dar gesehen.
dô die engel quâmen
910 und den stein abe nâmen,

113,45

50

55

60

65

70

881 siv *VBo*.   884 spienen *Ha*] spiengen *V*.   889 *Initiale V*.   893 aber
schiere *BaSpr.*   geloufen dar *Schr.*   894 zden *V*, zů den *Bo*.   898 Næin er·
so wer noch hie *V*, »nein,[!] so wære er noch hie *Bo*.   wer er *Ha*.   899 Er *V*.
900 ez *V*.   905/906 læit : sæit *V*.   906 daz *streicht Ba*.

dâ schein ein lieht vaste,   75
daz uns in diu ougen glaste
und wir für tôt gelâgen.
unser deheiner getorste gevrâgen
915 den andern waz daz wære.
saget iu iemen ander mære   80
wan daz er âne valschen list
lebet und erstanden ist,
der wil iuch betriegen
920 und offenlîche liegen.'   113,84
'redet ir daz durch spot,   114, 1
daz lât durch uns und durch got!
die tumben wænent, ez sî wâr.'
'wir*n* liegen iu niht um*b* ein hâr.
925 **D**iu wortzeichen sint ouch hie: 5
ezn quam dehein mensche nie
wan armiu wîp, die suochten in
vor dem tage, dô was er hin.
si funden niuwan sîn gewant,
930 dar în in Jôsêp tôte*n* *w*ant.   10
dô giengen si weinende dan.
dar n*â*ch quâmen zwêne man,
die luogten ouch in daz grap.
sine truogen swert noch stap
935 noch deheiner slahte wer.   15
si*ne* schuofen niht gegen einer ber
und funden nihtes mê
wan daz diu wîp funden ê.
die giengen ouch ir strâze
940 und weinten âne mâze.'   20
'war umbe vienget ir sie niht?'
'wir gedâhten, und tæte wir ieman iht
der âne wer gienge,

---

913 Unz *Lei.*   **914** torste *Bo.*   **924** Wir *V.*   umb] vm *VBo.*   **925** *Initiale fehlt V.*   **926** ezn] Er *V,* Ez (*oder* her) *Ba,* Ez *Bo.*   mensch *V.*   **928** du *V,* duo *Bo.*   **930** *Vor* want *ist* het *durchgestrichen V.*   **931** wæinunde *V.* **932** noch *V;* Dar noch *V aus* dannoch ?.   **936** Si *V.*   **941** siv *VBo.*

daz man*z* uns vervienge
945 für übel und niht ze guote. 114,25
ir befulhet uns die huote,
ob si uns in steln wolden,
daz wir in daz wern solden;
al*s* er dô selbe wolde varn,
950 daz *en*chunde nieman bewarn.' 30
  'Ez ist ungelouplîch,
der wârheit niender gelîch,
daz immer mensche erstê
dar an der tôt sîn reht begê.
955 ezn ist bî uns niht geschehen. 35
habet ir aber iht gesehen
daz uns schaden mache
und unser êre swache,
daz sult ir verchêren
960 mit rede als wir iu*ch* lêren. 40
jehet, ir sît entnucket
und er würde iu gezucket;
daz tæte irn wizzet wer.
mêre danne iuwer muot ger
965 êren unde rîcheit, 45
daz ist iu von uns bereit.'
'ei, wie stüende uns daz an,
swanne uns wîp unde man
an der unrede funden,
970 und wir niht gelou*g*en chunden 50
wirn missetæten umbe guot?'
'ir habet einen grimmen muot,
daz ir dar an sô strenge sît.'
'er chuhte doch in churzer zît

---

944 manz *BaBo*] man *V*. **949** als *Bo*] Also *V*. **950** chunde *V*.
951 *Initiale V*. **953** immer *V*] immer mêre *? Ba; vgl. 1508.* mensch *V*.
955 Ez enist *Bo*. **960** iv *VBo*. **963** irne *Bo*. **968** Swenne *Bo*. **970** wir
tilgt Bo. gelougen *Fe 98*] gelouben *VBo; vgl. Gund.2552–4: Nu sprechet wie
stünd uns daz an Daz wir die leut alsus betrûgen Und uns selben an lûgen.*
971 wir enmissetæten *Ba*. **972/973** *ebenfalls von den Grabwächtern gespro-
chen Bo*. **974** chuchte doch *VBo*] erkuhte in *Lei*.

975 der in dem grabe erstunchen lac   55
    ze Bêthaniâ unz an den vierden tac.
    sît er den allen gebôt
    ze leben, dô si wâren tôt,
    sône dunche iuch daz niht unmügelich
980 und wunder niemen, ob er sich   60
    ouch dem tôde hât entseit,
    den er von unschulden leit.'
      'Sît ir sælic unde fruot,
    ir nemt gerne daz guot
985 daz man iu willeclîchen gît,   65
    und iuwer müe niht dar an lît
    wan daz ir *j*eht des wir iu*ch* biten.'
    'ob wir nû dar umbe liten
    ungefüegez strâfen,
990 un*d j*ehen wir haben geslâfen   70
    und sag*en* allez daz ir welt,
    wer*de*nt ôt die phenninge gezelt?'
    'ez ist allez hie zehant,
    silberphenninge und gewant.
995 dar zuo welle wir iu geben   75
    immer unz wir leben,
    tuot ir als ir habet gereit.'
    dâ si hêten hin geleit
    Jôsêben ir gevangen,
1000 dar quâmen si gegangen.   80
    die *tor* si balde hiezen,
    rigel und tür entsliezen.   114,82
    daz insigel ouch geschouwet wart.   115, 1
    dô si daz funden unverschart,
1005 ûf stiezen si die tür.
    si sprâchen: 'vriunt, gât her für!
    ir habet genuoc dâ gelegen.   5

---

979 daz niht *V*] niht *BaBo*.   **983** *Initiale V*.   **986** mꝰ *V*, muo *Bo*.   **987** jeht
Bo] gecht *V*.   iv *VBo*.   **990** und jehen *Ba*] Vnt wir iehen *V*.   **991** sagen
BaBo] sag *V*.   **992** werdent *Bo*] wernt *V*, wærn *Ba*.   **994** Silber, pfenninge
Bo.   **1001** tor *nach Lei*] tvr *V*, turner *Fe 93*.

wir wellen iuwer anders phlegen.
seht, ob er iu gehelfen müge
1010 und waz er iu ze herren tüge
durch den ir iuwer ê verchurt
und uns alle durch in verlurt. 115,10
wir haben von iuwer *trüge*heit
schaden, schande und arbeit;
1015 des *en*muget ir niht enphli*e*hen.
wir wellen iuchs enzi*e*hen
daz irz nimmer mêr getuot.' 15
alsô chuolten si ir muot
mit maniger unnutzen drô.
1020 dône was der rede niender sô,
alsô si hêten ûf geleit;
Jôsêp an sîner gewarheit 20
vor in gar âne angest was
und d*â h*arte wol genas.
1025 'Rûmet umbe, lât sehen',
sprâchens, 'waz ist hie geschehen?
ist er hin? wâ quam er ûz? 25
nûne ist doch sô tiure als *umbe* ein grûz
daz insigel *verschertet*,
1030 noch daz sloz *verwertet*!
wâ geschach daz wunder ie?
der tôte dort, der lebendic hie 30
sint uns an gewunnen,
daz wir niht wizzen chun*n*en
1035 wie si von hinnen sint chomen
oder wer sie uns hât genomen.
sie haben*t* die christen 35
nahtes mit zouberlisten
den wahtæren verstoln.

1013 trügeheit *Fe 93*] trachæit *V*, archeit *Spr*. 1015 mvget *V*. enphlihen *V*.
1016 enzihen *V*. 1021 si *V*] sis *Ba*. 1024 und dâ *Fe 93*] Vnt da er *V*, Wand er *Lei*. 1025 *Initiale V*. umbe *V*] unde *?*. 1028 als umb ein grûz *Spr*,
umbe *fehlt V*; vgl. *Gund.2439*: Daz im niht enwar als umb ain grûz.
1029 verschertet *Schr*] vercheret *V*. 1030 verwertet *Schr*] verwerret *V*, versêret *BaSpr*. 1034 chunnen *Ha*] chunden *V*. 1037 habent] habentc *V*,
habent ê *Ha*.

1040 die selben unser scholn
     sîn in die æhte geschrirn!
     und sît des vlîzic, ob wirn   115,40
     die schulde mit helf*e* megen
     ûf ir rücke gelegen.
1045 si vertrîbent uns oder wir sie.
     nû denchet und râtet wie
     wir sie des lîbes entwern   45
     und unser ê vor in ernern.
     uns wähset arbeit von in.
1050 dâ mit g*ê* männeclich hin
     ze sînem hûse – ez ist naht –,
     und habet vaste in iuwer aht   50
     wa*z* uns nütze sî dar zuo.
     gesprechen ein ander fruo;
1055 swaz uns danne daz beste sî,
     daz tuon und stên ein ander bî.'
         Alsus schieden si sich dâ.   55
     vor dem bischof Cayphâ
     quâmens aber zesam*en.*
1060 dô seit man in daz benam*en*
     daz Jôsêp dâ heime wære
     und noch ander mære: 60
     daz Jêsus in Galilê
     bî sînen jungern wære als ê,
1065 trunche und æze mit in.
     dô santen si ir boten hin,
     der in tougen solde spehen.   65
     die in dâ hêten gesehen,
     der wâren genuoge in der stat
1070 und seiten, swer sie bat,

1040 unser *V*, unrehtes *Spr.*   **1041** geschrirn *Spr*, geschriren *V*.
1042/1043 wiren *V*, irn *Spr.*   megen 2.*Plur. Spr.*   **1043** mit helfē *V*,
mithelfen *Fe*.   **1044** ze legen *Fe 93*.   **1047/1048** entweren : erneren *V*.
1050 gê *Ba*] gie *V*.   **1052** habet *übergeschrieben V*.   **1053/1054** darzū : frū *V*.
1053 Was *V*.   **1054** gesprechen *V*] Ze sprechen(ne) *Fe 93*.   mit einander
Schr*Fe 93*.   **1057** *Initiale fehlt V*.   **1059** zesamen *Ba 322*] zesamne *V*.
1060 benamen *Ba 322*] benamne *V*.   **1065** Trunc *V*.   **1067** in *V*] *vielleicht* ir
Ba.

die wârheit von in beiden.
dô begunden sich der heiden 70
genuoge nâch gote chêren,
der juden haz sich mêren.
1075 Tôren und stummen und blint
die dürftigen noch hiute sint.
daz wurben si in selben dô. 75
des seit von in diu schrift alsô:
'si habent munt und sprechent niht.
1080 ir deheines ouge niht ensiht.
ir ôren sint betoubet.'
sus wurden si beroubet 80
sælden unde sinne,
der reinen gotes minne,
1085 dô si die wârheit sâhen
und ir doch nie verjâhen. 115,84
diu ôren si verstiezen, 116, 1
daz si *in ir* herze enliezen
daz der sêle solde fromen
1090 nie gegen einem worte chomen.
Ein immer wernde erbenôt 5
und einen endelôsen tôt
wurben si mit ir wizzen,
wande si sich sêre vlizzen
1095 und noch in der übele wernt,
daz si niht mêre gernt 10
wan ob si die wârheit megen
mit ungefüeger lüge verlegen.
der selbe strît in wirbet
1100 daz ir wurm nimmer erstirbet,
als der wîssage giht, 15
ir fiur erlischet ouch niht.
swie lange diu gewizzen neget,

1072 dô] Da *V.* der] die *V.* 1075 *Initiale V.* unde stumm *Fe 93.*
1077 wurfen *V.* 1085 Du *V.* 1088 in ir herze *Ha*] mit herce *V*, mit herte
Spr. liezen *Spr.* 1091 *Initiale fehlt V.* 1092 endelôsen *Schr*] vnendelo-
sen *V.* 1093 wrfen *V.* 1095 werent *V.* 1096 nicht mer *V*, nihtes mêre
Spr. gerent *V.* 1102 fiwer *V.*

diu wîze sich nimmer geleget.
1105 ir riuwe frumt in danne niht.
swie wê den armen dâ geschiht,   116,20
sine habent iedoch deheinen trôst
daz si immer werden erlôst.
ir swernde sêr mit sêre swirt,
1110 ir jâmer bernden jâmer birt.
    Nû lâze wir daz strâfen hie   25
- sîn ist genuoc - und sprechen wie
diu wârheit allez für brach
und manic sælic ouge sach
1115 daz Christ die wâren menscheit
nâch tôde hæte an geleit   30
und erscheinte ez dâ mite,
daz er nâch menschen site
menschlîche spîse nôz
1120 unz an den tac daz sich entslôz
der himel und in dar in enphie.   35
sîne cheben er daz sehen lie.
si trûreten daz er von in schiet,
unz er sie trôste und in riet
1125 daz si noch zehen tage vertriben
mit ein ander und al dâ beliben.   40
'sô sende ich iu', sprach er,
'mînen geist dâ wider her,
der iuch vor sorgen bewart,
1130 der mit iu wont swar ir vart,
der iuch wîse und der iu râte   45
daz beste fruo und spâte.
er gît iu ganzen gewalt
der zeichen alsô manicvalt:
1135 swaz ich tuon, daz tuot ouch ir
und mêr, daz geloubet mir.   50

1104 wîze *Lei*] witze *V.*   1107 Si *V.*   1109 swerende *V.*   1111 *Initiale V.*
1117 erscheinet *V.*   1122 cheben *V*] holden *? (vgl. Hinv.547),* lieben *Ba,*
knaben *Bech,* keben *(apostolos, discipulos) zu kebe ? swm. Lexer 1,1533; Schr*
verwirft lieben *wie* knaben.   1123 trovreten *korr. aus* trovrenten *V.*   1129 iv
V.

die sprâche werdent iu bechant;
ir nemt die slangen in die hant;
und ob ir tœtiges iht
1140 trinchet, daz *en*schadet iu niht;
die geiste müezen ir vaz   116,55
rûmen; sô gehabent sich baz
die siechen die ir bereichen meget,
dâ ir iuwer hende ûf geleget.
1145 waz touc ez allez gezelt?
ir würchet niuwan swaz ir welt.   60
gehabet iu*ch* wol und sît vrô!
ich enscheide niht von iu alsô
daz ir mîn êwiclîch*e* enbert.
1150 ich chume iu swanne ir mîn gert,
dar an *en*zwîvelt niht!   65
swes ir muotet, daz geschiht.
    Uart in al der werlde ort
und prediget mîn wort.
1155 swer geloubet und getoufet wirt,
der ist genesen; und der enbirt   70
des gelouben, der ist verlorn
und zuo der helle geborn.'
sus nam er urloup von in
1160 und fuor in die lüfte hin.
die wolchen in bedahten.   75
die herren dône mahten
niht mêre wan si sâhen dar.
'wes nemt ir, guote liute, war',
1165 sprâchen zwêne vrömde man
die hêten wîziu chleider an,   80
'daz ir sus in den himel *start*?
waz wundert iuch umbe sîn vart?
als er hiute von iu vert,
1170 sô chumt er, des sît *ir* unbehert,

1140 schadet *V*.   1141 weise *V*.   1143 beruochen *Schr*, gerîchen *Fe*.
1146 wrchet *V*.   1147 iv *V*.   1149 ewichleich *V*.   1151 zweivelt *V*.
1153 *Initiale V*.   alder *V*.   1161 bedacten *V*.   1167 start *Ha*] chapft *V*.
1170 sît ir *Spr*] seit *V*.

der werlde ze angesihte 116,85
strenge an sînem gerihte, 117, 1
dâ man vor im ze rehte stât
als männeclich hie verdienet hât.'
1175 Nû der heilige Christ
alsus von in gescheiden ist, 5
si fuoren wider in die stat
und wâren drinne als er sie bat.
und quam in an dem phingestage
1180 nâch der wâren schrift sage
der heilige geist ze trôste, 10
der sie von sorgen lôste
und daz gelübde wâr liez,
daz in Christ selbe gehiez,
1185 und wart daz offenbære schîn,
wan männeclich *die* sprâch*e* sîn 15
endeclîche dâ vernam,
von swelhem lande er dar quam.
man sach dâ dannoch mêre
1190 ir an*t*lütze brinnen sêre,
doch âne des lîbes smerzen. 20
si wâren aber in dem herzen
mit dem heilige*n* geiste erliuhtet,
mit der gotes minne erfiuhtet,
1195 daz si deheiner slahte nôt
noch den bittern tôt 25
nimmer mêr gevorhten.
in gote si wunder worhten.
Diu mære schul*l*en wîten;
1200 und wart ouch an den zîten
diu christenheit sô rîche, 30
daz ir boten offenlîche
predigeten an den strâzen.
und swâ die juden sâzen
1205 an râte oder an gerihte,

1175 *Initiale fehlt V.* 1186 die sprâche *Ba*] sprachen *V.* 1190 antlvze *V.*
1192 wârn ab in *Ba.* 1193 hæiligem *V.* 1199 *Initiale V.* ·schvlen *V.*

den giengen si ze angesihte 117,35
und strâftens under ir ougen.
nû was ouch âne lougen
diu wârheit sô gebreitet,
1210 der zwîvel abe geleitet,
daz die juden in sorgen wâren 40
und enwessen wie gebâren.
si versuochten manigen rât,
sô der tuot der angest hât,
1215 waz in ze tuon töhte,
daz in gefrom*en* möhte; 45
und wâren doch sô herte,
daz si von ir ungeverte
nie wolden gescheiden,
1220 swie doch manigen heiden
und etlîchen ir genôz 50
des irretuomes verdrôz,
daz si sich dâ von chêrten
und der christen orden mêrten.
1225   Ez geschach in churzen stunden
daz aber die juden funden 55
ein gevelleclîchen rât,
wie sie ir missetât
mit gefüegen dingen dahten.
1230 dô si niht enmahten
die wârheit widertrîben, 60
si hiezen brief*e* schrîben
und leiten ir insigel dar an
und welten siben wîse man,
1235 Jôsêbes vriunt sô stæte,
bî den er triuwe hæte 65
funden allez sîn leben.
si bâten im die botschaft geben
in sînem hûse ze Aramathî.
1240 si sprâchen: ob er dâ sî

1216 gefrum *V.*   **1225** *Initiale V.*   **1228** si *V.*   **1232** briefe *Fe 94*] brief *V*;
vgl. 1282.

und er sô senftes muotes wese,   70
daz er si hœre unde lese,
'sô enzwîvelt niht dar an
ern rite mit iu dan.
1245 ob aber er ir niht enlist,
sô wizzet daz er uns ist   75
erbolgenes muotes
und deheines guotes
wider uns gedenchet
1250 und uns *i*mmer chrenchet
an allen unsern êren.   80
des geruoch*e* in got bechêren.
      Tuot wol, sô helfe iu got!
wir suln mit im der werlde spot
1255 überwinden und ir itwîz.
daz ir allen iuwern vlîz   85
dar an getriulîchen leget!   117,86
mit swelher rede ir in ûz erwege*t*,   118, 1
daz setzet ze phande dar,
1260 daz er gewerlîchen var.
er sorget lîhte daz nû stê
wider in unser muot als ê.   5
zwâre des entuot e*r* niht.
ob uns diu sælde geschiht
1265 daz er uns ruoche ze sehen,
im suln diu dienest hie geschehen,
ob im dehein ungemach   10
um*b* unser schulde *ie* geschach,
daz er sîn wol ergetzet wirt
1270 und der sorgen immer mêr enbirt.
des himelischen vater segen
geruoche iuwer triuwe phlegen,   15
daz iuwer gewerp nâch heile stê
und gotes wille an uns ergê.'

1241 wese *Fe 94*] weise *V*.   1242 si] sei *V*.   1250 immer *Fe 94*] nimmer *V*.
1252 geruoche *Ba*] geruchet *V*.   1253 *Initiale fehlt V*.   1256 ivren *V*.
1258 erweget *Ha*] erwegen *V*.   1263 er *Ha*] ez *V*.   1265 gesehen *Ba; vgl. 472*.
1268 Vm *V*.   ie *Spr*] nie *V*.   1271 vaters *V*.

1275   Uon danne huoben sich die boten;
si wurben als in was geboten.
Jôsêp ouch dâ heime was.   118,20
als er gehôrte und gelas
die botschaft, si dûhte in minneclich.
1280 er lobte got, daz si sich
güetlîchen hêten bedâht.
und die die brief*e* hêten brâht,   25
die tâten all*e s*icherheit:
si buten triuwe und manigen eit
1285 daz er âne angest wære.
da*z* geloubete i*n d*er gewære.
er bereite sich und fuor mit in   30
und quâmen mit ein ander hin.
dô man in der stat vernam
1290 daz Jôsêp mit den boten quam,
die juden wâren harte vrô
und bereiten ime dô   35
einen êr*b*æren antvanc.
si frumten spil und gesanc,
1295 dô man im engegen gie.
Nychodêmus in ze hûse enphie,
der edel und der wîse.   40
ze sîner reinen spîse
schuof er im guoten gemach.
1300 dâ schein daz er in gerne sach.
er bat die juden heim gân,
sînen müeden gast ruowen lân,   45
und fruo hin wider qu*æ*men,
spr*æ*chen und vernæmen
1305 swes si ze rehte gerten.
die herren in des ge*w*erten.

1275 *Initiale V.*   **1279** siv *V streichen BaSpr.*   **1282** briefe] brief *V.*
1283 alle dannoch *V*; alle *zu tilgen Ba, vgl. jedoch Gund.3232*: Unt tûn dir al
die sicherhait.   **1286** daz *BaSpr*] Daz er *V.*   in der *BaSpr*] inder *V.*
1292 im *V.*   **1293** êrbæren *Ha*] erwæren *V.*   **1303** quæmen] q*ᵘ*men *V.*
1304 spræchen] Sprechen *V.*   **1306** gewerten *Ha*] gerten *V.*

Rîcher got *der* guot*e*,   118,50
wie rehte wol ze muote
disen altherren was!
1310 ietweder dem andern las
b*ei*diu liep unde leit,
churzwîle und arbeit,   55
des in vil was geschehen,
sît si *sich* hêten gesehen.
1315 si sliefen wênic die naht
und wahten doch niht über maht.
der mære ir *de*wedern verdrôz   60
unz sich der tac entslôz
und der liehte morgen schein.
1320 nû wurden aber die juden *en*ein
daz der besten under in
sumelîch*e* quæmen hin   65
dâ si den herren liezen.
die tumben si hiezen
1325 belîben an ir gemache.
swâ ma*n* umbe solh*e* sache
trahtet und ze râte wirt,   70
der tumben man dâ wol enbirt.
Tür und tor wart ûf getân
1330 und die herren în *ver*lân.
nâch in si wider sparten.
in des wirtes boumgarten   75
dâ b*ei*diu luft unde gras,
schate und schœne sidel was,
1335 dar giengen si sitzen.
mit güetlîchen witzen
hêten si sich berâten.   80
Cayphas und Annas bâten

1307 *Initiale fehlt* V.   der guote *Ba*] gûter V.   1311 Bediv V.   1313 *nach
in durchgestrichenes* w V.   1314 sich *Lei*] vns V.   1317 itwedern V.
1318 u*n*z *Ha*] Vnt V.   1320 enein *Ba*] ein æin V.   1322 sumeliche *Ha*]
Svmelichiv V.   1326 man *Ha*] mam V.   solhe *Ha*] solhiv V.   1329 *Initiale*
V.   1330 în verlân *BaSpr*] in lan V; *vgl. Hinv.374 u. Urst.225.*   1333 bediv
V.   1334 Schat vnt schôn V.

Jôsêpen sitzen zwischen sich.
1340 'swaz ir gebiet*et*, daz tuon ich',
sprach der edel decuriô.   118,84
der wirt schuof im selbe dô   119, 1
sîn sedel rehte gegen in drin.
die ander her unde hin
1345 ûf dem ang*e*r *s*âzen,
als ez in quam ze mâzen   5
und ieglîchem tohte,
daz er gehœren mohte
waz man dâ schaffen wolde
1350 und wie ez sich enden solde.

 Guoter rede geschach dâ vil,   10
der ich ensol noch enwil
re*ck*en alle besunder.
mac ich der besten drunder
1355 etelîche geschrîben,
ich lâze die andern belîben.   15
dâ was ein hazzelôser braht;
ir brâhten schuof sich in der *aht*
als si nâch hulden rungen.
1360 die alten zuo den jungen,
die sprâchen alle als ein munt: 20
'leider! uns ist chunt,
wir wolden an iu haben getobet.
des sî got immer gelobet,
1365 daz iu dehein ungemach
noch uns diu sünde geschach.   25
daz aber wir des gedâhten
und iuch übeles inne brâhten,
daz verchieset durch got.
1370 wir suln *in* iuwer gebot
beidiu lîp unde leben   30

1340 gebiet *V.* 1344 vnt *V.* 1345 sâzen *Ba*] si sazzen *V.* 1349 schafen *V.*
1351 *Initiale fehlt V.*   1353 recken *Fe 94 (vgl. Hinv.634)*] Reden *V.*
1358 aht *Ba*] stat *VSpr,* naht *Schr.* 1362 uns ist *VFe 96*] uns ist wol *BaSpr,* ist
iu von uns *Lei.*   1370 in *Ba*] im *V.*

eigenlîchen immer geben,
alsô sî wir iu geselt.
schaffet mit uns swaz ir welt!'
1375 mit der rede chusten sie
dem herren hende unde chnie,   119,35
dar zuo genuoge weinten.
dâ mite si im ouch bescheinten
daz dirre chlägelîche gelimpf
1380 ir ernest was und niht ir schimpf.
  Ûf stuont der tugenthafte man,   40
zuht und edel schein dar an.
er sprach gezogenlîche:
'nû wizzet wærlîche
1385 daz ich mit rehten triuwen bin
iuwer vriunt.' dâ bâten si in   45
daz er durch gotes êre
geruochte sagen mêre.
er sprach: 'ich sag iu swaz ir welt.'
1390 'herre, wir haben uns erwelt
Nychodêmum, unsern wirt,   50
des mâc und lieber vriunt ir birt,
daz er unser rede tuo.'
'swer iu liep sî dar zuo,
1395 der spreche swaz iuwer wille sî.
ich belîbe iu wol sô lange bî,   55
daz er mir iuwern muot
volleclîchen ze wizzen tuot.
nû sitzet alle gemeine,
1400 swîget und spreche *er* eine!'   60
daz was ir aller wille.
si sâzen und swigen stille.
dô huop die rede alsus
der fürste Nychodêmus:

1374 Schaft *V.*   1378 mit *V.*   1379 chlægliche *V.*   1381 *Initiale* U *für am Innenrand vorgeschriebenes* v *V.*   1384 werleiche *V.*   1392 ir *(übergeschrieben)* VBa, in *Ha.*   1393/1394 tů : dar zů *V.*   1397 er *V Fe 96 (das* e *wegradiert)*] ir *Ba.*   iwren *V (das* r *aus begonnenem* e*).*   1398 Volleclîch *Ba.* 1400 spreche er] sprechet *V Fe 96.*   eine *V Fe 96*] seine *SprSchr.*

1405 'Trôst unser aller chünne,
reiner vater, nû günne   65
disen guoten liuten hie
vernemen von dînem munde wie
dû von dem charchære,
1410 dar inne dû starche wære
*niu*wan ûf den lîp verrigelt,   70
beslozzen und versigelt,
ûz *quæme* alsô besunder.
des nimt sie michel wunder
1415 daz daz gewelbe funden wart
alsô si ez liezen verspart,   75
und umbe einen chleinen stein
unganzes niht dar an schein.
ir wahtære sliefen ouch niht.
1420 sô wunderlîcher geschiht
erquâmen si vil sêre.   80
nû sag uns durch sîn êre
der dîne nôt bedæhte
und dich von dannen bræhte,
1425 wie daz zeichen sî geschehen.'
'des wil ich offenlîche jehen',   119,85
sprach der gotes holde.   120, 1
'dô man mich des morgen*s* solde
für bringen ze nœten
1430 und jæmerlîchen tœten,
diu sorge mich niht slâfen lie.   5
schiere dûhte mich wie
schine ein lieht sô vaste,
daz ich vor dem glaste
1435 nie getorste ûf gesehen
und enwesse waz mir was geschehen.   10
     Ein stimme mich *dâ* gruozte,
diu mir sorgen buozte;

1405 *Initiale fehlt V.*   1411 Nie wan *V.*   ꝟrigelet *V* (-let *aus* -lot *geändert oder umgekehrt*).   1412 ꝟsigelet *V.*   1413 quæme *BaSpr*] chomest *V.*   1419 wahter *V.*   1422 sîn *VFe 96*] dîn *Lei.*   1423 Wer *Lei.*   1428 morgen *V.*   1431 *Vgl. Haw.613, Gund.3329.*   1433 *Vgl. Haw.615, Gund.3338.* Schin *V.*   1437 *Initiale V.*   mich dâ] div mich *V*; *vgl. Haw.617*: Ein stym mich da grüsst.   1438 = *Haw.618.*

si hiez mich güetlîche ûf stân
1440 und sprach: »dû solt her gân,
lieber vriunt, und chüsse mich.»   120,15
vil chûme erbaldete ich,
daz ich gerne dar sach;
und der zuo mir dâ sprach,
1445 des antlütze sam diu sunne schein,
sîn gewant wîz als ein   20
niulîche gesnîter snê.
dâ sô vinster was ê,
dâ was noch liehter denne ein tac.
1450 niht anders ich gejehen mac
wan ich quam ûz ich enweiz wie.   25
sîn grap er mich sehen lie,
dâ vant ich niuwan daz gewant
dâ ich in tôten în want.
1455 dar nâch brâhte er mich hin
ze Arimathîa, dâ ich noch bin   30
gewesen immer mêre.'
'nû saget durch gotes êre',
sprach der bischof Cayphas,
1460 'wizzet ir rehte wer er was,
der iu güetlîche erschein   35
und iuch sô samfte hin heim
brâhte ûz dem gewelbe?'
'jâ zwâre, er was ez selbe,
1465 Jêsus, den ir vienget
und âne schulde hienget.   40
in sach vil manic ouge sît;
und dar nâch in churzer zît
fuor er hin ze himel wider
1470 und chumt von dannen her nider
gewaltic an gerihte.   45

1439 g͜tlich *V.* *Vgl. Haw.623.* **1441** chuste *?; vgl. Ev.Nic. (ed. Tischendorf)*
XV,4: et osculatus est me. **1443** *Vgl. Haw.623f.* **1446/1447** *Vgl. Gund.3349.*
1447 Niwlich *V*, Reinlich *Ba 322.* **1454** ine *V; vgl. 930 und Haw.634:* Da ich
in töten inn verpant. **1461** gotliche *V.* **1462** iv *V.* **1466** umb unschuld
Haw.631. **1469** hinze *V.*

dâ müezen sich der phlihte
die vil lästerlîchen schamen
die sîne*n* götlîchen namen
1475 mit wizzen hie verlougent hânt,
sô si ze der winster dort stânt,   120,50
dâ diu wâren gotes chint
gesegent zuo der zeswen sint.'
   'Nû herre,' sprach der bischof dô,
1480 sæhe aber dû daz er alsô
ze himel fuor als dû dâ seist?'   55
'nein ich.' 'daz dûz danne reist,
dâ tuostu *wider dich selben* an.'
'mir seitenz *drî* gewisse man.'
1485 'wer wâren die?' 'daz was Addas,   59
Fînees und Egêas,   a
die wâren dâ, dâ ez geschach   60
und ez manic ouge sach.
ich râte, wir senden nâch in.
1490 ervart ez an in allen drin.
swaz si iu sagent, daz ist wâr;
sine liegent iu niht umb ein hâr.'   65
   Sich huop ein bote sâzehant,
der nâch den herren wart gesant.
1495 der brâhte si hin dâ Cayfas
mit sînen volgæren was.
er beswuor sie vil sêre: 70
'saget durch gotes êre
waz iu dar an gewizzen sî:
1500 Jôsêp von Aramathî,
der seit uns starchiu mære
von dem verchêrære   75
dem ez sô lästerlîche ergie,
daz er vor gerihte hie

1474 sînen *Ha*] seinem *V.*   1476 si dort *Fe?.*   1479 *Initiale V.*   1483 wider
dich selben *Ba*] selben wider dich *V.*   1484 drî *Lei*] zwene *VFe 96f.*.
1493 *Initiale Si, fehlt VBa.*   1501/1502 *Vgl. Haw.655f.*   1503 læsterlich *V.*
1503–05 *Vgl. Haw.657.*

1505 verteilet und erhangen wart.
　　　er seit von sîner ûfvart
　　　und gebletzes dannoch mê.   80
　　　daz immer mensch*e* erstê
　　　dem sîn reht als im geschiht,
1510 des *en*geloube wir niht.'   120,83
　　　　'Allez daz er hât geseit,   121, 1
　　　ez sî *iu* liep oder leit',
　　　sprâchen die herren alle drî,
　　　'dâ enis*t* *d*ehein pârât bî.
1515 der reine valsches niht enchan.   5
　　　wir zeigen iu noch zwêne man
　　　die gewissez urchünde gebent.
　　　si wâren tôt und lebent,
　　　sie erchennent alle die hie sint;
1520 si *wâren* Symeôns chint.   10
　　　der eine heizet Leoncius
　　　und der ander Karî*n*us,
　　　die welle wir ze geziuge haben.
　　　dâ si wurden begraben,
1525 dâ *en*vindet man ir niht.   15
　　　in Arimathîa man sie siht,
　　　dâ si stânt an einer stete
　　　ûf ir chnien an ir gebete.

1506 *Vgl. Haw.658.*   1507 geblætzes *V.*   1508 mensch *V.*   1510 geloube *V.*
1511 *Initiale V.*   1512 iu *Ba] fehlt V.*   1514 en ist nicht dehæin *V.*
1517 geben *V.*   1519 Si *V.*   1520 wâren *nach E6 Gund.3460 Haw.418] fehlt*
V, sint *Ba.*   1522 Karînus *Fe 95f.; vgl. 2119]* Karicius *V und auch Gund.*
3458.3509.3845; Karinus (Carinus) *durchgehend bei Haw.*   1523 *Vgl.*
Haw.668.   1525 envindet *Ba]* vindet *V.*   1526-29 *Vgl. mit Haw.728-731.*
1527/1528 stet : gebet *V.*   1528 ir *übergeschrieben V.*   *Vgl. Gund.3452.*

1516-1524 *[E6, Z.748]*   *(~1516f.)* er het ouch and(er) totte(n) mit im erkiket
(1526) die ma(n) offenliche sicht Zwene in der stat ze aromathia   *(1520)* die
waren Symeonis dez hochen wissage(n) kint   *(1521)* d(er) eine *[Z.750]* heiset
karin(us)   *(1522)* d(er) and(er) lencius [leuciuß *E2]*   *(~1523f.)* wir warent alle
da sy begrabe(n) wurden   1525-1530 *[E6, Z.750]*   *(~1525-1528)* vn(d) stant
iru greber offen vn(d) lere / Man sicht sy stetteklich stant ald knuwen an ir
gebette vn(d) het enwedere nieman enhein achte

sine grüezent wîp noch man
1530 und sehent niemen an.   121,20
chomt selbe oder sen*d*et dar
iuwern boten, der iu rehte ervar
wer der gebietære
sô gewaltiger wære,
1535 der ir lîp ûz dem grabe   25
und die sêle von helle erlôst habe,
und si zesam*en* stieze,
hie mit ein ander leben hieze.
werbet irz mit der andâht
1540 daz iuwer bete an i*n* vervâht,   30
daz *si* iuch grüezent und sehent,
sô wizzet, swes si iu verjehent,
des sît ir sicher âne wân
und sult ez für die wârheit hân.'
1545 'M*e*get ir uns dar an gefrom*en*',   35
sprâchen die juden, 'daz si chom*en*
zuo dem templô hie bî,
dâ unser meisterschaft sî
und diu buoch von der ê
1550 diu wir haben von Moysê,   40
und ander unser bereitschaft
dar an unsers gelouben chraft
stât und belîben sol,

1529 weder *vor* wîp *E6 Haw.731.*   1531/1532 *Vgl. Haw.579f.*   1531 sentet
V.   1532 Iweren *V.*   1533/1534 *Vgl. Haw.710-712.*   1536-38 *Vgl.*
Haw.715f.   1537 zesamne *V.*   1540 in *Ba*] im *V.*   vervât *Zwierzina 45,53.*
1541 daz si *E6*] Dazs *Ba*, Daz *V.*   1544 schvlt *V.*   1545 *Initiale fehlt V.*
1545/1546 gefrum : chum *V*, frumen : chumen *Ba.*   1553 Stæte und vaste
Schr; Stêt *V mißversteht Schr als Adv. Fe 97.*

(1529) Si redent weder mit frouwe(n) noch mit m a n(n)e n   *(1530)* vn(d)
sechent ouch nieman an   1531-1544 *[E6, Z.753]*   *(1531f.)* Da koment selbe
hin ald sendent v́wer botten d a r der v́ch e r v a r die warheit   *(1533f.)* wer der
gewaltig gebyter sy *[Z.755]*   *(~1535-38)* der sy erkiket habe von dem tode
(~1539f.) Ob ir es mit vw(er)e(m) gebete er werbent   *(~1541-44)* das sy mit
úch redent vn(d) vch sagent w(er) in das l e b e(n) wid(er) hab g e g e b e n das
vw(er) zwiuel gelige.   1546-1558 *[E6, Z.758]*   *(~1546)* Do sprachen die
Juden zů joseph

des helfet uns, sô tuot ir wol;
1555 wan swelher unser mit iu vert,   121,45
swaz der dinge dort ervert,
des geloubent jene alse vil
niuwan swaz ieglîcher wil.
dâ von ist guot, choment si her,
1560 daz des hie ieman enber   50
si enfinden die wârheit.
ist danne als ir habt geseit,
sône chan daz niemen understân
iuwer strît enmüeze für sich gân.'
1565 **Ez** stuont unlange dar nâch,   55
– wan den christen was gâch –
daz si die herren brâhten.
dô si zuo dem templô nâhten
und ez die juden vernâmen,
1570 mit aller ir maht si quâmen   60
und enphiengen sie sô rehte wol,
sô man werde geste sol,
und brâhten sie in den tempel hin.
die wîsen lie man dar in
1575 und die tumben vor der tür.   65
si stiezen rigel innen für,
daz sie mit überbrähte
nieman geirren mähte
sine würben swaz si wolden
1580 mit zühten als si solden.   70

1559 chomnt *V.*   1561 erfinden *V.*   1564 mvzze *V.*   1565 *Initiale V.*
unlange *Ba*] lange *V.*   1565-1570 *Vgl. Haw.732-738.*   1573 tempel *Lei*]
templo *V.*   1574-1575 *Vgl. Haw.530f.*   1576 Dy cheten zachen sy für
Haw.532.   1577/1578 *Vgl. Haw.533f.:* Das man sy icht gewerren (genrñ *Hs.*)
mechte Mit übrigem geprechte.   vber bræchte : mæchte *V*, brehte : mehte
Ha.

(~1555f.) wele nu von vns zů aromathia gie(n)gin vn(d) waz in die toten seitin
es w(er)e ůbel alde gůt   *(1557f.)* das gelŏbte doch hie enheine wan(n) als
iegelich(er) wŏlti [...]   1573-1580 *[E6, Z.773]*   *(~1573-75)* Do fůrte sy der
bischof in den tempel vn(d) nam zů im die eltoste(n) vn(d) die tûrsten juden dar
in   *(~1576-80)* vn(d) beschlos do vaste das sy niema(n) *[Z.775]* irte

Nû die herren sint gesezzen,
dâne wart nihtes vergezzen:
swie man fürsten êret,
des wart an sie gechêret
1585 sô si aller meiste *ma*hten.   75
genuoge *sich* nider strahten
mit maniger venje für sie.
die andern stuonden ûf ir chnie
mit armen ûf gerahten.
1590 waz si heizer zäher wahten   80
die von herzenriuwen fluzzen,
wange und wæte beguzzen!
si schrirn erbärmiclîchen:
'tuot, herre*n*, genædiclîchen!
1595 geruochet wider uns sprechen   85
und den zwîvel brechen   121,86
dâ diu werlt mite umbe gât   122, 1
un*d a*lle unser êre stât.'
Swie vil si gebâten
1600 und swaz si mêre tâten,
ir wüefen und ir geschrei   5
frumte sie niht umb ein ei,
daz die herren sprechen wolden.
dise unwirde dolden
1605 die juden umbe ir missetât.
si sprâchen: 'wir suln einen rât   10

1581 *Initiale fehlt V.*   **1585** mochten (: strachten) *V.*   **1586/1587** *Vgl.*
Haw.770f. **1586** sich *Ba*] si *V.* **1588** iriv *V.* **1589/1590** geracten *:* wacten
V. **1590** zæher *V.* **1593** schriren erbærmchleichen *V.* **1594** herre *V*; *vgl.*
Haw.772-774. **1596/1597** *Vgl. Haw.782f.* **1597** mit *V.* **1598** und alle *Fe*
94] Vnt vmb alle *V.* **1599** *Initiale V.* **1602** Frvmt *V.*

1585-1593 *[E6, Z.775]*   *(~1585-93)* Dar nach do gieng der bischoff fur die
h(er)en vn(d) viel vf die erden nider an sinu knie vn(d) die Juden gemeinlich
vn(d) beschwûren sy by dem lebenden gote daz [...]   **1599-1605** *[E6, Z.778]*
(~1599) wie vil sy der bischof vn(d) die juden batten   *(1602f.)* do wart inen nie
wort vo(n) in geseit sy beslussen vor inen ir munt   *(~1604f.)* wan die judesheit
[Z.780] engalt ir sûnden   **1606-1619** *[E6, Z.781]*   *(~1606-11)* vn(d) do ir alle
bette nicht half do gie(n)g der bischof aber ze rate mit den juden

versuochen, der ist lîhte guot:
ob ein man uns*er* rede tuot
und wir swîgen alle.
1610 wir*n* werben mit dem schalle
niht sô tiure als umbe ein blat.'   122,15
diu menige al gemeine bat
Nychodêmum den reinen
sîne triuwe aber bescheinen,
1615 daz er in ze staten quæme
und sich die rede ane næme,   20
die herren er sô beswüere
und in endelîche erfüere
swes ir wille gerte.
1620 der guote sie gewerte
dirre minneclîchen bete.   25
er stuont ûf von sîner stete,
mit zühten er dar nâhe*r* gie,
die rede er alsus ane vie:
1625 'Wir vreuwen uns der werdecheit,
die got an iuch hât geleit,   30
und loben in durch sîne chraft,
der iuch ze der geselleschaft
sîner trûte hât geweten.
1630 nû sît ouch durch in gebeten

1608 unser *Ba*] vns *V*; *vgl. Urst.1393 und Haw.778f.*   **1610** Wir *V*.
1618 und an in endelîch *oder* und endelîch *Ba*.   **1621/1622** bet : stet *V*.
1623 *Vgl. Gund.3579.*   nâher *Ba*] nahen *V*.   **1625/1626** *Vgl. Haw.801f.*
1625 *Initiale fehlt V*.   **1628** der iuch *Spr*] Vnt iv *V*; *vgl. E6.*   ze *Spr*] zv *V*.

(~1612-17) vn(d) kam mit in ύber ein dás sy alle gemeinlich betin Nicode-
mu(m) Das er si beswere vn(d) bete an ir aller stat   *(~1618f.)* das sy ìm der
warheit ve(r)iechen was sy hettin gehôrt vn(d) gesechen   **1620-1624** *[E6,
Z.784]*   *(~1620f.)* Nicodemu(s) tet als jn die juden tate(n) *(*boten E2)*   *(1623)*
vn(d) knuweten fur die *[Z.785]* heilgen her(r)en   *(1624)* vn(d) fieng sin rede
an vn(d) sprach   **1625-1632** *[E6, Z.785]*   *(1625)* Wir frôwe(n) vns der
w i r d i k e i t   *(1626)* die got an úch g e l e i t het   *(1627)* vn(d) lobent sine
gôtlichen k r a f f t   *(1628f.)* das er uch gesellet het in die gesellschaft siner
heiligen   *(~1630-32)* vn(d) sint besworn by dem gebote das vns moyses gab
vo(n) adonay das ist der gew(er)e got

und in sîner minne besworn, 122,35
der iuch ze den êren hât erchorn,
daz ir ein trôst der werlde sît.
iuwer lêre ganze sælde gît;
1635 swer sie ze rehte hœret,
an dem wirt gestœret 40
lîbes unde sêle val
und wähset vreude âne zal,
vreude diu âne ende stât,
1640 vreude diu nimmer zergât
mit wê noch ach sô diu unser tuot. 45
diu vreude ist süeze unde guot,
diu vreude bernde vreude birt
dâ dehein sêr nâch vreuden swirt.
1645 An iu stât gar âne teil
nâch got allez unser heil, 50
sît iu diu werlt nû giht
daz man iu*ch* schône leben siht
und man iu*ch* ê tôte sach.
1650 der des tôdes reht durch iu*ch* brach
und iu diz wünneclîche leben 55
wider menschen orden hât gegeben,
des lât uns geniezen.
geruochet uns entsliezen
1655 der *t*ougen etlîchen teil,
wer iu*ch* ân*e* tôdes meil 60
dem tôde habe enzucket

1637 und der *Lei.* **1643** diu *V*] Dâ *Lei.* **1645** *Initiale fehlt V.* **1647** Sît
daz iu *Ba.* **1648** iv *V.* **1649** iv *V.* tôten *Lei (als Singular aufgefaßt?).*
1650 iuch *E6*] iv *V.* **1651/1652** *Vgl. Haw.809f.* **1651** wunderlîche *Spr (vgl.
aber E6).* **1654** *Vgl. Haw.811f.* **1655** tougen *nach E6*] ovgen *V.* **1656** iv
V. âne *Ba*] an *V.*

1647-1652 *[E6, Z.790]* *(1647-49)* Wir wissen wol das ir tot warent vn(d) nu
lebende sint *(1650)* were aber der si der dur uch des todes recht zerbrochen
het *(1651f.)* vn(d) nu diß wunneklich l e b e n nach dem tode wider g e b e n
het *[1653-64 vor 1647]* **1653-1664** *[E6, Z.788]* *(~1653-58)* vn(d) lant vns
wissen die togenliche Die got mit v́ch begangen hat

und von dem grabe erchucket;
und saget uns dannoch mê:
1660 wie ez umb disen strît stê
dâ diu werlt mite umbe gêt,   122,65
umbe Jêsum von Nazarêth,
der al hie verdampnet ist.
nû jehent genuoge er sî Christ,
1665 sô sprechent sumelîche: »niht!«   70
swes iuwer gewizzen dar an giht,
dâ sul wir uns lâzen an.'
dô sprâchen die heiligen man:
'Ce sprechen des ir dâ gert,
1670 des sît ir von uns *un*gewert,   75
wande uns ze disem leben
der gewalt ist niht gegeben,
daz wir iu sîn berihten megen
und gar mit worten für gelegen.
1675 welt aber ir beiten,
sô heizet uns bereiten   80
schrîpgeziuge, sô schrîbe wir   *Beginn G*
die wârheit und leset ir
und saget swem iu*ch* dunchet guot.'   *Beginn MsWs*

1661 mit *V.*   **1662-1667** *Vgl. Haw.813-817.*   **1669** *Initiale V.*   Ce *SiBa*] Ze
V.   **1670** ungewert *BaSpr*] gewert *V.*   **1671/1672** Wan uns ist *Ba.*
1671 Wan *V.*   **1675** gebeiten *Schr.*   **1677-1679** *in G:* Die warheit genczlich
schreib wir   Wen ir die lest so sagt mir   Wem euch dunket gut.   **1677** *Nach*
wir *ist in V radiertes* iv *noch erkennbar Spr, dieses streicht Lei.*   **1679** Ob ew
daz *Ms*, Wenn ewch daz *Ws.*   iv *V.*

(1660f.) Wan(n) die welt ist in grossem irtum kome(n)   *(1662f.)* vo(n) ih(es)u
der hie kurtzlich ist ertödet   *(1664)* ob d(er) si die gewere crist
1664-1667 *[E6, Z.792]*   *(~1664)* ob das i(esu)s vo(n) nasarecht sy das wellen
wir sumelich fur ein warheit han   *(1665)* So sprechen sumelich es en sige nicht
war   *(~1666f.)* aber was vwer warheit vns dar vm(be) seit das wellen wir fur
ein warheit   *[Z. 795]* han vnd wellent das gelöben [...]   **1668-1679** *[E6, Z.802]*
(~1668) Do sp(ra)chen si zů dem he(r)ren Nycodem(us)   *(1671f.)* vns ist der
gewalt zů dise(m) lebende nicht geben   *(1673f.)* das wir uch mit worte(n)
bewisen múgen [...]   *(~1675)* Went ab(er) ir das wir uch es bewisen so wil es
gottes wille sin   *(1676-78)* So heisent vns zwene briefe geben vn(d) schrib
gezúg so wellen wir schriben vn(d) lesent ir   *(1679)* vn(d) kunden es wem úch
wol gevalle

1680 si sprâchen: 'wergot, nû tuot!

der rede dunchet uns genuoc.' 85

bereitschaft man dar truoc. 122,86

die herren sâzen und schriben. 123, 1

die juden dannoch dâ beliben,

1685 unz diu schrift bereitet was.

dô man d*ie* schouwet unde las, *Ende GMsWs*

dô wâren buochstap unde sin 5

sô gar gelîch daz mê noch min

wider einen puncten nieman vant

1690 und ir deweders hant

dem ander*n* sîn wârheit brach;

ir *iet*weder schrift gelîche jach. 10

Hie sint die briefe für getragen,

zwei paria; waz diu nû sagen,

1695 die zuo dem lesen sint erwelt,

daz muget ir hœren ob ir welt.

daz mære hebet sich alsus: *Beginn GMsWs* 15

'cum rex glorie Christus –, *Ende G*

dô der êren chünic Christ,

1700 der aller tugende orthabe ist,

ze der helle chomen solde,

den gewalt er stœren wolde, *Ende MsWs* 20

dô *bat* der alte vîent ê

sîne schergen *dannoch* mê

1680 Die judñ *GMsWs*.   durch got *GMsWs*.   **1682** Die beraitschaft *GMsWs*.
man *VMs*] mã in *GWs*.   **1684** dannoch dâ *V*] dennoch *GWs*, pei in *Ms*.
1685 geschrifft *GMsWs*.   v⁵endet *G*, geendet *MsWs*.   **1686** (+ 1696) Nu hort
waz an den puchen las *G*, Nu hört wie man da von laz *Ms*, Nu hört wie si an
viengen daz *Ws*; *in GMsWs folgt Gund.3613-30*.   die *Lei*] dv *V*.
1691 anderm *V*; vgl. zu 499.   **1692** Ir weder *V*, Ieweder *Ha*.   **1693** *Initiale*
V.   **1694** die *Ba*.   **1697** *Initiale GMsWs*.   Du nach (Dar nach *Ms*, Nach
dem *Ws*) schriben si daz mer (die warheit *Ws*) alsus (sus *MsWs*) *GMsWs*.
1699 jesus christ *Ws*, iesus *Ms*.   **1700** ein orthaber *MsWs*.   **1702** Vnd den
MsWs.   er *fehlt MsWs*.   **1703** bat *BaSpr*] *fehlt V*; *vgl. zu 1704*.
1704 dannoch] deste *BaSpr*, bat er *V*.

1682-1683 (+ 1697f.) *[E6, Z.808]*   *(1682)* Zehant wurden zwene gelich rodel
dar bracht vn(d) schrib gezúg   *(1683)* Do schreib ietwedere   *(1697)* vn(d)
vie(n)g also an *[Z.810]*   *(1698)* Cum (═ *E1E2E7*, veniq [?] *E6*) rex glorie
cristus [...]

1705   wîze bereiten,
        ir cho*mî*n glüen und eiten
        und ander tormentâle.   123,25
        maniger hande quâle
        hiez er bereiten vaste.
1710   er sprach: »wir suln dem gaste
        der uns iezuo chümftic ist
        und uns unz an dise vrist   30
        manige schande erboten hât,
        dar nâch als ez hie stât
1715   sîner arbeite lônen.
        sîn *en*sol hie niemen schônen.
        und enlât iu*ch* niht bewegen   35
        die mîn*es* ambet*es* hie phlegen,
        ern werde alsô enphangen,
1720   daz der unsern gevangen
        nie deheiner wart enphangen baz.
        er muoz arnen den haz   40
        den er uns âne schulde truoc.«
        si sprâchen alle: »hie ist genuoc
1725   swaz ze nœten hœret.
        unser ambet vreude stœret;
        hie enist niht wan wê und ach.   45
        unser wende, fletze und obedach,
        daz ist alles leides vol.
1730   der dar în chomen sol,
        swelher unsæliger leides gert,
        der wirt mit leide hie gewert.   50
        nû saget uns wie ez umb in stê,
        dem hie sô griulîchen wê

1705 wîze] wizze *V*, wite *Spr.*   1706 chomîn *Fe 94*] chonen *V*(*radiert aus*
chomen), cholen *Ba*, koven *Spr.*   1716 sol *V.*   1717 iv *V.*   1718 die mînes
ambetes *Spr*] Mein ampt *V.*   1726 ampt *V.*   1731/1732 *Vgl. Befr.58-60.*

1709-1725 *[E4, 82vb = E6, Z.949-951]*   *(1709f.)* Ir herre(n) bereite(n) úch
gege(n) eine(m) hochen gaste   *(1711)* Der v̆ns balde kúnfftig ist   *(1717-25)*
Vnd achtet das er vo(n) úch also werd e n p f a n g e(n) das alle die arbeit an ime
werd b e g a n g e(n) Was hie zer helle marte(r) ist [...]

1735 wider ander sêle sol geschehen!«
»er hât uns lange wider gewehen
wan mit manigen sachen: 123,55
er chunde siechen mache*n*   *Beginn WGMsWs*
niuwan mit worten gesunt.
1740 er entslôz den stummen ir munt.
er gap den blinden ir lieht.
diu helle enchunde ir sêle niht   60
in deheinem winchel bewarn
ern hieze sie wider ûz varn.
1745 dennoch hæte er eine chraft,
swâ die liute wâren behaft
mit unsern geisten, daz er die   65
fürnames niht belîben lie;
si muosen rûmen durch nôt
1750 ir vaz swenne er in gebôt.
miselsieche und bet*te*risen,
chrumbe, wazzersühtige, *den* und disen,   70
mit swelhen banden ich sie bant,
die lôste er sô daz sîn hant
1755 ir deheinen nie geruorte.

1736 *vielleicht* gejehen *Ba*; *vgl. aber BMZ III, 650a, 25.* **1738/1739** D^s die
sieche̅ mit wortë macht gesunt *WG*, Vnd der die siechen macht gesunt *MsWs.*
1738 machen *Ha*] machet *V.* **1740** Vnd den stummen entsloz dē munt *W+.*
1741 Vnd der den plinden wid^s gab ir liecht *WG*, Vnser her (schar die *Ws*) waz
enwicht *MsWs.* **1742** kunt *W+.* der sele *G.* **1744** Er hiez *W+.* ûz *V*]
zu irem (dem *Ms*) leib *W+*; *vgl. E4.* **1745** ein *V*, mer *W+.* **1746** Wo
GMsWs. **1747** unsern *VW+E4*] unsûbern *Schr.* daz er *fehlt W+.*
1748 fürnames *V*] Selben er *W+.* **1750** wenn *WMsWs*, wann *G.* er ez in
WG, er ins *MsWs.* **1751** Mûselsuchtigen *WG*, Mûselsûchtig *MsWs.*
betrisen *V*, petrisen *W+.* **1752** Wassersûchtig chrumb *WG*, chrumbe *fehlt*
MsWs. den *W+*] *fehlt V.* **1753** Swelich ich (Welich ich *G*, Swen ich do *Ms*)
mit siechtum pant *W+.* **1754** sô] do *Ws.* **1755** chaines *G.* nie geruorte *V*]
an rûrt *W+.*

1737-1739 *[E4, 82vb = E6, Z.952-955]* *(1737-39)* Vnd was ich sieche(n)
macht vff ertrich es were(n) blinde(n) lame(n) oder weler hand sieche es we-
re(n) wa er zegege(n) kan Die machte er mit eine(m) wort gesund *(-)* vnd weli
velt siech lang ware(n) gesin Die wrden gesund *(~1758)* Wenne er si anblichte
[...] **1742-1750** *[E4, 83rb = E6, Z.972-974]* *(1742-44)* In der helle kond
kein sel verborge(n) sin er hies si wider zû dem lib vare(n) wenne er volte
(1745-50) vnd wa vnser geist v(a)rent in die lútte Da getorsten si belibe(n)
benúte Wenne er ze gegen kam

mit worten er zefuorte
swaz ir ieglîchem war,   75
niuwan als er blihte dar.
waz sol diu rede mêre?
1760   er hæte uns unser êre
vil nâch âne wer benomen.«
si sprâchen:»sol der her chomen   80
der solhiu wunder dort begie
vleischlîcher, sol des geist hie
1765   die helle mit uns bûwen?
dû hâst, des wir wol trûwen,
ûf unsern und dîn selbes schaden   123,85
den gast ze hûse geladen.«   124, 1
»Ez ist unwende, er muoz her.
1770   waz möhte mir geschaden der
im selben niht gehelfen chan?
man leit in manigiu laster an;   5
im tete diu marter sô wê
daz nie dehein mensche mê
1775   gewan sorge ûf den tôt.
er swizte sweiz der was rôt.
dâ von ich rehte war nime,   10
wære dehein götlich chraft an ime,

1756 er *V*] alain er *WG*, er ez *MsWs*.   gefûrt *WG*, zerfûret *MsWs*.
1757 Waz *GMsWs*.   wer *G*.   1758 niuwan als er *V*] Swenn er nur ainust
(aines *GMsWs*) *W+*.   blicte *V*.   1759-1762 *ausgelassen W+*.
1759-1761 *Vgl. Befr.53f.*   1763 dort solich (sôlchew *MsWs*) *W+*.
1764/1765 Sol dez geist mit vns nu hie   Alz du sprichest die hell nu *(fehlt
MsWs)* paẃen *W+*.   1764 Vleischlîchen *Ba*.   1766 getrawen *W+*.
1767 vnt ûf dein *V*.   selben *Ws*.   1768 geist *W+*.   her ze haus *Ws*, ze haûz
her *WGMs*.   1769 *Initiale V.*   vnwendig *W+; vgl. E6.*   1770-1772 *in W+*;
Sprach der tivuel waz mag er   Mir geschaden (schaden *Ws*) der im selb nicht
chan Gehelffen man lât in manig last² an.   1773 also *W+*.   1774 mensch
VW+.   1775 So grozziv sorig gewan (het *Ms*) auf *W+*.   1776 Sein angsts-
waiz waz plût rot *W+*.   1777/1778 nim : im *V*.   1778 gôtleichew *Ws*.

1768-1771 *[E4, 83rb = E6, Z.979-982]*   *(~1768)* Er ist ouch laste(r)lich gela-
den   *(-)* Ich riette das si in das crútze hiessen trage(n)   *(1769)* vnd ist
vnwendig herre (Vn(d) ist vnwendelich er mûsse her *E6)*   *(1770)* was kan er
úns geschade(n)   *(1771)* der im selbe(n) keine(n) got (en hein gût *E6)* mag sin
(-) Er mûs úwer vnd min gewange(n) sin

benamen daz er sich werte
1780 und vor dem tôde ernerte
den er als unsamfte dolt.
er hât wider die juden erholt 124,15
daz si mir gevolget hânt
und in niht genesen lânt.
1785 nû schaffet ez wol! ich muoz dar,
swenne der geist von im var,
daz ich mich ziuhe dar zuo.» 20
»nû sich daz er dir iht tuo
als der den angel wâget,
1790 dem grôzen vische lâget;
ob dir der wân geliuget,
sîn chörder dich betriuget 25
daz dû den angel slickest,
dû selben dich verstrickest
1795 daz dû nimmer mêr ledic wirst,
des gewaltes êwiclîchen enbirst
den dû maniger sêle zeigtest 30
die dû ze der helle neigtest,
und dir dannoch wirs geschiht;
1800 ern ist lîhte dîn gevangen niht
und muostû sîn gevangen sîn;

1779 Benamen er hiet sich gewert *W +*. 1780 von *W +*. ernert *WMsWs*, erwert *G*. 1782-1784 Er hat wid⁵ die iudē solich tot erholt *WG*, Er hat von den iuden erholt Sôlhew marter vnd not Daz er schier mûz ligen tot *MsWs*. 1785 schaft *V*. ez *fehlt WG*. 1786 Wenn *GMsWs*. von mir *W*. 1787/1788 darz꙳ : t꙳ *VMsWs*, dar z꙳ : t꙳ *W*. 1787 ziehe *V*, ziech *W +*. 1788 Nu sich sprachen si *W +*. dir *fehlt W +*. 1789 Alz ainer der *MsWs*. 1790 Vnd dem *WGWs*. den grozzen vischen *Ms*. grôzen *W +*] grozem *V*. 1791 dein wan livget *W +*. 1792 Seiniv chlaider *W +*. 1793 v⁵slikchest *W +*. 1794 Dich selben du *WG*, Vnd dich selb *MsWs*. verstrickest *VW*] bestrikchest *GMsWs*. 1795 mêr *fehlt G*. 1796 Deinez gewaltes du enpirst *W +*. 1797-1799 Vnd dir dann (*fehlt GMsWs*) wiers wan (dañ *GMsWs*) chain⁵ (der *MsWs*) sel geschicht *W +*. 1800 Er wiert so leicht *W +*. 1801 und *W +*] Nv *V*. muostu *VMsWs*] mûst *WG*.

1785-1787 *[E4,83rb = E6, Z.982-984]* (*1785*) Nu schaffent es wol ich mûs d a r (*1786*) wenne die sel vo(n) dem lib v a r (~*1787*) das v̀ns vnser teile da w e r d e (-) Der v̀ns so manig laster enbotte(n) hat vff der e r d e [...]

dâ dû in woldest senchen în,　　　　　　　124,35
daz er dich lîhte senchet dar.
der vogel nimt ze spâte war
1805　des strickes swenn er dar inne lît.
dû liezest lîhte den strît
schiere gerne, sô dû maht.»　　　　　　　40
diu wehselrede und der braht
wart gehœret her für
1810　der innern helle tür,
dâ die heiligen prophêten
nôt und vinster hêten　　　　　　　　　45
und jâmer *ûz* der ahte,
jâm*er* dem sich enmahte
1815　dehein jâmer gelîchen.
si hêten jæmerlîchen
vil umb ir lêre gewüefet,　　　　　　　50
nâch helfe ze gote gerüefet.
nû sprach einer der dâ saz:
1820　»ir herren, hœret ir daz?
ob ichz rehte habe vernomen,
si jehent da*z nû* her sü*l* chomen　　　55
ein starc gewaltigære.
waz ob sich unser swære

1802 Du wånst senken-(du-senkest *Ms*) in her ein *WsMs.*　Ob du in woltest *W*,
Ob du woldest in *G.*　　1803 Er wirt vil leicht dich senkent (senken *Ws*) dar
MsWs.　　vil leicht *WG.*　　1805 so er nu inn (*fehlt MsWs*) leit *W+*.
1806 den *V*] g²n deinen *W+*.　　1807 So du (du nů *GMsWs*) nicht macht *W+*.
1808-1812 *Vgl. Befr.61f..*　　1808 und der braht *V*] vnd² pracht *W*, wart vnder
praht *Ws*, ward wider pracht *Ms*, luder pracht *G.*　　1809 Ward gehŏrt von den
væt⁵n in limbo *WG*, Do si horten die våter in limbo *MsWs*; *in W+ anschließend
1819ff.*　　1810-1818 *ausgelassen W+*.　　1813 ûz *BaSpr*] vil *V.*　　1814 Jamær
V.　　1817/1818 gewfet : gervfet *V; vgl. 691f.*　　1819 Do saz (waz ir *Ws*) ainer
der sprach do (also *MsWs*) *W+*.　　1820/1821 Ir h²ren habt ir daz v³nomen
W+ ; *vgl. E4.*　　*Vgl. Befr.67-71.*　　1822/1823 Die tieuel iehent daz sŏll
chŏmen　Ein geist der (daz *MsWs*) sei ein gewaltig⁵ *W+*.　　1822 nů her sül
Ha(W+)] si nv her svln *V.*　　1824/1825 Waz ob vnser langiv swar　Der selb
(Hie sich *MsWs*) nu enden sol *W+*.

1820-1823 *[E4, 83va ‑ E6, Z.1009f.]* ir hŏrre(n) hand ir nit erhŏrt disen krieg
vnd ver nome(n) Si versechent sich ŏch das ν̀nser lŏser wŏl kome(n) schie‑
re

1825 mit dem selbe*n* endet?«
»er hât mich her gesendet«,
sprach der toufære, 124,60
»ich seite diu gewissen mære
von im *in* der werlde dort.

1830 de*n* aller wîssagen wort
lange vor hæte geseit,
in sîner wâren menscheit 65
zeigete ich mit dem vinger.
nû choste iuch deste ringer

1835 swaz ir leides hie dolt;
und wizzet daz er iuch hie holt *Ende WGMsWs*
mit gewalt in churzer zît. 70
unz unser vîent gelît
in sînem pfuole gesolget,

1840 der urteil ist gevolget
die der wîssage über in gap.
er sprach: ʼer muoz in sîn grap 75
vallen dâ er ez bereitet hât;
sîn grap im selben offen stât.ʼ«

1845 dô sprach der herre Davîd:
»geruochte er, sîn wære zît
daz er uns bedæhte, 80
die prophecîen volbræhte,
der wir genuoc von im schr*i*ben

1850 dannoch wir lebendic dort bel*i*ben.
ich schreip, als ich bewîset wart,
sîne*n* tôt und sîne vart 85

1825 selbem *V*; *vgl. Wilhelm zu Serv.33.* **1826/1827** Nu wol mich wol vnd imm⁵ wol Sprach iohannes der tauffer *W +*. **1828/1829** Ich sagt von im die gewizzen mer In der werlt daz er chomen solt *W +* ; *in W + anschließend 1836.* **1829** in der *BaW +*] der *V*, al der *Schr.* **1830-1835** *fehlen W +*. **1830** den *Ba*] Der *V*; *vgl. Gund.3682f.* **1834** chost *V*, kost = kostet *Ba*. **1836** und] *fehlt WG,* Nu *MsWs.* vns hinnen (von hinnen *Ws*) holt *W +*. **1838** unz *V*] Und daz *Lei.* **1845-1848** *Vgl. Befr.77-80.* **1846** Geruchter *V*. wærez *Schr.* **1849** schriben *Ba*] schreiben *V*. **1850** beliben *Ba*] beleiben *V*. **1852** sînen *Ha*] Seinent *V*.

1851-1853 *[E4, 84ra = E6, Z.1045f.]* *(1851)* Er ist vo(n) dem ich bewiset w a r d *(1852)* das ich wissagt sine(n) tod vnd die w a r t

die er nâch uns her vert.   124,86
der helle winchel er behert   125, 1
1855 und der deheinen drinne lât
der trôst ze sîner chümfte hât.
an dem salmen man list,
dâ dirre vers geschriben ist: 5
'Tuot ûf, ir fürsten, iuwer tor!
1860 der êren chünic ist hie vor.'
'wer ist der êren chünic, wer?'
'der starch*e* herre, daz ist er,
der gewaltige an urliuge.'»   10
der wârheit geziuge,
1865 patriarchen und prophêten,
swaz die geschriben hêten,
der ieglîcher seite daz.
nû sprach Âdam: »wir suln iu baz   15
die wârheit ze wizzen t*uon*.
1870 wâ bistu Sêth, lieber suon?«
»herre vater, ich bin hie.«
»sage disen herren wie
dich der engel niht enliez   20
volvarn als ich dich hiez,
1875 dô ich dich hæte gesant
hin wider in daz reine lant,

1853/1854 *Vgl. Haw.829f und 2487f.* **1853** die *vgl. E4]* Daz *V.* **1854** bekert
Lei; vgl. jedoch Haw.2487f.: Ein künig nach uns ze hell vert Der in den
winkhel gar verhert. **1859** *Initiale V.* Ir hellen fursten tût uf die tor
Gund.3767. **1860** = *Gund.3768.* **1861** = *Gund.3773.* **1862/1863** *Vgl.*
Gund.3774-76. **1862** starche *Ha]* starchiv *V.* **1869** tuon] *wegen Fleck nur* t
zu lesen V. **1870** sûn *V.*

(1853) die er nach v̇ns (vns her *E6*) tûn solt **1870-1882** *[E4, 82ra = E6, Z.884]*
(1870) Do //82ra// rûfft er sine(m) sune der hies seth vnd seitte liebe sun seth
gang her fúr *(1871)* Vnd do seth erhort sines vatters stim(m)e do kam er bald
vnd sprach her(r)e vnd vatte(r) wz wiltu *(1872-74)* Abe(r) ade(m) zû im
sp(ra)ch lieber sun sage hie dine(n) kinden [?] ... den pat(ri)arche vn den
p(ro)ueten *(vgl. 1865)* vn(d) alle(n) den die in disse gevangniß sint Was dir d(er)
engel michahel ze antwrt gebe *(1875)* da ich dich hatte ge s a n t *(1876)* hin
zû dem *[Z.890]* baridis in dem (das *E6*) reine l a n d

von danne*n* ich verstôzen wart
und immer mêr ist vor gespart   125,25
aller menschen fruht,
1880   sît ich ez durch mîn ungenuht
und dîner lieben muoter rât
– diu sîn ouch engolten hât –
leider mir verworhte.   30
jâmer unde vorhte,
1885   die mir vil unchunt wâren ê,
die hânt mir sît getân vil wê.«
»ir herren swîget«, sprach Sêth,
»und merchet ob ir iu*ch* enstêt   35
an deheiner iuwer jârzal
1890   daz sich der jæmerlîche val
unser armen hie ze helle
mit vreuden enden welle.
dô daz alter mîne*m* vater   40
sîn chraft benam, dô bater
1895   mich ze dem paradîse gân
und seite mir da*z d*â solde stân
ein boum der barmunge,
und sprach, ob mir gelunge   45
daz ich im des öles gewünne

1877 dannen *(E4)*] danne *V.*   1887 *Vgl. Befr.137f. und Varianten.*   1888 iv
V.   1893 mînem *Lei*] meinen *V*; *vgl. E.*   1896 daz *Ba*] daz ich *V.*
1897-1901 *Vgl. Befr.143-146 und Varianten.*

(1877) Danna(n) ich verstossen wart   *(1880f.)* vmbe die súnde die ich vo(n)
dine(r) mûtte(r) ratte begie(n)g   *(1882)* des wir vnd alles me(n)sche(n) kint
hant sin engolte(n)   1887-1892 *[E4, 82ra = E6, Z.892-895]*   *(1887)* Seth
schrei vil lut vnd sprach ir her(r)en hôrr(e)d alle   *(1888)* Vnd merckent nach
mine(n) worte(n) ôb sich ùwer dehein des en stande   *(1889)* Nach ùwer jares
zil (jar za1 *E1E5E7w)*   *(1890-92)* ob noch sul ein ende neme der iame(r)lich
va1 (-) den wir erbe(n) vo(n) mine(m) vatte(r) vn(d) vo(n) mine(r) mûter hie
Nu hôrent wie der engel michahel enpfie mich   1893-1901 *[E4, 82ra = E6,
Z.895-900]*   *(1893)* Do das alter minē (minen *E6E3*, minem *E1E2E7)* vatte(r)
(1894) die (sin *E6)* craft benam vnd er schiere begonde siechen do bat er mich
(1895) Das ich hinn gienge in das reine land da das baridise inne lid   *(1896-99)*
Vnd den engel bete der da ze hùetter in gesetzet wart Da er vnd min mûter
wrde(n) vs vertribe(n) das er mine(m) vatter sante des ôlis

<pre>
1900   des ûz dem stamme rünne,
       dâ von würde er gesunt.
       dô huop ich mich an der stunt
       des endes als er mir beschiet.   125,50
       und der wec den ich geriet,
1905   der werte mich unlenge.
       daz phat was rûch und enge,
       der ban ich schiere niene vant.
       manige hôhe steinwant   55
       steic ich ûf und ze tal;
1910   dorne und hagen âne zal,
       dâ muose ich durchsliefen.
       manigen graben tiefen,
       berge, stichel und hôch,   60
       manigen ich dar über zôch
1915   allez ûf bî dem phlûme.
       doch erstrebete ich vil chûme,
       sît mir der spîse zeran.
       des ich grôze angest gewan   65
       waz mir ze tuonne töhte.
1920   ob ich fürbaz varn möhte,
       der gedanc was an mir herte,
</pre>

1903/1904 *Vgl. Gund.3695f.*   **1907** ban *Ba*] bæin *V.*   **1908-1912** *Vgl.*
Befr.153-156 und Varianten.   **1914** manigen tac *Lei.*   **1915/1916** *Vgl.*
Gund.3697-99.   **1917/1918** *Vgl. Gund.3709f.*   **1919/1920** tochte : mochte *V.*
1919 zetûnen *V.*   **1920/1921** *Vgl. Befr.157f. und Varianten.*

(1900) Das da flisset vs dem boume der da heisset ein boum der erbermde
(1901) das er sich damit bestriche so wrde er gesund   **1902-1911** *[E4, 82ra*
= E6, Z.901-904]   *(1902f.)* Da hûb ich mich dar nach als er mir den wege
zôigte gegen dem reine(n) lande   *(1904f.)* Vnd do ich was kome(n) in das land
Da vand ich gan gege(n) dem baridis Da gieried ich eine(n) vnrechte(n) weg
(1906f.) Do en//82rb//vand ich weder strasse noch pfad   *(1908-11)* Ich
muest schlieffen durch dorn vn(d) durch brame(n) vn(d) hoche (?) stein wend
vff clime(n)   **1912-1925** *[nach E6, Z.904-908, da E4 z.T. nicht mehr lesbar ist]*
(nach 1911) vn(d) konde nicht wissen wa ich was old war ich solte mir was der
lib gar uerzaget vn(d) hatte(n) minu bein vn(d) minu lider en heine krafft me
(1913f.) alsus kam ich vber berge vn(d) vber steine   *(1917)* vn(d) zû aller
miner erbeit do gebrast mir spisse   *(1921-25)* Ze jungst sass ich nider vn(d)
gedachte das ich da jemer mûste belibe(n)

wan diz ungeverte
daz tete mich sorgen hin für. 70
in dirre zwîvellichen chür
1925 sô lange denchende ich saz,
unz ich der nôt ein teil vergaz
und mir diu müede dâ abe sleif.
mîn vart ich wider ane greif 75
und streich balde für mich.
1930 schiere dô bezzerte sich
mîn dinc ze guoter mâze
von dem aller besten wâze,
daz ich niuwe chraft gevie 80
rehte als dô ich von hûse gie.
1935 der quam mit einem winde,
sô senfte und sô linde,
alsô diu süeziu meienzît
den trôr mit wunsches weter gît. 85
Schiere wart der smac sô grôz 125,86
1940 daz mir mîn chraft zwispilde erbrôz: 126, 1
swaz ich gestreich oder lief,
ichn az, entranc noch enslief
und wart nie müede umbe ein hâr.
dem smacke chan ich für wâr 5
1945 deheinen smac gelîchen.
smac alsô tugentrîchen
nie man vant noch envindet.
von dem smacke gar verswindet

1925/1926 *Vgl. Befr.161f. und Varianten.* **1928-1933** *Vgl. Gund.3717-19.*
1939/1940 *Vgl. Gund.3722f.* **1939** *Initiale VBa, keine Initiale Si.*
1940 erbrôz *Ba*] erp°z *V.* **1948** verswindet *Ha*] verswinden *V.*

1939-1943 *[E4, 82rb ▪ E6, Z.908-914]* *(1939-40)* Vnd do ich sas in grossem leide Do kam gege(n) mir ein smakke der was also [su]esse das mir alle mine g l i d e r ko[men] gentzliche(n) w i d e r Vnd do ich mine kraff ward g e w a r *(vgl. 1963f.)* Do kerte ich alle mine sin d a r gege(n) dem winde der Da gege(n) mir watti der mir den súessen smak bracht *(1941)* Vnd so ich ie verrer g i e So mich der smake ie veste(r) e n p f i e *(1942)* Mich hungert noch endurst n i t min ouge(n) hatte(n)d ir gantze(n) g e s i c h t *(1943)* si schlieffent (mich slaffret *E6*) weder n a c h t noch tag (tag noch nacht *E6*) Ich gie für mich mit a l l e r m a c h t

                                                                    126,10
      swaz iemen sieches bringet dar,
1950 diu stat ist aller sühte bar.
      narde, balsame und mir*t*,
      swaz edelen smac von arte birt
      oder arômâtes namen ie gewan
      oder mannes list erdenchen chan,   15
1955 der daz allez in ein gadem
      zesam*en* stiez*e*, der bradem
      gelîchet disem gesmacke niht,
      der âne aller spîse phliht
      dem lîbe solh*e* vreude gît.   20
1960 wol in der wünneclîchen zît,
      der sîn leben dar an geschaffen mac
      dâ tûsent jâr sint ein tac!
      dar stuont ôt alle mîn ger
      danne der wint wæ*te* her,   25
1965 und wære gerne chomen dar,
      daz ich der wünne garten gar
      innen hæte gesehen.
      des *en*mohte leider niht geschehen.
        Ein engel mir engegen quam,   30
1970 der mich von dem gedinge nam.
      'Sêth, wâ wil dû hin?' sprach er.
      'herre, mich hât mîn vater her
      ûf iuwer genâde gesant.
      nû ruochet mir helfen in daz lant   35

1951 mirte *V*. 1956 Zesamne *V*. stieze *BaSprSchr*] stiez *V*. 1959 solhe
Ha] solhiv *V*. 1964 wæte *Ha*] wære *V*; *vgl.* watti *E4 (nach 1939-40).*
1966 den wunnegarten *Ba.* 1968 mochte *V*. 1969 *Initiale V.* Ein engel
V, Angelus *wegen A-Initiale von vermutetem* AMEN *Si.* 1971 *Vgl. Befr.167*
und Varianten. 1972/1977 *Vgl. Befr.168-172.*

1965-1978 *[E4, 82rb = E6, Z.914-925] (1965-68)* also ge(r)ne wer ich zů dem
wirtzgarten (sůssen wurtzgarte(n)   *E6*) kome(n)   *(1969f.)* Doch ward mir
balde min gůt gedinge genome(n) Wan do ich mine(n) weg nit abelie Ein
engel mir engege(n) gie der vante mich des weges do   *(1971)* Zů mir seit er
also Seth adams kind war wiltu   *(1972f.)* Ich seit her(re) vff úwer(r) gnade
kum ich nu Min vatte(r) hat mich zů úch gesant herre (har zů dir gesendet
E6)   *(1974-77)* In dis reine lant Der ist siech vff den tot Da vo(n) er úch bi
mir enbot Das ir im sendet des ôlis der erbermde das da in dem baradise vs
einem boume flůsset [...]

1975 dâ der boum der barmunge stât.
des öles des dar ûz gât,
des solde ich im bringen.'
'dû enmaht ez niht erringen',
sprach er, 'von diu chêr wider.   126,40
1980 daz paradîs ist imme*r*, *s*ider
dîn vater drûz gestôzen wart,
allen menschen verspart
und stât alsô für wâr
fümf tûsent und fümf hundert jâr   45
1985 und fümf und fümzic dannoch mê;
sô chumt er selbe und niht ê,
der die helle brichet,
die werlt an dem richet
der dînen vater hie verriet   50
1990 und ouch von disen êren schiet.
nû var heim und phlege dîn got!'
des engels rât und gebot
muose ich leisten âne danc,
want mich*s* *e*in grôze vinster twanc.   55
1995 *der* wider mich dâ sprach,
der verswant daz ich ensach
weder in noch anders iht.
der wunderlîchen geschiht
erquam ich harte sêre.   60
2000 ze mîner widerchêre,
dâ hæte ich liehtes genuoc.

1980 immer mer *V*, mer *streicht Ba*.   **1994** michs ein *Spr vgl. E4*] mich sein *V*.
1995 der *Lei*] Da *V*, Der da *Ha*.

(1978) [nach E6,Z.924f., da E4 nicht lesbar] du macht des ôles dinem vater
nicht bringe(n)   **1980-1986** *[E4, 82va = E6, Z.925-928]*   *(1980-82)* Wan das
baradise ist alle(n) mônscen vor beschloss[en] sit der su(n)de (stunde *E6*) dz es
din vatte(r) tet (ver lor *E6*)   *(1983-86)* vnd wirt nit entschlossen e fúnff
hu(n)dert iar vnd v tuseng jar hinn kome(n)t So kunt denne vff ertrich [...]
1994-2002 *[E4, 82va = E6, Z.934-937]*   *(1994-97)* Do der engel die wort zů
mir sprach Zů hant ich do zů ime sach (do sach ich sin nicht me *E6*) es kam
ouch ein vinstri die was also gros dz ich nit me mocht gesechen   *(2000)* Do
ke(r)tte ich vmbe gege(n) mines vatte(r) land   *(2001)* Do kam mir aber der
liechte tag das ich liechtes gewan gnůg

ein eben wec mich hin truoc
dâ ich mînen vater lie,
der mich vil vrœlîche enphie.   65
2005 ·ich vant ouch in in guoter maht,
wan er hæte gesmaht
den smac den er bechande,
der von dem reine*n* lande
sô chrefticlîchen wæte. ˙   70
2010 des was an mîner wæte
wol diu mâze bel*i*ben
als *ich* mit wurzen wære beriben.
mîner chümfte was er vrô
und wânde ich bræhte im dô   75
2015 von dem paradîse etwaz.
und als *ich* im gesagte *d*az
niemen mich dar nâher lie,
sîn vreude gâhes zergie;
ez tete im an dem herzen wê   80
2020 und wart siecher vil danne ê.«
die wîle daz Sêth alsô sprach,
ein lieht durch unser v*i*nster brach,
daz wir alle ein ander sâhen,   126,84
und hôrten in allen gâhen   127, 1

2004 vrolich *V*.   **2005** in in *Lei*] in *V*.   **2008** ræinem *V*.   **2011** beleiben *V*.
2012 ich *nach E4*] ez *V*.   **2013** *Initiale Si, fehlt VBa*.   **2016** ich im] im *V*, i'm
Ha; *vgl. E4*.   daz *Ha*] baz *V*.   **2022** vinster *Ba*] venster *V*.

(2002) Ein eben weg mich wider hein zů mine(m) vatter trůg
2003-2020 *[E4, 82va-vb ▪ E6, Z.937-943]*   *(2003)* Vnd do ich zů mine(m)
vatte(r) g i e n g   *(2004)* gar frôlich er mich e n p f i e n g   *(2005)* Ich vand in
woll mủge(n)de   *(2006f.)* Wan im was ouch der smak kome(n)   *(2008)* vo(n)
dem reine(n) l a n d e   *(2010f.)* Vn(d) was ouch der smak blibe(n) an
mi//82vb//nem gewand   *(2012)* Als ich mit wrtze(n) wer b e r i b e(n)
(2013-15) Da vo(n) mim vatte(r) alle(n) sinen siechtage an sine(m) lib wart
w e r t r i b e(n)   *(2016f.)* Vnd do ich im seite als mich der engel h i e s   *(2018)*
Sin siechtag inn do wider an s t i e s (an gieng *E6*)   *(2019f.)* vo(n) klupfe(n)
ward im vo(n) hertze(n) vil mere denne im was gesin (Vn(d) ward im vil wirs
den e *E6*) [...]   **2024-2027** *[E4, 84ra ▪ E6, Z.1039-1041]* Do horte(n) wir vast
bozzen an dem (das *E6*) t o r vnd seit der engel *(*vn(d) sprechen der engel
stim(m)e *E6*) tủnd vff hie ist v o r der gủenlich kúng vnd wil dar in

2025 vaste bôzen an daz tor
und spr*e*chen: »tuot ûf! hie ist vor
der êren chünic und wil dar in.«
dâ wart her unde hin   127,5
von dem gesinde michel schehen,
2030 wenchen unde winchelsehen
und ängestlîchen gebâren,
wand si dâ vor wâren
solher stôze ungewon.   10
wir wurden aber sô vrô dâ von
2035 daz unser vreude nie man
erdenchen noch erahten chan.
schiere quam a*b*er ein stôz
alsô chreftic und sô grôz   15
daz rigel und sloz und porte brast.
2040 *dô* zôch der êrbære gast
gevangen den schalchaften wirt,
dâ nœte nimmer ende wirt,
ze underst in die sutten hin.   20
dâ warf er in gebunden in.
2045 zehant dô Âdam gesach
unsern herren, er sprach:
»ich sich die hant diu mich beschuof.«
dô huop sich ein gemeiner ruof   25
und ein sô wünneclîcher schal
2050 daz diu helle engegen hal.
er lôste uns elliu unsriu phant
und wîste Âdam bî der hant
ûz der vinster an daz lieht.   30
dône sûmten wir uns niht,
2055 sît diu helle was entspart.

2026 sprechen *Fe 94, vgl. E6*] sprachen *V.*   2031 angæstlichen *V*, angestlîche
Ba.   2037 auer *V.*   2040 dô *Ba*] Doch *V.*

2045-2050 *[E4, 85ra = E6, Z.1112-1114]* vnd do ada(m) des milte(n) ihesus
hand ersach do erschrei er so lud Das es dur die helle erschal Vnd seit owe ich
sich die reine(n) hand die mich in dem baridis gemachte

ein engel unser geleite wart,
der gienc uns güetlîchen vor
unz an des paradîses tor.   127,35
daz was gegen uns ûf getân,
2060   und wurde wir schône în verlân.
dâ was wünne und gemach.
swaz uns leides ie geschach,
des vergâze wir dô gar.   40
nû was einer ê chomen dar,
2065   den bechande unser dehein.
an wæte und an antlütze er schein
dem gelîche als er wære
ein diep und ein roubære.   45
wir bâten uns die mære sagen,
2070   von *w*annen er hæte getragen
daz chriuze oder war er wolde,
wie lange erz tragen solde.
dô sprach der sælige man: 50
»niemen die genâde erahten chan
2075   die got an mir begangen hât
nâch mîner grôzen missetât.
    Ez ist hiute der dritte tac
daz ich des lebens dort verphlac.   55
dô Christ durch alle die menscheit
2080   die marter an dem chriuze leit,
dô wart ich und ein mîn genôz
durch unser schulde – die wâren grôz –
mit im verteilet in den tôt.   60
nû versach ich mich daz er die nôt
2085   unschuldic und wir schuldic liten,
und sprach mit jæmerlîchen siten:
'herre, nû gedenche mîn,
sô dû chumest in daz rîche dîn.'   65
'für wâr', sprach er, 'sag ich dir,
2090   dû bist dâ hiute mit mir.'
alsô bin ich«, seite er,

2057 gieng *V.*   **2070** wannen *BaSpr*] dannen *V.*   **2077** *Initiale V.*

»in sînem geleite chomen her
und warte sîner genâden hie. 70
ich gesach dehein hellewîze nie.«
2095 dô der schachære
diu gewissen mære
sô rehte hæte geseit,
dô leite wir die menscheit 75
wider an ze churzer vrist.
2100 *daz* schuof got durch einen list
und hât uns her gesant
daz wir iu sîn bechant.
und wizzet wol daz nie 80
dehein lüge von unserm munde gie.
2105 diu wârheit erbete uns an:
unser vater was ein rehter man,
daz schein an sînem alter.
in dem templô ûf dem alter, 127,85
dâ opherte er den gotes suon. 128, 1
2110 »nunc dimittis servum tuum«,
den salm er dâ niuwen sanc,
sît im sô schône gelanc.
iedoch erdâhte er des eine niht. 5
der heilige geist hæte die phliht,
2115 der im die wîsheit în stiez
und in im ze êren sprechen hiez.'
    Nû sint die briefe gelesen.
'wir enwellen hie niht lenger wesen', 10
sprach Leonce und Carîn.
2120 'die unser geleite wellent sîn,
die bereiten sich, wir suln varn.
got müeze iuch herren bewarn
und bewîse iu*ch* des besten.' 15
d*iu* geleite mit den gesten

2092 sînem *Fe 94*] seinen *V.*   2094 helle weitze *V.*   2100 daz *BaSpr*] Do *V.*
sînen list *Spr.*   2102 daz] Vnt daz *V*, Umb(e) daz *Fe 94*, Durch daz *Spr.*
2105 erbet *V.*   2109/2110 svn : tuñ *V.*   2109 ophert *V.*   2113 er des eine]
er des einen *V*, ers eine *Fe 94f.*   2117 *Initiale V.*   2123 iv *V.*   2124 die *V.*

2125 fuor an ir gewarheit.
    nû huop sich ein swernde leit,
    daz den juden nâhen gie.   *Beginn GMsWs*
    si trahten und rieten wie   128,20
    diu schînigiu wârheit
2130 mit lügen würde hin geleit,
    und rieten dennoch mê;
    si sprâchen: 'daz gelîche stê
    unser lougen und unser jehen,   25
    sag*en*, hie sî niht geschehen
2135 wan daz uns aber die christen
    mit *ir* zouberlisten
    wolden hân verchêret,
    ir irretuom gemêret.   30
    des hât uns got bewart.'
2140 alsô wurden ouch enspart
    des tempels rigel unde tür,
    und giengen mit der rede her für.
    die vor der tür beiten,   35
    die *b*âten sich bereiten
2145 waz dar inne geschehen wære.
    dô wurden in diu mære
    verchêret und wart geseit,
    alsô si hêten ûf geleit.   *Ende GMsWs* 40

2127-2140 *in GMsWs eingeschoben zwischen Gund.3884 und 3885.* 2127 Wie
(Vil gar *MsWs*) es in zu h^{s}czen gie *GMsWs*.   2128 Da võ trachtñ si vnd
GMsWs.   2129 diu] Si die si *Ws*.   scheinpêr *GMsWs*.   2130 hin gesait *G*.
2131 Vnd trachten *G*, Auch trachten si *MsWs*.   2132 si *GMsWs*] Die *V*.
2134 Wir sullñ hie (hie *fehlt MsWs*) sagê vns sei nicht *GMsWs*.   sagen] Sag in
V; *vgl. Anm. z. St.*   2136 ir *Ba*] irn *GMsWs, fehlt V*.   2137 habñ *GMsWs*.
2138 Vnd (Vnd v̂nz *MsWs*) irrtum gelert *GMsWs*.   2139 wol bewart *Ba*.
2140 alsô *V*] Damit *GMsWs*.   ward *Ws*.   zu gespart *GMsWs*.   2141 templ̄
G.   2143 tûr do *Ms*.   2144 bâten *HaGMsWs*] haten *V*.   beræten *V*.
2147 und wart *VG*] wan in wart *Ms*, vnd in lug *Ws*.   2148 Als si es hettñ an
gelait *GMsWs*.

2128-2148 *[E6, Z.1241-1246]*   *(2128-39)* Doch hies der bischoff das ma(n)
dem volke der warheit nit seite das si nicht kement abe judeschem glöben
(2142-45) vn(d) do si vser dem te(m)pel giengen Do fragot das volk was dar
inne w(er)e beschechen *(2146-48)* Do verschwiget sy die warheit vn(d) seiten
das die an cristum gelöbtin das die ein velsch hetin vf geleit vn(d) sy da mit
betroge(n) han woltin

Immer mêre für die zît
2150 durch ir valscher êren gît
und ir alten erbenît
hât ir chünne noch den strît,
daz ez sich got niht ergît 128,45
und danches in den sünden lît.
2155 ir rûm ist dâ ze helle wît
– âne zwîvel ir des sît –
vor, nâch, unde, oben, beide sît;
sô mêret sich ir wîze, sît 50
Christ wart von in gespît.
2160 wâfen über *sie geschrît!*
von allen sælden si sint ver*ph*ît,
den fluoch in ir gewizzen gît.

2149 *Initiale vorgesehen durch vorgezeichnetes* j *in* V. für alle zît *Schr.*
2151 erbenît *Ha*] erben æit V. 2156-2158 *und* 2161/2162 *nach Lei zweifel-*
haft. 2157 unde oben] vnt oben V. 2158 wîze *Schr*] witze V.
2159-2162 *nach Schr unecht.* 2160 über sie geschrît *Ba*] vber seinen schrit V.
2161 vˢspît V.

Anmerkungen

In den Anmerkungen sollen vor allem zunächst die Quellen nachgewiesen werden; dabei wird für 'Hinvart' und 'Urstende' unterschiedlich verfahren (s. die einleitenden Bemerkungen zu beiden Anmerkungsteilen). Ferner werden Parallelen beigebracht und vereinzelt textkritische, überlieferungs- und motivgeschichtliche sowie grammatisch-syntaktische Erläuterungen geboten. Worterklärungen werden nur in begrenztem Maße angeführt; denn der Wortschatz der beiden Werke ist in den beiden mhd. Wörterbüchern ausreichend berücksichtigt; vor allem die schwierigen und selten vorkommenden Wörter können in diesen nachgeschlagen und mittels der am rechten Rand des Textes gegebenen Verszählung der alten Ausgaben auch ohne Mühe identifiziert werden.

Anmerkungen zur 'Hinvart'

Der 'Transitus B²' wird nach der Ausgabe von Monika Haibach-Reinisch, Bibl. Nr. 20, S. 63–87, zitiert, und zwar die Entsprechungen zu 'Hinvart'-Abschnitten in der Regel nach der Kapitelzählung, Einzelstellen aber nach Kap. und der weiteren Untergliederung, die Haibach-Reinisch, S. 88–108, in ihrem synoptischen Vergleich von 'Transitus B²' und 'Transitus B¹' einführt. Abgekürzt und/oder ohne weitere Angaben werden die im Schlüssel zu den Apparaten, s. S. XCV f., angeführten Werke zitiert.

1-18 Vgl. Konrad Fleck, Flore und Blanscheflur (ed. E. Sommer) 3836–40: *ouch ist manic anevanc / herter dan daz ende. / ûf mînen trôst genende / und tuo als ich dir zeige. / joch machet strîtic jeger wilt veige.* Vgl. ferner Ps.-Gottfried, Marienpreis (ed. L. Wolff), Str. 1,1–4: *Swer gotes minne wil bejagen, / der muoz ein jagendez herze tragen, / daz niht verzagen / künne ûf der jagenden weide.* und Hartmanns Klagebüchlein (ed. L. Wolff) 742ff., bes. 742–754 mit dem Bild vom *jager*, der dem *heil* nachjagt.

20f. Zur Namensform vgl. Einl. I.1 und V.

20 Zum Attribut *arm* vor dem Dichternamen vgl. Julius Schwietering, Philologische Schriften, hrsg. von F. Ohly und M. Wehrli. München 1969, S. 199ff., bes. S. 200 (= J. S., Die Demutsformel der mhd. Dichter, S. 70ff.).

29f. Vgl. Wirnt von Gravenberc, Wigalois (ed. Kapteyn) 64–68: *waz frumt den rîchen argen man, / der al der werlt guotes erban, / ob er tûsent marke / heizet in sîner arke / vil vaste besliezen?*

31–34 Vgl. Sir. 20,32 *Sapientia absconsa et thesaurus invisus, quae utilitas in utrisque?* und Mt. 25,18ff. Zum biblischen Topos von der Pflicht des Dichters, sein Wissen an sein Publikum zu vermitteln, s. Ernst Robert Curtius, Europäische Literatur und lateinisches Mittelalter. 9. Aufl. Bern/München 1978, S. 97f.

37–39 Vgl. Prv. 5,16: *deriventur fontes tui* [des *sapientis*] *foras, et in plateis, aquas tuas divide;* ferner Kindheit Jesu 2720f.

45f. Vgl. Obd. Servatius (ed. Wilhelm) 22f.: *si vlizzen sich, daz ir gehüge / immer wære nâch in.*

47–50, 54 Vgl. Ps. 140,5: *Corripiet me iustus in misericordia et increpabit me, oleum autem peccatoris non impinguet caput meum, quoniam adhuc et oratio mea in beneplacitis eorum* und den Psalmenkommentar Heinrichs von Mügeln (zitiert nach Rein, Stiftsbibl., Cod. 204, v. J. 1372, Bl. 216ʳ) zu 140,5b: *Aber des sünder ôl wirt mein haupt nicht vaist machend. Das ist die lind red. des zûe macher* [im lat. Text des Nikolaus von Lyra: *adulatoris*]. *schol mein haupt in hochuart nicht erheben.*

51–53 Ps. 132,2: *Sicut unguentum in capite, quod descendit in barbam, barbam Aaron, quod descendit in oram vestimenti eius.*

57–134 Dieser Abschnitt entspricht inhaltlich dem Prolog des Transitus B².

57 *wîlen (ê)* mehrmals noch in der Hinv.: 324, 636, 1035, 1087; nicht mehr in der Urst.

65 Zur Bedeutung von *mislich* 'apokryph' s. Passional, ed. Köpke, 657,22.

82ff. Vgl. Apo. 1,4ff.

91 Vgl. Apo. 1,11 u. 3,1–6.

99f. Vgl. Mt. 5,19 und bes. Mt. 23,2–4; außerdem Hugo von Langenstein, Martina (ed. Keller) 17,108f.

120 *Laodicia,* Apo. 1,11 u. 3,14–22.

132 *hinleite* Hapax legomenon; vgl. Trans. B², Prol.: *quid de obitu Genitricis Domini certum haberem.*

135-176 Trans. B², Cap. 1.

140-150 Io. 19,26f.

168 Nach dem Trans. B², Cap. 1,2c befand sich die Wohnung Marias *iuxta Montem Oliveti*, nach der 'Legenda aurea' (ed. Graesse), S. 504, beim Berg Sion.

170-172 Vgl. Greg. 2086–2088.

173f. Vgl. Greg. 1885f.

177-322 Trans. B², Cap. 2.

177-191 Vgl. Lutwin, Eva und Adam (ed. Halford) 3386ff.

180 'wenn Leid zum Leid sich drängt (hinzukommt)'.

199-202 Vgl. Kindheit Jesu 196–198.

209 *immer* 'jedes Mal'; vgl. Lachmann zu Iwein 894.

214-216 Zwei Symbole für die Jungfräulichkeit Marias: 1. die durch das Glas scheinende Sonne (s. Anselm Salzer, Die Sinnbilder und Beiworte Mariens in der deutschen Literatur und lat. Hymnpoesie des Mittelalters. Progr. Seitenstetten 1886-94. Nachdr. Darmstadt 1967, S. 71–74), 2. die verschlossene Tür (nach Ez. 44,2; s. Salzer, S. 26–28).

223 'und ich bekenne dir die Wahrheit'.

252-266 Ps. 44,10 *Astitit regina a dextris tuis in vestitu deaurato, circumdata varietate.* Als Versikel im Responsorium *Ornatam in monilibus* zu Mariä Himmelfahrt gebraucht (R.J. Hesbert, Corpus antiphonalium officii 4. Rom 1970, Nr. 7340).

252-264 Vgl. Lutwin, Eva und Adam (ed. Halford) 791ff. und Reinbot 2658–2670.

252 *chüniginne* 'als Königin', halbprädikativ gebraucht; vgl. Behaghel, Dt. Synt. III, S. 477ff.

266 *maniger gelfe* Gen. 'von vielfältigem Glanz'.

301f. Vgl. Greg. 493f.

309-313 Otto Schlißke (Die Apostel in der deutschen Dichtung des Mittelalters. Diss. Münster 1931) zitiert diese Verse und stellt fest, daß es sich dabei um »das augustinische Wolf-Lamm-Gleichnis« (S. 66) handele. Eine genaue Entsprechung zu dieser Stelle findet sich bei Anton E. Schönbach, Altdeutsche Predigten. Bd. III. Graz 1891.

Nachdr. Darmstadt 1964, S. 197, 3–15 (in der Predigt Nr. 84 *Von sant Paulo*): *Benjamin lupus rapax mane comedit predam, vespere dividet spolia [...] do bechert in unser herre von sime irretuome von sinen genaden also, daz der vint unde der wolf zaime vil guoten friunt unde zaime vil senften lambe wart unde daz uz dem roubære unde uz dem ahtære ain also getan voit unde ain also getan vater wart, da nu elliu diu heilige christenhait von gert unde gefröt ist.* Zu den lat. Quellen für dieses Stück s. Schönbach III, S. 390; vgl. auch G. Ehrismann, Gesch. der dt. Lit. des Ma.s II/1, S.182, Anm. 7.

314f. Vgl. Greg. 142f. Paulus als *chemphe*: bes. Eph. 6,10–17.

323–358 Dn. 14,32–38. Vgl. Hugo von Trimberg, Renner (ed. Ehrismann) 18730–32.

327 *twern* stv. 'umrühren, mischen'; vgl. Urst. 605.

348 Dn. 14,31 *leones septem*.

359–402 Trans. B², Cap. 3.

373f. Vgl. Kindheit Jesu 2223f. und Urst. 1329f.

391–400 Vgl. die Beschreibung des Steines an der Quelle Iwein 623–628.

399 'blendeten die Augen'.

403–434 Trans. B², Cap. 4.

413 *von geschihte* 'zufällig, ohne es zu wollen'.

435–464 Trans. B², Cap. 5.

457f. Vgl. Kindheit Jesu 2361f.

465–486 Trans. B², Cap. 6.

465–470 Nach Io. 20,19 *...venit Iesus, et stetit in medio, et dicit eis: Pax vobis*. Trans. B², Cap. 6,2 dagegen: *Et ecce subito advenit Dominus Jesus cum magna multitudine angelorum et dixit apostolis: »Pax vobiscum, fratres«*.

474–479 Mit der Akklamation *Gloria tibi Domine* zur Ankündigung der liturgischen Lesung des Evangeliums wird der Gruß Jesu erwidert; *Laus tibi Christe* wird nach der Lesung gesungen. Der Trans. B², 6,2c, hat nur: *Fiat misericordia tua, Domine, super nos, sicut speravimus in te* (= Ps. 32,22; *Te déum* V. 29).

487–544 Trans. B², Cap. 7.

492 *vrælich*, halbprädikativ, s. zu 252.

495-500 Vgl. 'Legenda aurea' (ed. Graesse), S. 507: *veni, electa mea, et ponam te in thronum meum, quia concupivi speciem tuam* und 'Elsässische Legenda Aurea' (ed. U. Williams/W. Williams-Krapp), S. 527, 12-14: *'Kum her zů mir mine vserwelte, ich wil die gezierde mines trones an dich legen, wenne der kunig hat begert dinre schône.'*; dagegen Trans. B², Cap. 7,2f-g: *Veni igitur, ne timeas, pretiosissima mea, intra in receptabulum vitae aeternae, expectant te enim caelestes militiae, ut introducant te in paradisi gaudia.* Die Stelle geht zurück auf ein Vesperresponsorium zu Mariä Himmelfahrt aus Ps. 44,12 (Hesbert, wie Anm. zu 252-264, Nr. 7826); vgl. auch das Versikel zum Responsorium: *Surge, Virgo regia, et aeterno digna decore, conscende praeclarum p a l a t i u m Regis aeterni.*

532 Zu der Rolle des Erzengels Michael als Seelengeleiter vgl. bes. Leopold Kretzenbacher, Die Seelenwaage. Zur religiösen Idee vom Jenseitsgericht auf der Schicksalswaage in Hochreligion, Bildkunst und Volksglaube. Klagenfurt 1958 (Buchreihe des Landesmuseums für Kärnten Bd. 4), S. 82-91 (zitiert S. 82 die 'Hinvart'-Stelle). Vgl. das Offertorium der Totenmesse: *... signifer sanctus Michael repraesentet eas* (die Seelen der Verstorbenen) *in lucem sanctam.*

541-544 Vgl. 'Legenda aurea' (ed. Graesse), S. 507: *Sicque Mariae anima de corpore egreditur et in ulnas filii advolavit fuitque tam a dolore carnis extranea, quam a corruptione exstiterat aliena*; dagegen Trans. B², Cap. 7,3a: *Et haec dicente Domino accumbens Maria super lectum suum, et gratias agens Domino, emisit spiritum.*

545-555 Trans. B², Cap. 8.

556-582 Trans. B², Cap. 9-10,1a.

563 'aufgebahrt und ausgestreckt'; *rêwen* nur noch Erec 6671, 6748 (vgl. aber App.).

570-580 Vgl. die Versikel in den Responsorien *Vidi speciosam* (Hesbert [wie Anm. zu 252-264] Nr. 7878) und *Sicut cedrus exaltata ... quasi myrrha electa dedi suavitatem odoris* (Sir. 24,20b): *Quae est ista quae ascendit per desertum sicut virgula fumi, et aromatibus myrrhae et thuris?* (Ct. 3,6) und *Et sicut cinnamomum et balsamum aromatizans* (Sir. 24,20a).

572 *ungâz* (= *âne âz*) 'nüchtern'.

577f. Vgl. Trist. (ed. Marold/Schröder) 923f.

581f. Vgl. Urst. 1656 *âne tôdes meil.* Zu den *signa mortis* (Zeichen für den kurz bevorstehenden oder bereits eingetretenen Tod) vgl. Gerhard Eis, Die Todeszeichen im Nibelungenlied. In: G.E., Kleine Schriften zur altdeutschen weltlichen Dichtung. Amsterdam 1979 (Amsterdamer Publikationen zur Sprache und Literatur 38), S. 125–134. Vgl. auch Ct. 4,7: *tota pulchra es amica mea et macula non est in te.*

583–644 Trans. B², Cap. 10.

603 *antlâz* stm.; vgl. zu *antlâz-tac* 'Gründonnerstag' Schmeller, Bayer. Wörterb. 2. Aufl. II,1507–9.

608–611 Vgl. Legenda aurea (ed. Graesse), S. 508: *et exinde sapientiae et gratiae plus caeteris fluenta portasti* [lies: *potasti*]; keine Entsprechung im Trans. B², Cap. 10. Parallelstellen zu dieser Erweiterung und Ausdeutung von Io. 13,23 bei Schönbach (wie zu 309–313) III, S. 19, 26–31 und 281f.; vgl. z.B. Spec. Eccl., PL 172, 834B: *et quia carnis copulam ejus amore despexit, Christus eum prae omnibus apostolis dilexit. cum enim corpus et sanguinem suum discipulis suis tradidit, Johannes supra pectus Jesu recubuit et de hoc fonte sapientiae tunc potavit, quod postmodum mundo eructavit, archanum verbi scilicet in Patre reconditi, quia in pectore Jesu sunt omnes thesauri sapientiae et scientiae absconditi* (= Col. 2,3). Vgl. aus der Lectio (Sir. 15,1–6) zum Fest des Evangelisten Johannes (27. Dez.): *et aqua sapientiae salutaris potabit* (tränkte die göttliche Weisheit) *illum* (= Johannes) (Sir. 15,3).

630 Ps. 113 I,1.

633f. Vgl. Greg. 801f.

639 *übertragen* mit Gen. der Sache und Akk. der Pers., 'verschonen vor'.

645–686 Trans. B², Cap. 11,1a–c.

668–670 Mt. 6,19–20; vgl. Armer Hartmann, Rede vom Glauben (ed. F. von der Leyen) 2606f. und Priester Arnolt, Von der Siebenzahl (ed. Maurer) 51,7–9.

680–685 Vgl. Kindheit Jesu 800–815 mit einer ähnlichen Wiederholung des Wortes *lieht.*

683–685 Vgl. die Bitte um das ewige Licht im Introitus der Totenmesse: *Requiem aeternam dona eis, Domine: et lux perpetua luceat eis.*

687-741 Trans. B^2, Cap. 11.

688 Das Tal Josaphat als Begräbnisstätte Marias auch in der Legenda aurea (ed. Graesse), S. 507; keine genauere Ortsangabe im Trans. B^2, S. 83,14, *venerunt ad locum monumenti*; zugefügt wird aber in der Hs. P^4 *in valle Josaphat*.

697 *wênic* 'niemals' (Litotes), nach I(C), da *lützel* und *selten* nicht in der Urst. belegt sind.

734 *wildez viur*, eine Hautkrankheit, vgl. Grimm, DWb. 14,2, Sp. 78 unter WILDFEUER (2.a).

737 *vallende suht* 'Epilepsie'.

742-824 Trans. B^2, Cap. 12-14.

748-754 Trans. B^2, S. 81,1f. *Memento quando ancilla ostiaria calumniabitur tibi, ego locutus sum pro te bona*, erweitert nach Lc. 22,55-60 (vgl. Io. 18,15-18).

759 *maget* halbprädikativ; s. zu 252.

763-767 Trans. B^2, S. 81,11f. *»Sanguis eius super nos et super filios nostros«* (Mt. 27,25), erweitert durch Mt. 27,24-26.

790f. Erweiterung nach Mt. 16,19 (Binde- und Lösegewalt des Petrus).

845-942 Trans. B^2, Cap. 15.

850-853 Vgl. die Beschreibung des Grabes Christi Lc. 23,53.

856 *bewahten* swv. 'bewachen'. *unz an in* 'bis zu seinem Wiederkommen'.

870-942 Bei der theologischen Begründung für die 'Assumptio' durch Petrus verwendet Konrad neben der unmittelbaren Quelle Trans. B^2, Cap. 15,3 Argumente, die aus dem im Mittelalter weit verbreiteten pseudo-augustinischen Traktat 'De assumptione Beatae Mariae Virginis' (PL 40, 1141-48) bekannt waren.

878-880 'daß niemand zu ermessen wüßte die Höhe noch zu ergründen unten die Breite ...'.

896-900 Zwei Symbole für die Jungfräulichkeit Marias: die verschlossene Pforte (Ez. 44,2; s. Salzer [wie Anm. zu 214-6], S. 26-28) und der »hortus conclusus« (Ct. 4,12-5,1; s. Salzer, S. 15f.). - V. 896-900 übernommen in Reinb. 2580-83.

907-910 Das auch Urst. 1788-93 gebrauchte Bild vom geköderten Leviathan geht zurück auf die Auslegung von Iob 40,20-21. Die menschliche Natur Christi ist der Köder, mit dem der Teufel angelockt wird, die göttliche Natur der Angelhaken, mit dem er gefangen und besiegt wird. Vgl. Johannes Zellinger, Der geköderte Leviathan im Hortus deliciarum der Herrad von Landsperg. In: Histor. Jb. 45 (1925), S. 161-177, bes. 165f.

910 *zicken an* mit Akk. 'berühren'; vgl. Urst. 564.

918 Vgl. Reinb. 2786 *tiurer merz* für Maria.

929f. Vgl. Reinb. 999f.

943-980 Trans. B², Cap. 16,1a-2c.

957-963 Langer gegliederter Vordersatz und kurzer Nachsatz, ein für den Stil Konrads charakteristisches Satzgefüge.

970f. Trinitätsformeln.

993-995 Zitat aus Greg. 2222-24: *wande êlich hîrât / daz ist daz aller beste leben / daz got der werlde hât gegeben.* Vgl. auch Greg. 1507f., 2259f.

1009-1011 Vgl. Kindheit Jesu 349-351 und Varianten.

1013 *maget*, halbprädikativ; vgl. zu 252.

1034 Vgl. Urst. 2039.

1040 Vgl. Urst. 1854.

1048 *epitalamicâ*: Pl. zu *epitalamicum* (*epithalamium*) 'Hochzeitslied', Bezeichnung für das Hohe Lied. Vgl. Volker Schupp, Studien zu Williram von Ebersberg. Bern/München 1978 (Bibliotheca Germanica 21), S. 64-70, bes. S. 67.

1048f. Vgl. Reinb. 1009f.

1053-1182 Trans. A (ed. Tischendorf, Bibl. Nr. 19), Cap. 17-21.

1086-1095 Lc. 24,36-40; Io. 20,19f.

1096-1101 Io. 20,24f.

1106-1123 Io. 20,26-28.

1169-1172 Vgl. Reinb. 4257-60.

1183-1194 Trans. B², Cap. 17,2.

1191f. Vgl. Reinb. 3651f.

1192 Ps. 32,9 u. 148,5.

1202 Zum Tau auf Gideons Widderfell als Mariensymbol vgl. A. Salzer (wie Anm. zu 214–216), S. 40–42.

1206 Zu diesem Bild (Christus als Brunnen, der aus Maria fließt) vgl. Salzer, S. 71.

Anmerkungen zur 'Urstende'

Die auf das 'Evangelium Nicodemi' zurückgehenden Partien der 'Urstende' sind in der Übersicht über Aufbau und Quellen der 'Urstende' (Einl. IV.1) genauer angegeben.

11–18 Vgl. Winsbeckische Gedichte (ed. Leitzmann/Reiffenstein), Winsbecke 25,3–6: *ê daz diu rede entrinne dir / ze gæhes ûz dem munde hin, / besnît si wol ûf den gewin, / daz si den wîsen wol behage:* Vgl. auch Winsbeckin 44,4.8.

19–43 Zur Furcht der Dichter vor Neidern und böswilliger Kritik, wie sie in Prologen mhd. Dichtungen häufig geäußert wird, s. Schwietering (wie zu Hinv. 20), S. 164–166; zu den Polemiken gegen Verbesserer ihrer Werke s. Schwietering, S. 182f. Vgl. bes. Reimvorreden des Sachsenspiegels (ed. Weiske) 221–248; Kindheit Jesu 3013–17; Vita Beate Virginis Marie et Salvatoris Rhythmica (ed. A. Vögtlin) 40f., 1514–17, 3654–61, 6080–87. – Friedrich Wilhelm (Zur Geschichte des Schrifttums in Deutschland bis zum Ausgang des 13. Jh.s. II. Der Urheber und sein Werk in der Öffentlichkeit. München 1921 [Münchener Archiv 8], S. 92) vertritt die Meinung, daß Konrad von Heimesfurt im Urstende-Prolog auf »ein zensurelles Anklageverfahren« gegen ihn anspiele. Zum Urstende-Prolog s. auch Ulrich Wyss, Theorie der mittelhochdeutschen Legendenepik. Erlangen 1973 (Erlanger Studien 1), S. 119f.

46f. *ze diute bringen* = *diuten* 'in die Volkssprache übersetzen'; vgl. Arm. Heinr. (ed. H. Paul/G. Bonath) 16.

48–52 Vgl. Ebernand von Erfurt, Heinrich und Kunegunde (ed. R. Bechstein) 1–4: *Eine rede hân ich gelesen: / schade dunket mich daz wesen, / sol sie lenger sîn verswigen / unt sus ungedûtet ligen.* Vgl. zu Urst. 44 auch Ebernand 15 und 41.

69–258 Für die Passionsgeschichte hat Konrad möglicherweise eine Evangelienharmonie benutzt. Für die einzelnen Abschnitte der Passion wird im folgenden immer nur die Hauptquelle angegeben, die aber jeweils durch Einzelheiten aus den anderen Evangelien ergänzt ist.

74–92 Mt. 21,1–9.

78 *ie gelîche*, Adv., 'immer in übereinstimmender Weise'.

84ff. Mit V. 84 beginnt der Nachsatz.

93–131 Io. 11,47–53.

119 *êr – ê*, die volle Form ist im Mhd. selten, vgl. BMZ I,437a,36.

123 *daz bedenchen* 'laßt uns das betrachten'; Aufforderungssatz im Konj. ohne Subjektspronomen; vgl. Anm. zu 1054–1056.

132–148 Mt. 26,14–16.48.

164 *rehte rede* adv. Akk. 'in Wirklichkeit'.

171–208 Mt. 26,47.49–54.

209–215 Mt. 26,56 u. Mc. 14,50.

218–230 Io. 18,15–16.18.

220 Im Johannes-Evangelium wird der Name des zweiten Jüngers nicht genannt (Io. 18,15,16: *alius discipulus*), wohl aber in mal. Bibelübertragungen, ebenso in der Historia scholastica (PL 198, 1623: *Joannes*).

231–236 Mt. 26,69–75; Mc. 14,66–72; Lc. 22,56–62.

237–258 Lc. 22,63–65; Mt. 26,67f.; Mc. 14,65. Mt. 27,29f.; Mc. 15,18f.; Io. 19,3.

244 *zeinzigen – ze einzigen* 'einzeln'.

259–261 Beginn des Prozesses auch nach den Evangelien am frühen Morgen: Mt. 27,1; Mc. 15,1; Lc. 23,1; Io. 18,28. Im E.N. ist dagegen kein Zeitpunkt genannt.

261 *enbîten* auch belegt im Obd. Servatius (ed. Wilhelm) 3501 und im Anegenge (ed. Neuschäfer) 267.

266 *ir rede* 'ihre Anklage'.

275 *baniere* (vgl. auch *van* 300) entspricht in der lat. Quelle (E.N. B I,5–6) den *signa*.

312 *hengen* mit Gen. der Sache und Dat. der Pers. 'zulassen, erlauben'.

313-318 Io. 19,12.

313 *steun* 'schelten, anklagen'.

325-331 Io. 19,1.4-6; Lc. 23,22f.

336-388 Im E.N. (B I,3-4) wird diese Rede von dem *cursor*, dem Gerichtsdiener, der Jesus vor das Gericht führt, gesprochen. In der 'Urstende' wird sie einem Zeugen in den Mund gelegt und gegenüber dem E.N. erweitert.

350-353 Mt. 14,15-21; Mc. 6,35-44; Lc. 9,12-17; Io. 6,5-13.

354-356 Vgl. Io. 11,1-44.

381-385 Übersetzung von Is. 53,7 (nicht Jeremias!): *Oblatus est quia ipse voluit et non aperuit os suum, sicut ovis ad occisionem ducetur, et quasi agnus coram tondente obmutescet et non aperiet os suum.* Vgl. auch Ier. 11,19.

388 Vgl. Io. 1,29.

403 Zu Joseph als *senex* s. Achim Masser, Bibel, Apokryphen und Legenden. Geburt und Kindheit Jesu in der religiösen Epik des deutschen Mittelalters. Berlin 1969, S. 108-120.

428-448 Io. 3,1-21; vgl. bes. Io. 3,5: *Respondit Iesus: Amen, amen dico tibi, nisi quis renatus fuerit ex aqua et Spiritu, non potest introire in regnum Dei.*

437 Die Überlieferung der Stelle ist verderbt; vgl. die textkritischen Erörterungen Fechters (Bibl. Nr. 46, S. 87f.); die Besserung von *habet* in *hât ôt* ergibt einen sinnvollen Text; überdies kann *habet* in V nicht 3.Sg.Präs. sein, es muß also in jedem Falle *hât* heißen. Die Partikel *ôt* wird noch 573, 992, 1963 verwendet, immer in direkter Rede.

443 *swer* 'wenn jemand'.

459-461 Anspielung auf das apokryphe Kindheitsevangelium des Pseudo-Matthäus, Cap. VII (ed. Tischendorf, Bibl. Nr. 18). Alttestamentliches Vorbild für Josephs grünenden Stab ist der Stab Aarons (Nm. 17,16-25).

465 *sô* 'im Hinblick auf ihre Aussage'.

482 (= Iwein 7667) 'und ihr es nicht zurücknehmen könnt'.

501-503 'Wenn dem Nikodemus - wie er behauptet hat - sein Zeuge beipflichtet in dem, was er da aussagt, ...'

515 *ansprâche* 'Anklage'.

548-569 E.N. B VI,1, erweitert durch Mc. 2,4 (= Lc. 5,19).

551 Die Stelle ist in V verderbt; die Negation *niht* nach W + ist im Text ersetzt durch *en-*, weil disjunktives *noch* folgt, vgl. Hinv. 428f., 1028f., Urst.1352f., 1942f.

570-582 E.N. B VII, erweitert durch Mc. 5,28 (= Mt. 9,21).

583-597 E.N. B VI,2 (*Gibberosus eram. et erexit me uerbo.*), ohne direktes biblisches Vorbild; vgl. zu 586-588 Iwein 463f.: *sîn rücke was im ûf gezogen, / hoveroht und ûz gebogen.*

598-610 E.N. B VI,2, erweitert durch Io. 9,6-7.

605 *twern* stv. 'umrühren' (s. Schmeller, Bayer. Wörterbuch, 2. Aufl., Sp. 1180); vgl. Hinv. 327.

621 *ze stæte jehen* 'beharrlich behaupten', vgl. Greg. 1281.

630 *der* 'wenn jemand'.

645 *luot* stf. 'Haufen'; vgl. Parz. 675,14; Reinbot 508, 1376.

670 *sælde und êre*, die Zwillingsformel der Leitbegriffe im 'Iwein' am Anfang V. 3 und Schluß 8166, ferner 4855, 5531, 6412, 6864.

671-696 Bericht über die Hl. drei Könige und den Kindermord des Herodes in der Hauptsache nach Mt. 2,1-12.

671-673 Ps. 71,10 *Reges Tharsis, et insulae munera offerent: reges Arabum et Saba dona adducent.* Antiphon zum Epiphaniasfest.

674 Die Angabe, daß die drei Könige auf *tromedarn* nach Israel kamen, beruht auf Is. 60,6 (Graduale zum Epiphaniasfest). Meistens wird die Reisedauer der drei Könige mit 13 Tagen angegeben (s. Masser [wie Anm. zu 403], S. 161-167).

685 *daz meinte* 'das hatte seine Ursache darin, ...'; ebenso Hinv. 217 und Urst. 877.

687-696 Mt. 2,17f.: *Tunc adimpletum est quod dictum est per Hieremiam prophetam dicentem:* [Ier. 31,15] *Vox in Rama audita est, ploratus, et ululatus multus: Rachel plorans filios suos, et noluit consolari, quia non sunt.* Mt. 2,13-18 ist das Evangelium zum Fest der Hl. Unschuldigen Kinder.

702-706 'Wir haben uns an etwas erinnert, was eure Aussage wertlos und unannehmbar macht: euer Landrecht gilt (nämlich) nichts, mit euch als Zeugen kann niemand etwas beweisen.'

707 *dâ* als Einleitung einer Antwort auf eine Frage; vgl. Iwein 489f., BMZ I,350a,1.

724–742 Die Tumultszene am Ende des Prozesses ist wohl angeregt durch Mt. 27,24 *Videns autem Pilatus quia nihil proficeret, sed magis tumultus fieret ...* und bes. Lc. 23,23 *At illi instabant vocibus magnis, postulantes ut crucifigeretur. Et invalescebant voces eorum.*

742 Während in der 'Urstende' der Wutanfall der Juden zur Folge hat, daß Pilatus ihnen den Gefangenen zur Kreuzigung freigibt, wird in den Weltchronikhss. berichtet, wie Annas und Caiphas einschreiten und die Juden zur Ordnung rufen, mit folgenden Versen im Anschluß an Urst. 742 (zitiert nach W):

> *die Juden fûrsten Annas vñ Caiphaz*
> *die horten wol wie dˢ iudē pracht waz*
> *si vorichtē daz in allē gahē*
> *do si ir gepærd so vbel sahen*
> *schuldig wûrden vor Pilaten*
> *vmb ir schrein daz si taten*
> *vmb ir greinen vnd grisgramen*
> *si sprachē mā sol dē zwelif namē*
> *gelauben waz si sprechen ...*

Der Weltchronikkompilator setzt die Prozeßschilderung dann nach anderen Quellen fort, nach Heinrichs von Hesler 'Evangelium Nicodemi', aus dem auch schon die beiden letzten der zitierten Verse stammen (ed. Helm, 1004f.), und vor allem nach Gundacker.

757 *genâden* mit Dat. der Pers. swv. 'gnädig sein'.

763 *daz = unz daz* wie 1397, 1567 und Hinv. 201.

765–777 Mt. 27,45.51–53.

780 Sprengers Konjektur ist nicht nötig; vgl. Kindheit Jesu 2268f.: *vor vreuden sîne chunden / noch enwessen wie gebâren.*

783 Lc. 23,47 (vom *centurio* gesprochen).

786–796 E.N. B XI,2.

797–803 Mt. 27,54; Mc. 15,39.

806–815 Lc. 23,50–53 (= Mt. 27,57–60; Mc. 15,42–43.46).

807 Mc. 15,43 *nobilis decurio.*

812 'dort legte er ihn hinein'; zum Part. Prät. nach Verben des Bewirkens (*frumen, tuon, schaffen, machen*) vgl. Behaghel, Dt. Syntax II, S. 416; BMZ II/2,67b; vgl. I. Schröbler, Mhd. Syntax § 315c.

816–820 Io. 19,39f.: *[Venit autem et Nicodemus, qui venerat ad Iesum nocte primum,] ferens mixturam murrae, et aloes quasi libras centum. Acceperunt ergo corpus Iesu, et ligaverunt eum linteis cum aromatibus, sicut mos est Iudaeis sepelire.*

836–838 'dann wird ... der Aberglaube größer, und zwar der letztere/dieser (wird größer) als der erstere/jener'; vgl. Mt. 27,64 *et erit novissimus error peior priore.*

926–940 Io. 20,1–10 (+ Mt. 28,1; Mc. 16,1; Lc. 23,55–24,1).

964f. Von *mêre* abhängig sind die Gen. *êre unde rîcheit.*

1016f. 'Wir wollen euch davon abhalten, daß ihr es nochmal tut.'

1021 'wie sie sich das ausgedacht hatten, wie sie glaubten'; *ûf legen* in dieser Bedeutung auch Urst. 2148.

1042 *wirn = wir in* 'wir ihnen'.

1054–1056 Aufforderungssätze im Konj. (1.Pers.Pl.), mit Ersparung des Subjektpronomens; vgl. Behaghel, Dt. Syntax II, S. 229f. und I. Schröbler, Mhd. Syntax, § 270a.

1060 *benamen* Adv. (s. V. 1779) 'wirklich'; ein Lieblingswort Hartmanns (56 Belege), der es allerdings selten im Reim gebraucht (nur Iwein 2632, 2967).

1075–1090 Mt. 13,14f., wo Jesus Is. 6,9f. zitiert; vgl. Ps. 113II,5f. (= 134,16f.) *Os habent et non loquentur, oculos habent et non videbunt, aures habent et non audient.* Vgl. auch Heinrich von Melk, Priesterleben (ed. R. Heinzel) 13f.: *ir ougen, diu sint âne lieht; si hânt munt unt sprechent niht.*

1100–1102 Is. 66,24 *vermis eorum non morietur, et ignis eorum non exstinguetur.* (= Mc. 9,43.45.47).

1127–1132 Io. 14,26.

1133–1136 Io. 14,12.

1137–1144 Mc. 16,17f.

1141f. Der Ausdruck *ir vaz rûmen* auch Urst. 1749f. und Obd. Servatius (ed. Wilhelm) 1685.

1143 *bereichen* 'erreichen'; vgl. Alber, Tnugdalus (ed. Hahn) 51,1 (= ed. Wagner, 1366).

1148–1150 Vgl. Io. 14,18 u. Mt. 28,20.

1153-1158 Mc. 16,15-16.

1159-1174 Act. 1,9-11.

1175-1178 Act. 1,12-14.

1179-1198 Act. 2,1-6.43.

1199-1207 kurze Zusammenfassung von Act. 3-5.

1242 *si* N.Pl. und *ir* 1245 Gen.Pl. bezogen auf *briefe* 1232.

1258 *ûz erwegen* 'zum Aufbruch bewegen'.

1283-1285 Vgl. Greg. 3591-95.

1283 Zu *sicherheit tuon/nemen* vgl. Margrit Désilles-Busch, »Doner un don« - »Sicherheit nemen«. Zwei typische Elemente der Erzählstruktur des höfischen Romans. Diss. Berlin 1970, S. 66-205.

1332-1335 Vgl. Kindheit Jesu 1821f.: *der wirt schuof sedel ûf daz gras, / dâ der luft süeze was.*

1370-1374 Vgl. Greg. 3932-35.

1372 *eigenlîchen* 'wie ein Leibeigener'.

1373 *seln* 'rechtskräftig zum Eigentum übergeben'.

1444-1447 Mt. 17,2: *Et resplenduit facies eius sicut sol: vestimenta eius facta sunt alba sicut nix.*

1483 'daran (*dâ ... an*) handelst du gegen dich selbst'.

1554 'so helft uns dazu (nämlich: daß sie kommen), dann handelt ihr recht.'

1560f. *ieman - nieman*, vgl. I. Schröbler, Mhd. Syntax § 334,1; zur Konstruktion vgl. BMZ I,153a,31.

1653-1655 Vgl. Greg. 527-529; zu 1598 vgl. auch Greg. 531.

1656 Zu den Zeichen des Todes s. Anm. zu Hinv. 581f.

1666 *gewizzen* 'Wissen, Kenntnis'.

1694f. 1695 *die* 'wenn/sobald welche'; *die* ist gebraucht wie *swer* (443) und *der* (630) 'wenn einer', als Einleitung konditional-temporaler Nebensätze; vgl. BMZ I,320b,8ff.

1698-1702 Beginn des *Canticum triumphale,* das bei der Feier der *elevatio crucis* in der Osternacht gesungen wurde: *Cum rex gloriae Christus infernum debellaturus intraret ...* (Karl Young, The Drama of the Medieval Church. Bd. 1. Oxford 1933, S. 151). Aus dem Bistum

Eichstätt sind insgesamt 11 Osterfeiern mit der Antiphon *Cum rex gloriae* erhalten, die älteste aus dem Jahr 1326, die übrigen aus dem 15. und 16. Jh. (Lateinische Osterfeiern und Osterspiele, hrsg. von Walther Lipphardt. Teil III. Berlin/New York 1976, S. 868–897 [Nr. 550–555, 557–560] und Teil VI. Berlin/New York 1981, S. 133–135 [Nr. 550a]).

1735 *wider ander sêle* 'im Vergleich zu anderen Seelen'.

1764 *vleischlîcher* 'als sterblicher Mensch'; halbprädikatives Adj., s. Behaghel, Dt. Syntax, S. 475f.; vgl. Fechter z. St. (Bibl. Nr. 46, S. 88).

1788–1793 Zum Bild vom geköderten Leviathan s. Anm. zu Hinv. 907–910.

1802f. Vgl. Prv. 26,27: *Qui fodit foveam incidet in eam.*

1823 *ein starc gewaltigære*, zur flexionslosen Form des attributiven Adj. vgl. Behaghel, Dt. Syntax I, S. 179f.

1842–1844 Vgl. Ps. 7,16: *Lacum aperuit et effodit eum et incidet in foveam quam fecit.*

1859–1863 Ps. 23,7–10.

1902–1968 Die Beschreibung des unwegsamen Geländes in der Nähe des Paradieses und die Schilderung des süßen Paradiesesduftes gehen auf allgemein verbreitete Vorstellungen des Mittelalters vom irdischen Paradies zurück. Wichtigste Lit. dazu: Arturo Graf, Miti, Leggende e Superstizioni del Medio Evo. Vol. I: Il Mito del Paradiso Terrestre. Turin 1892. Nachdr. Bologna 1965. Franz Kampers, Mittelalterliche Sagen vom Paradiese und vom Holze des Kreuzes Christi. Köln 1897. Reinhold R. Grimm, Paradisus Coelestis. Paradisus terrestris. Zur Auslegungsgeschichte des Paradieses im Abendland bis um 1200. München 1977 (Medium Aevum 33).

1904–1911 Vgl. Iwein 265–269.

1906f. Vgl. Mt. 7,14: *Quam angusta porta et arta via quae ducit ad vitam, et pauci sunt qui inveniunt eam!* Vgl. auch Iwein 266ff.

1962 Vgl. II Pt. 3,8: *quia unus dies apud Dominum sicut mille anni, et mille anni sicut dies unus.* und Ps. 89,4.

2039 Vgl. Hinv. 1034.

2047 Dieser Vers kommt in einigen dt. Dichtungen, die die Höllenfahrt Christi behandeln, und in einer Reihe von mittelalterlichen dt. Spielen vor. Nachweise: Georges Duriez, Les Apocryphes dans le drâme religieux en Allemagne au moyen age. Lille/Paris 1914 (Mémoires et Travaux publiés par des professeurs des facultés catholiques de Lille 10), S. 56 u. Anm. 7. Barbara Thoran, Studien zu den österlichen Spielen des deutschen Mittelalters (Ein Beitrag zur Klärung ihrer Abhängigkeit voneinander). Göppingen 1976 (GAG 199) [= Diss. phil. Bochum 1969], S. 187, 190f., 194f.

2077f. Vgl. Greg. 2963f.

2079–2090 Lc. 23,39–43.

2110 Der Lobgesang des Simeon (Lc. 2,29–32) gehört zur Tagzeitenliturgie, er bildet den Schluß der Lobpreisungen des Completoriums, des Abendgebets des Breviers. Auch andere biblische Cantica werden als *salm* in mittelalterlichen dt. Dichtungen bezeichnet (*benedictus* Ava, Johannes, ed. Maurer 192, = 12,4; *magnificat* Kindheit Jesu 359).

2120.2124 *geleite* stf.; bei Lexer nur als stn. belegt, vgl. aber unter *geleite* DWb. 4,1,2, 2997.

2134 *sagen* 'laßt uns verkünden'; vgl. Anm. zu 1054–56.

Namenregister

Die Namen werden in den Formen des kritischen Textes geboten. Belege im Nom. Sg., die immer zuerst stehen, werden in der Regel ohne Kasusangabe angeführt. Reimbelege sind durch recte gedruckte Verszahlen hervorgehoben. Auf die im Apparat verzeichneten Varianten wird in den meisten Fällen ausdrücklich hingewiesen, die Hinweise zu Einzelstellen stehen in runden Klammern hinter der Verszahl. Im Namenverzeichnis werden die bemerkenswerten flexivischen Namenvarianten, die im Apparat bereits verzeichnet sind, nochmals angeführt sowie einige im Apparat nicht verzeichnete, nur für die Geschichte der Namenschreibung interessante Varianten nachgetragen.

Aarônes, *Gen., Hinv. 53.*

Abacuc *Hinv. 325, 334,* 351; *in A immer mit* -ch, *in B mit* -g.

Abrahâmes, *Gen., Hinv. 1209.*

Âdam *Hinv. 904, Urst. 59, 761, 1868, 2045, Akk. 2052.*

Addas *Urst. 1485.*

Agippus *Urst. 658 (vgl. Lesarten).*

Annas *Urst. 1338, Gen. 219 (vgl. Lesarten).*

Anthônius *Urst. 654 (in W + mit* -t-).

Arabiâ, *Dat., Urst. 672.*

Aramathî, *Dat., Urst. 808 (vgl. Lesarten),* 1239, 1500; *Arimathîa 1456, 1526.*

Âsiam, *Akk., Hinv. 82,* 165.

Asterius *Urst. 653.*

Aymes *Urst. 655 (vgl. Lesarten).*

Babilôn *Hinv. 341, Dat. 337, 347; vgl. jeweils Lesarten.*

Benjamin *Hinv. 310.*

Bermach *Urst. 656.*

Bêthania, *Dat., Urst. 976.*

Carîn *s.* Karînus.

Cayfas *Urst. 93, 113, 223;* Cayphas *888, 1338, 1495; Dat.* Cayphâ *1058. In WMsWs immer mit* -ph-.

Chriechisch Hinv. 60 *(vgl. Lesarten).*

Christ *Hinv. 244, 546, 873, (in F immer* crist, *in A* krist, *in B* krist *244 u.* crist); *Urst. 76, 249,* 377, 487, *891, 1115,* 1175, *1184, 1664, 1699,* 2079, 2159; Christus *in lat. Kontext 1698.*

Chuonrât *Hinv.* 20 (Cûnrat *AB*); Chunrat *im Akrostichon Urst. 1-19-35-53-69-93-111; s. auch* Heimesfurt.

Crispus *Urst. 657.*

Daniêl *Hinv. 337, 342, 347; Akk.* Daniêlen 349 (danieln *A).*

Dâvîd *Hinv. 48, 257, 1191 (*dauit *IE); Urst. 1845.*

Ebræisch *Hinv. 58, Urst. 370; vgl. jeweils Lesarten.*

Egêas *Urst. 1486.*

Egypten lant, *Dat., Hinv. 637; Akk., Urst.* 414 (egypte l. *V,* Egippen l. *W),* Egyptum *686 (vgl. Lesarten); Dat.* Egyptô *in lat. Kontext Hinv.* 630 (egpto *C).*

Enêas *Urst. 54.*

Effesô, *Dat., Hinv. 362.*

Êve *Hinv. 904 (*eua *CB).*

Fînees *Urst. 656, 1486.*

Gabriêl *Hinv.* 213; *Dat.* Gabriêle *Hinv. 454 (vgl. Lesarten z. St. und zu 532).*

Galilê, *Dat., Urst. 1063;* Galylêa *830.*

Golgathâ, *Dat., Urst. 751.*

Heimesfurt, *Dat., Hinv. 21 (vgl. Lesarten);* Heimesvurt *im Akrostichon Urst. 171-185-209-237-259-299-319-343-357-389.*

Israhêl *Hinv. 636; Urst. 642; in lat. Kontext Hinv. 630; Dat.* Israhêle *Urst. 723; Nom. Pl.* Israhêle *Urst. 363; vgl. jeweils Lesarten.*

Jacobus *Urst. 654.*

Jeremîas *Urst. 387; Dat.* Jeremîâ *688.*

Jerusalêm, *Dat., Hinv. 169 (*îherusasalem *D,* Jhe- *B), 324, 688 (*Jhe-*B), Urst. 80.*

Jêsus, *Nom., Urst. 649, 1063, 1465; Gen. Hinv. 699; Dat.* Jêsû *Hinv. 753 (vgl. Lesarten), Urst. 431, 510, (555 vgl. Lesarten), 871; Akk.* Jêsùm *Urst. 1662.*

Jôhannes *Hinv. 83, 131 (vgl. Lesarten), 165, 299, 362, 445, 593, 795; Dat.* Jôhanne *Hinv. 144, 592 (vgl. Lesarten); Akk.* Jôhannen *Urst. 220 (vgl. Lesarten).*

Jôsaphat, *Dat. Hinv. 688, (1138 I).*

Jôsêp, *Vater Jesu, Urst. 403, 456; in W+ immer mit* -ph; *(Gen. Urst. 401* Josephs *W,* Josephen *MsWs).*

Jôsêp *von Arimathia, Urst. 806, 873, 930, 1022, 1061, 1277, 1290, 1500, Gen.* Jôsêbes *1235; Akk.* Jôsêben *638, 999,* Jôsêpen *1339. In W + immer mit* -ph.

Jûdas, *Jünger Jesu, Urst. 133, 149, 188; Dat.* Jûda *173 (*Jude *Ws).*

Jûdas, *einer der 12 Zeugen, Urst. 658.*

Karînus *Urst. 1522,* Carîn *2119.*

Laodîciâ, *Dat., Hinv. 120 (vgl. Lesarten).*

Latîne, *Akk., Hinv. 61 (*latein *C).*

Latînisch *Urst. 46.*

Lazarô, *Dat., Urst. 354 (vgl. Lesarten).*

Leoncius *Urst. 1521,* Leonce *2119.*

Marîa *Hinv. 700, Urst. 401; Gen.* Marîen *Urst. 457.*

Michahêle, *Dat., Hinv. 532 (vgl. Lesarten).*

Moysê, *Dat., Urst. 1550.*

Nazerêth, *Dat., Urst. 1662.*

Nychodêmus *Urst. 427, 650, 1296, 1404; Dat.* Nychodêmo *444, 501; Akk.* Nychodêmum *638, 1391, 1613. In W+ immer* Nico-.

Paulus *Hinv. 311, 426, 587, 618; Vok.* Paule *418; Dat.* Paulô *436.*

Pêter/Symon Pêtrus: Pêter *Hinv. 591, 787, Urst. 219 (vgl. Lesarten zu 218), (225 vgl. Lesarten), 231; Akk. Hinv. 746 (*petern *AB); Vok. Hinv. 1144 (*Petre *A); Nom.* Symon Pêtrus *Hinv. 871, Urst. 190;* Symon *Urst. 201.*

Pylâtus *Hinv. 764, Urst. 271, 664, 744, 786; Akk.* Pylâten *494, 824,* Pylâtum *263.*

Rachêl, *Akk., Urst. 693 (*rachelen *W).*

Ramâ, *Dat., Urst. 690 (vgl. Lesarten).*

Rômære *Urst. 105 (*Romar *W,* Rômâr *Ws,* Rômar *Ms).*

Sabâ, *Dat., Urst. 671.*

Samuêl *Urst. 655.*

Sardiâ *Hinv. 91 (vgl. Lesarten).*

Sêth *Urst. 1870, 1887, 1971, 2021.*

Symeôns, *Gen., Urst. 1520.*

Symon *s.* Pêter.

Syôn, *Dat., Hinv. 168, 1138, vgl. jeweils Lesarten.*

Tharsô, *Dat., Urst. 672 (vgl. Lesarten).*

Thômâ, *Vok., Hinv. 1064, 1109 (vgl. Lesarten).*

Zacharias *Urst. 653.*

Zâras *Urst. 657 (vgl. Lesarten).*

Wort- und Sachregister

zur Einleitung und den Anmerkungen

Die römischen Zahlen beziehen sich auf die Seiten der Einleitung, die
mit H (= Hinvart) bzw. U (= Urstende) gekennzeichneten arabi-
schen Zahlen auf die Verszählung in den Anmerkungen zur Hinvart
bzw. Urstende S. 131–147. Wenn ein Wort in der Einleitung ohne Stel-
lenangabe angeführt ist, dann wird diese in runden Klammern nach
der römischen Seitenzahl angegeben.

A. Wortregister

1. Mittelhochdeutsch

abe adv. LXXXV
ane adv. LXXXV
ansprâche stf. U 515
antlâz stm. H 603
antvanc stm. LXXXVIf.
arm adj. IX, H 20
arômât stn. LXX (U 1953)
bâgen stv. LXII
balsame swm. LXX (U 1951)
baniere stf. LXX
benamen adv. U 1060
ber stf. s. Negation
bereichen swv. U 1143
bewahten swv. H 856
blat stn. s. Negation
chemphe swm. H 314f.
chlâr adj. LXX
chomen stv. LXIV, LXXXIf.
chosten swv. LXX
chrône stf. XV
dâ adv. U 707
danne/denne adv. LXXXVI
dannoch/dennoch adv. LXXXVI
Davîd LXXX
daz = *unz daz* U 763
deme pron. LXXXV
der = *swer* pron. U 630, 1694f.
diute stf. in *ze diute bringen* U 46f.
diz pron. LXXXII

dû/duo pron. LXXXVII
ê adv. konj. präp. LXXXVII
– *êr* adv. U 119
ei stn. s. Negation
eigenlîchen adv. U 1372
ein im Reim LXXII
en s. *ne*
enbîten stv. U 261
enphâhen stv. LXXXVII
enziehen stv. U 1016
erzenîe stf. LXX
gân an.v. LXXXIV
geleite stf. U 2120, 2124
gelfe stf. H 266
gelîche adv. U 78
genâden swv. U 757
genuoge adj. 'manche' LXXI
geschiht stf. in *von geschihte* 'zufällig'
    H 413
gewizzen stf. U 1666
grûz stm. s. Negation
guoter man/guote liute LXXI
hân swv. LXXXIV
hâr stn. s. Negation
hengen swv. U 312
hinleite stf. H 132
ieglîch pron. LXXXIII
ieman/iemen pron. LXXXIIIf.
ieman – nieman U 1560f.
iender adv. LXXXIII
ietweder pron. LXXXIII

ime pron. LXXXV
immer adv. LXXXVI, H 209
iuwer pron. XCIV
jâmer stm. XV
jehen stv. in *ze stæte jehen* U 621, mit
  präp. *an* H 223
jener pron. LXXI
lân stv. LXXXIV
leit stn. XV
-lîch/-lich Adjektivsuffix LXXXVI
-lîche/-lîchen Adverbialsuffix
  LXXXVI
lieht stn. im Reim auf *niht, gesiht*
  LXXXVII, H 680–685
luot stf. U 645
männiglich pron. LXXI
mê/mêre adj. adv. LXXXVI, U 964f.
meil stn. s. *tôdes meil*
meinen swv. U 685
merz stm. s. *tiurer merz*
milwe swf. LXX
mirre stf. LXX (U 817)
mirt stf.(?) LXX (U 1951)
mislich adj. XII, H 65
mite adv. LXXXV
mixtûre stf. LXX (U 817)
mugen an.v. LXXXIIIf.
narde stf.(?) LXX (U 1951)
ne/en Negationspartikel LXXXVII
nieman/niemen pron. LXXXIIIf.
nimmer adv. LXXXVI
nû/nuo adv. LXXXVII
nuos stm. LXX
obe adv. LXXXV
ôt adv. U 437
palme swm. LXX (H 284)
pârât stm. LXX
phaffe swm. IX, XIf.
phliht stf. LXXI
phlûm stm. LXX
povel stm. LXX
prîs stm. LXX
prophecîe stf. LXX (U 375)
pumz stm. LXX
puncte swm. LXX
quâle stf. LXXXI

rate swm. X, LXX
rede stf. U 266
- *rehte rede* adv. Akk. U 164
rêwen swv. H 563
rîche subst.adj. IX
rot stm. LXX
rûmen swv. in *ir vaz rûmen* U 1141f.
sælde und êre U 670
salm stm., *salme* swm. LXXXVI,
  U 2110
schaffen stv. LXXI
seln swv. U 1373
si/sie pron. LXXXII
sicherheit tuon U 1283
smac stm. XV
sô adv. U 465
stân an.v. LXXXIV
stein stm. s. Negation
steun swv. U 313
suht stf. s. *vallende suht*
suln an.v. LXXXIII
swer pron. U 443
tempel stm. LXX
tischrûme stf. LXX
tiure adj. XCIV
tiurer merz H 918
tôdes meil H 581f.
tormentâle stn. LXX
tromedâr stn. LXX, U 674
tuon an.v. LXXXIV
turt stm. X, LXX
twern stv. H 327, U 605
übertragen stv. H 639
ûf legen swv. U 1021
ungâz adj. H 572
ûz erwegen swv. U 1258
vâhen stv. LXXXIV
vallende suht H 737
vater an.m. LXXXVI
venje stf. LXX (U 1587)
viur stn. XCIV
- s.a. *wildez viur*
vleischlîch adj. U 1764
vreude stf. XV, LXII
vrônhimelrîche stn. LXXXVI
vür/für präp. LXXVIII

wênic adv. H 697
widerstôzen stv. H 399
wildez viur H 734
wîlen (ê) adv. H 57
wirvelloc stm. LXX
wizzen an.v. in *ich enweiz* mit Frage-
    pron. LXXI
zeinzigen = *ze einzigen* adv. U 244
zicken an mit Akk. swv. H 910
zuo/ze präp. LXXXV

2. Lateinisch

aerugo f. LXX
alveolus m. LXX

canticum n. LXX
centurio m. LXX
decurio m. LXX
eclypsis f. LXX
epit(h)alamicum n. LXX, H 1048
laicus m. XI
margo f. LXX
ministerialis m. XI
par, pl. *paria* n. LXX
proselites m. LXX
templum n. LXX
tinea f. LXX
vertex m. LXX
zizania f. LXX

B. Sachen, Namen usw.

1. Sachen

Abschnittsgliederung
- in Hinv. XXXVIII, LXXXIXf.
- in Urst. LXVI
Akrostichon IXf., LXVI, LXIX
Apokope LXXXV, XCIIIf.
Assumptio Mariae (15. August) XIII,
    H 870–942
Attrib. Adj. unflektiert U 1823
Aufforderungssätze im Konj. ohne
    Subjektspron. U 1054–1056, 2134
Auslautverhärtung LXXIXf.
Benjamin, Namendeutung, H 309–313
Eichstätt
- Ministerialen des Bischofs XIf.
- Osterfeiern XLVII, U 1698–1702
Eigennamen, Normalisierung,
    LXXVIII
Enjambement LXXII, LXXXVIII
Flexions- u. Formvarianten XCIV
Gerichtsszenen u. Prozeßverfahren
    XIII
Gleichnis vom Unkraut unter dem
    Weizen X

Halbprädikative Subst. u. Adj. H 252,
    492, 759, 1013, U 1764
Höfische Dichtersprache XIVf.
Interpunktion
- in Hs. V LXXXVIIf.
- im krit. Text LXXXVIIIf.
Josaphat, Tal, Begräbnisstätte Marias,
    H 688
Judenpolemik XLVII
Kanzleiterminologie LXX, s.a.
    Rechtssprache
Konstanz XXII
Kursive im krit. Text XC
Lateinische Namen u. Wörter LXX
Lehnwörter LXII, LXX
Lenisierung *-lt/ld-, -nt/nd-* LXXXf.
Leviathan H 907–910, U 1788–1793
Literatursprache, obd. u. md., LXIX
Mariensymbole H 214–216, 896–900,
    1202, 1206
Michael, Erzengel, H 532
Mons Oliveti, Wohnung Marias,
    H 168
Negation, Verstärkung mit *ber, blat,
ei, grûz, hâr, stein* LXXIII Anm. 9

3. Handschriften

Gesegen alle di pei dier sint · Wi i wil ich alle
gern sehen · Als dizeit vns mag geschehen ·
Dich vnd auch di andern alle · Gern sich
ich ob daz genalle · Wol iohan meinem liebe
neven · Wolt er vns daz vrlaub gewen ·

Von sand marien tod ·

M aria der magt raine · Eines tages alter
saine · In einer chominaten saz · vnd
enwarcht ich enwaiz nicht waz · Si gedacht
aber an ier schaden · Da mit ier hertz waz be
laden · Vntz si vil ser wainte · Wan als di doch
si sich ver ainte · So waz daz immer ier sit ·
Si dacht ier wer wol da mit · Baz danne mit
anders icht · Nu enfarmet sich der engel micho.
Gabriel dem si enpfolhen was · Als ein sunne
durch daz glaz · Cham er dar in daz mee en
wart · Wer tuer entflozzen noch entsprart ·
vnd fraget waz daz mainte · Waz si so tewr
er wainte · Wer prorve antwurt im do ·
Wez get mier not pin ich vnvro · Mier ist
zelaide mer geschehen · Wen iemen laides

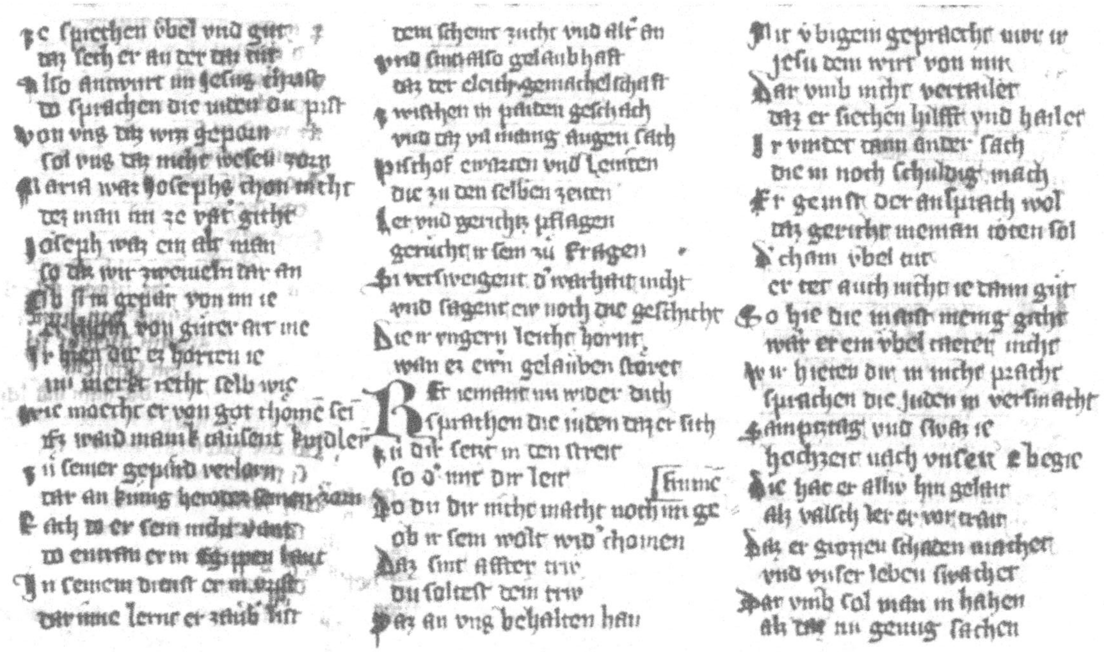

Abb. 2: Wolfenbüttel, Herzog-August-Bibl., Cod. Guelf. 1.5.2. Aug. fol., Bl. 152ᵛ
(›Urstende‹, Hs. W)

www.ingramcontent.com/pod-product-compliance
Lightning Source LLC
Chambersburg PA
CBHW081333090726
47907CB00011B/2465

*9 783484 201996 *